HMH

I0804109

expresiones en matemáticas

Dra. Karen C. Fuson

Observa cómo cobra vida el lémur en su bosque a medida que descubres y resuelves retos matemáticos.

Descarga la aplicación *Math Worlds AR* disponible para dispositivos Android o iOs.

Grado 4

Volumen 1

This material is based upon work supported by the
National Science Foundation
under Grant Numbers
ESI-9816320, REC-9806020, and RED-935373.

Any opinions, findings, and conclusions, or recommendations expressed in this material are those of the author and do not necessarily reflect the views of the National Science Foundation.

Copyright © 2018 by Houghton Mifflin Harcourt Publishing Company

All rights reserved. No part of this work may be reproduced or transmitted in any form or by any means, electronic or mechanical, including photocopying or recording, or by any information storage or retrieval system, without the prior written permission of the copyright owner unless such copying is expressly permitted by federal copyright law. Requests for permission to make copies of any part of the work should be submitted through our Permissions website at https://customercare.hmhco.com/contactus/Permissions.html or mailed to Houghton Mifflin Harcourt Publishing Company, Attn: Intellectual Property Licensing, 9400 Southpark Center Loop, Orlando, Florida 32819-8647.

Printed in the U.S.A.

ISBN 978-1-328-51967-2

11 2026

4500927673 A B C D E F G

If you have received these materials as examination copies free of charge, Houghton Mifflin Harcourt Publishing Company retains title to the materials and they may not be resold. Resale of examination copies is strictly prohibited.

Possession of this publication in print format does not entitle users to convert this publication, or any portion of it, into electronic format.

Unidad 1

Valor posicional y operaciones

LA GRAN IDEA 1 - Valor posicional hasta un millón

LA GRAN IDEA 2 - Sumar con números más grandes

© Houghton Mifflin Harcourt Publishing Company

LA GRAN IDEA 3 - Restar con números más grandes

LA GRAN IDEA 4 - Multiplicar y dividir fácilmente con números hasta 100

© Houghton Mifflin Harcourt Publishing Company

Unidad 2

Multiplicación con números enteros

LA GRAN IDEA 1 - Multiplicación con decenas y centenas

LA GRAN IDEA 2 - Multiplicar por números de un dígito

© Houghton Mifflin Harcourt Publishing Company

Unidad 2 | Multiplicación con números enteros (continuación)

LA GRAN IDEA 3 - Multiplicación con números de dos dígitos

LA GRAN IDEA 4 - Multiplicación con millares

© Houghton Mifflin Harcourt Publishing Company

Unidad 3 | División con números enteros

LA GRAN IDEA 1 - Dividir números enteros

LA GRAN IDEA 2 - Situaciones de división y problemas

© Houghton Mifflin Harcourt Publishing Company

LA GRAN IDEA 3 - Divisores de dos dígitos

© Houghton Mifflin Harcourt Publishing Company

Unidad 4

Ecuaciones y problemas

LA GRAN IDEA1 - Razonamiento y resolución de problemas

LA GRAN IDEA 2 - Problemas de comparación

LA GRAN IDEA 3 - Problemas con más de un paso

© Houghton Mifflin Harcourt Publishing Company

LA GRAN IDEA 4 - Analizar patrones

Recursos del estudiante

© Houghton Mifflin Harcourt Publishing Company

Dear Family:

Your child is learning math in an innovative program called *Math Expressions*. In Unit 1, your child will use place value drawings and charts to understand that the value of each place is 10 times greater than the value of the place to its right. This understanding is essential when comparing, rounding, or adding multidigit numbers. *Math Expressions* encourages children to think about "making new groups" to help them understand place values.

We call the method below "New Groups Above Method." The numbers that represent the new groups are written above the problem.

1. Add the ones:

5 + 7 = 12 ones
12 = 2 ones + 10 ones,
and 10 ones = 1 new ten.

```
     1
  5,175
+ 3,967
-------
      2
```

2. Add the tens:

1 + 7 + 6 = 14 tens
14 = 4 tens + 10 tens,
and 10 tens = 1 new hundred.

```
    11
  5,175
+ 3,967
-------
     42
```

3. Add the hundreds:

1 + 1 + 9 = 11 hundreds
11 = 1 hundred + 10 hundreds,
and 10 hundreds = 1 new thousand.

```
  1 11
  5,175
+ 3,967
-------
    142
```

4. Add the thousands:

1 + 5 + 3 = 9 thousands

```
  1 11
  5,175
+ 3,967
-------
  9,142
```

We call the following method "New Groups Below Method." The steps are the same, but the new groups are written below the addends.

```
1.   5,175        2.   5,175
   + 3,967           + 3,967
   -------           ---11--
         2                42

3.   5,175        4.   5,175
   + 3,967           + 3,967
   --1 11-           --1 11-
       142             9,142
```

It is easier to see the totals for each column (12 and 14) and adding is easier because you add the two numbers you see and then add the 1.

Activities and games to build fluency with multiplication and division are included at the end of this unit. It is important that your child maintains his or her home practice with basic multiplication and division.

Sincerely,
Your child's teacher

© Houghton Mifflin Harcourt Publishing Company

Estimada familia:

Su niño está aprendiendo matemáticas mediante el programa *Math Expressions*. En la Unidad 1, se usarán dibujos y tablas de valor posicional para comprender que el valor de cada lugar es 10 veces mayor que el valor del lugar a su derecha. Comprender esto es esencial para comparar, redondear o sumar números de varios dígitos. *Math Expressions* enseña a pensar en "formar grupos nuevos" para comprender los valores posicionales.

Este método se llama "Método de Grupos nuevos arriba." Los números que representan los grupos nuevos se escriben arriba del problema:

1. Suma las unidades:

5 + 7 = 12 unidades
12 = 2 unidades + 10 unidades,
y 10 unidades = 1 nueva decena.

```
     1
  5, 1 7 5
+ 3, 9 6 7
----------
         2
```

2. Suma las decenas:

1 + 7 + 6 = 14 decenas
14 = 4 decenas + 10 decenas,
y 10 decenas = 1 nueva centena.

```
    1 1
  5, 1 7 5
+ 3, 9 6 7
----------
       4 2
```

3. Suma las centenas:

1 + 1 + 9 = 11 centenas
11 = 1 centenas + 10 centenas,
y 10 centenas = 1 nuevo millar.

```
   1 1 1
  5, 1 7 5
+ 3, 9 6 7
----------
     1 4 2
```

4. Suma los millares:

1 + 5 + 3 = 9 millares

```
  1  1 1
  5, 1 7 5
+ 3, 9 6 7
----------
  9, 1 4 2
```

Este método se llama "Método de Grupos nuevos abajo". Los pasos son iguales, pero los nuevos grupos se escriben abajo de los sumandos:

1.

```
  5, 1 7 5
+ 3, 9 6 7
       1
----------
         2
```

2.

```
  5, 1 7 5
+ 3, 9 6 7
     1 1
----------
       4 2
```

3.

```
  5, 1 7 5
+ 3, 9 6 7
   1 1 1
----------
     1 4 2
```

4.

```
  5, 1 7 5
+ 3, 9 6 7
   1 1 1
----------
  9, 1 4 2
```

Es más fácil ver los totales de cada columna (12 y 14) y es más fácil sumar porque sumas los dos números que ves, y luego sumas 1.

Al final de esta unidad se incluyen actividades y juegos para desarrollar la fluidez con la multiplicación y división. Es importante que su niño siga practicando las multiplicaciones y divisiones básicas en casa.

Atentamente,
El maestro de su niño

© Houghton Mifflin Harcourt Publishing Company

sumando

factor

dígito

mayor que
(>)

forma
desarrollada

operaciones
inversas

© Houghton Mifflin Harcourt Publishing Company

Uno de dos o más números que se multiplican para obtener un producto.

Ejemplo:

$4 \times 5 = 20$

factor factor producto

Uno de dos o más números que se suman para obtener una suma.

Ejemplo: $7 + 8 = 15$

sumando sumando suma

Signo que se usa para comparar dos números. El número mayor está dado primero.

Ejemplo:

$33 > 17$

33 es mayor que 17.

Cualquiera de los símbolos 0, 1, 2, 3, 4, 5, 6, 7, 8 o 9.

Operaciones opuestas que se anulan entre sí. La suma y la resta son operaciones inversas. La multiplicación y la división son operaciones inversas.

Ejemplos:

$4 + 6 = 10$ entonces, $10 - 6 = 4$ y $10 - 4 = 6$.

$3 \times 9 = 27$ entonces, $27 \div 9 = 3$ y $27 \div 3 = 9$.

Manera de escribir un número que muestra el valor de cada uno de sus dígitos.

Ejemplo:

Forma desarrollada de 835:

$800 + 30 + 5$

8 centenas + 3 decenas + 5 unidades

© Houghton Mifflin Harcourt Publishing Company

menor que (<)	producto
ordenar/orden	número al cuadrado
valor posicional	forma estándar

© Houghton Mifflin Harcourt Publishing Company

Respuesta a un problema de multiplicación.

Ejemplo:

9 × 7 = 63

↑

producto

Signo que se usa para comparar dos números.

El número menor se escribe primero.

Ejemplo:

$54 < 78$

54 es menor que 78.

Producto de un número entero por sí mismo.

Ejemplo:

3 × 3 = 9

↑

número al cuadrado

Arreglar números del número menor al mayor o del número mayor al menor.

Ejemplo:

Menor a mayor: 453, 526, 571, 802

Mayor a menor: 3,742; 3,608; 3,295

Forma escrita de un número usando dígitos.

Ejemplo:

2,145

Valor asignado al lugar que ocupa un dígito en un número.

Ejemplo:

235

↑

El 2 está en el lugar de las centenas, por lo tanto, su valor es 200.

© Houghton Mifflin Harcourt Publishing Company

numeral

© Houghton Mifflin Harcourt Publishing Company

Forma de un número escrita usando palabras en lugar de dígitos.

Ejemplo:
Seiscientos treinta y nueve

© Houghton Mifflin Harcourt Publishing Company

Nombre ________________________________

Representar centenas

Puedes representar números haciendo dibujos de valor posicional en una matriz de puntos.

1. ¿Qué número muestra este dibujo? ______
   Explica tu razonamiento.

   ____

   ____

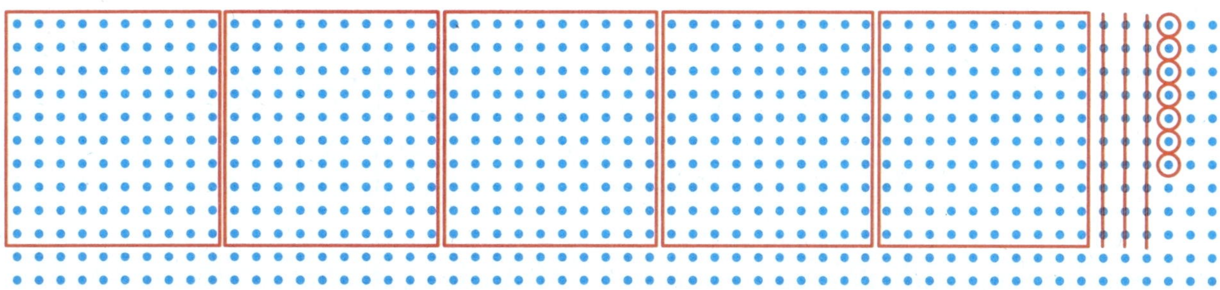

Representar millares

Comenta este dibujo de valor posicional. Escribe el número de cada uno.

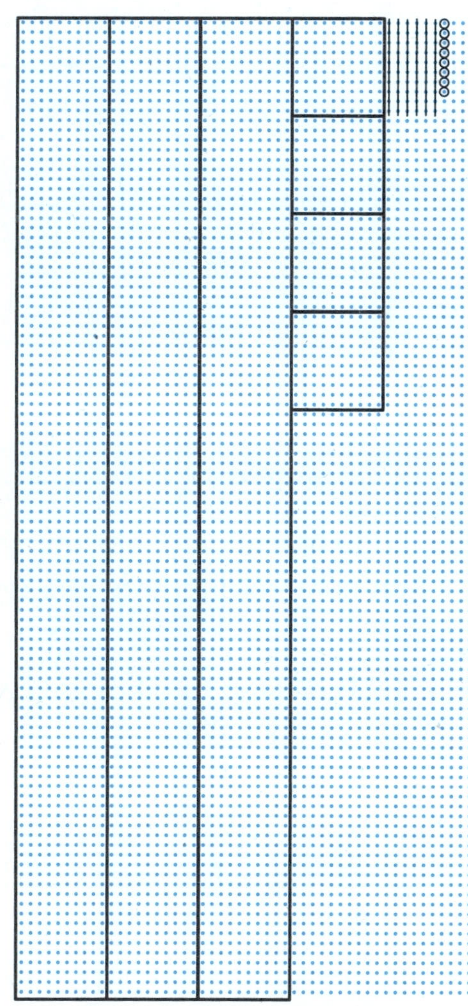

2. unidades: ______
3. decenas rápidas: ______
4. cajas de centena: ______
5. barras de millar: ______
6. ¿Cuántas cajas de centena podríamos dibujar en el interior de una barra de millar? Explica.

   ____

   ____

7. ¿Qué número muestra este dibujo?

   ____

© Houghton Mifflin Harcourt Publishing Company

Representar números más grandes

VOCABULARIO
valor posicional

El **valor posicional** también se puede mostrar sin usar una matriz de puntos.

8 ¿Qué número representa este dibujo? Explica tu razonamiento.

¿Qué representaría el dibujo si tuviera:

9 3 cajas más de centena? ______

10 0 cajas de centena? ______

11 2 decenas rápidas menos? ______

12 2 decenas rápidas más? ______

13 0 decenas rápidas? ______

14 5 unidades menos? ______

15 0 unidades? ______

16 4 barras más de millar? ______

17 En tu MathBoard, haz un dibujo de valor posicional para un número diferente que tenga los dígitos 1, 2, 7 y 9.

18 Explica cómo tu dibujo se parece y se diferencia del dibujo de 1,279.

© Houghton Mifflin Harcourt Publishing Company

Nombre ________________________________

Practicar con dibujos de valor posicional

Haz un dibujo de valor posicional para cada número usando unidades, decenas rápidas y cajas de centenas.

19 6

20 3

21 603

22 300

23 63

24 32

25 325

26 285

27 109

28 573

© Houghton Mifflin Harcourt Publishing Company

Practicar representando millares

Haz un dibujo de valor posicional para cada número usando unidades, decenas rápidas, cajas de centenas y barras de millares.

29 2,596

30 3,045

© Houghton Mifflin Harcourt Publishing Company

Comprobar la comprensión

Haz un dibujo de valor posicional para mostrar 2,361. Luego, compáralo con el dibujo de valor posicional del Ejercicio 29 y explica las diferencias entre los dos dibujos.

1,000 1,000	100 100
2,000 2,000	200 200
3,000 3,000	300 300
4,000 4,000	400 400
5,000 5,000	500 500
6,000 6,000	600 600
7,000 7,000	700 700
8,000 8,000	800 800
9,000 9,000	900 900

© Houghton Mifflin Harcourt Publishing Company

cien	mil
doscientos	dos mil
trescientos	tres mil
cuatrocientos	cuatro mil
quinientos	cinco mil
seiscientos	seis mil
setecientos	siete mil
ochocientos	ocho mil
novecientos	nueve mil

© Houghton Mifflin Harcourt Publishing Company

10	1
10	1
20	2
20	2
30	3
30	3
40	4
40	4
50	5
50	5
60	6
60	6
70	7
70	7
80	8
80	8
90	9
90	9

© Houghton Mifflin Harcourt Publishing Company

uno	diez (número del 11 al 19) (una decena)
dos	veinte (dos decenas)
tres	treinta (tres decenas)
cuatro	cuarenta (cuatro decenas)
cinco	cincuenta (cinco decenas)
seis	sesenta (seis decenas)
siete	setenta (siete decenas)
ocho	ochenta (ocho decenas)
nueve	noventa (nueve decenas)

© Houghton Mifflin Harcourt Publishing Company

Nombre ______________________________

La tabla de valor posicional

Comenta los patrones que observas en el siguiente cartel de valor posicional.

× 10 (Mayor)
←

Millares	Centenas	Decenas	UNIDADES
1,000.	100.	10.	1.
$\frac{1,000}{1}$	$\frac{100}{1}$	$\frac{10}{1}$	$\frac{1}{1}$
$1,000.00 	$100.00 	$10.00 	$1.00 

Usa tus tarjetas de códigos secretos con números enteros para formar números en el recuadro.

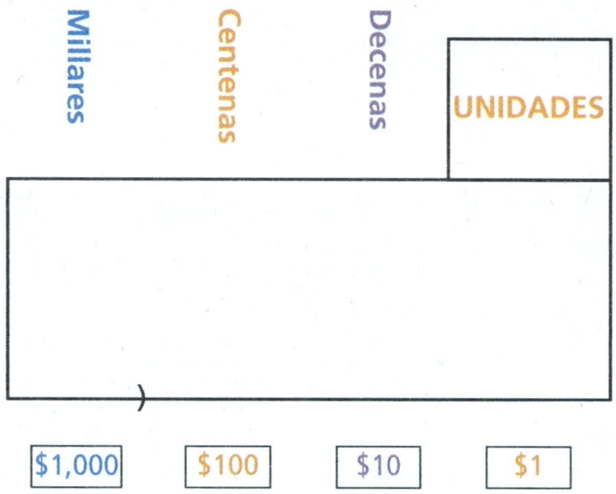

© Houghton Mifflin Harcourt Publishing Company

Escribir números usando la forma desarrollada

VOCABULARIO
forma estándar
en palabras
forma desarrollada

Forma estándar: 8,562

En palabras: ocho mil quinientos sesenta y dos

Forma desarrollada: 8,000 + 500 + 60 + 2

Lee y escribe cada número en forma desarrollada.

1. 73 ____________
2. 108 ____________
3. 5,621 ____________
4. 8,083 ____________

Lee y escribe cada número en forma estándar.

5. 40 + 3 ____________
6. 200 + 60 + 1 ____________
7. 1,000 + 70 + 9 ____________
8. 9,000 + 800 + 4 ____________

Lee y escribe cada número en palabras.

9. 400 + 40 + 1 ________________________
10. 1,000 + 50 ________________________

Lee y escribe cada número en forma estándar.

11. treinta y cinco ____________
12. trescientos cinco ____________
13. seis mil ocho ____________
14. seis mil ciento ocho ____________

Escribe el valor del dígito subrayado.

15. 7<u>5</u>6 ____________
16. <u>4</u>,851 ____________
17. 6,<u>5</u>07 ____________

Comprobar la comprensión
Explica cómo usar el valor posicional para escribir un número en forma estándar, en palabras y en forma desarrollada.

© Houghton Mifflin Harcourt Publishing Company

Nombre ______________________________

Resumir las reglas de redondeo

Usa estos recuadros de redondeo como ayuda visual cuando redondees al 1,000; 100 y 10 más cercano.

1,000 más cercano	**100 más cercana**	**10 más cercana**
10,000	1,000	100
9,000	900	90
8,000	800	80
7,000	700	70
6,000	600	60
5,000	500	50
4,000	400	40
3,000	300	30
2,000	200	20
1,000	100	10
0	0	0

Redondea al millar más cercano.

1. 1,275 ____________
2. 8,655 ____________
3. 5,482 ____________
4. 3,804 ____________
5. 1,501 ____________
6. 9,702 ____________

Redondea a la centena más cercana.

7. 734 ____________
8. 363 ____________
9. 178 ____________
10. 6,249 ____________
11. 8,251 ____________
12. 8,992 ____________

Redondea a la decena más cercana.

13. 87 ____________
14. 16 ____________
15. 171 ____________
16. 2,165 ____________
17. 5,114 ____________
18. 3,098 ____________

© Houghton Mifflin Harcourt Publishing Company

Comparar números

VOCABULARIO
mayor que >
menor que <

Comenta los siguientes problemas.

Jim tiene 24 tarjetas de colección y Hattie tiene 42 tarjetas de colección. ¿Quién tiene más tarjetas de colección? ¿Cómo lo sabes?

Dibuja un modelo de valor posicional para cada problema. Escribe > (mayor que), < (menor que) o = para que cada enunciado sea verdadero.

19 26 ○ 29

20 44 ○ 34

21 26 ○ 62

Compara con >, < o =.

22 74 ○ 77

23 85 ○ 58

24 126 ○ 162

25 253 ○ 235

26 620 ○ 602

27 825 ○ 528

28 478 ○ 488

29 3,294 ○ 3,924

30 8,925 ○ 9,825

31 6,706 ○ 6,760

32 4,106 ○ 4,016

33 1,997 ○ 1,799

34 9,172 ○ 9,712

35 5,296 ○ 5,269

36 7,684 ○ 7,684

© Houghton Mifflin Harcourt Publishing Company

Nombre ______________________________

Ordenar números en una recta numérica

VOCABULARIO
orden

Puedes **ordenar** números arreglándolos desde el número más pequeño hasta el más grande o desde el número más grande hasta el más pequeño.

Usa las rectas numéricas.

37 Dibuja y rotula un punto en la recta numérica para cada número: 600, 350, 650.

38 Escribe los números en orden de menor a mayor.

____

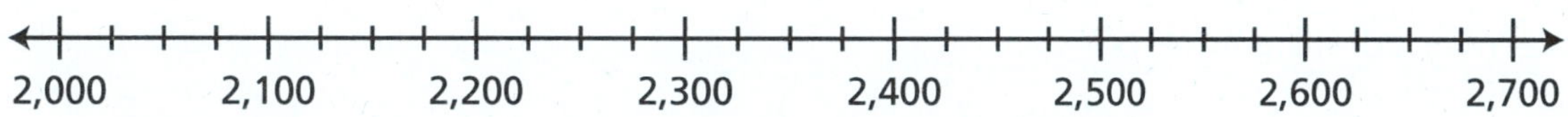

39 Dibuja y rotula un punto en la recta numérica para cada número: 2,500; 2,025; 2,350; 2,575.

40 Escribe los números en orden de mayor a menor.

____

Escribe los números en orden de menor a mayor.

41 994, 748, 906, 876 ______________________________

42 2,480; 2,078; 2,409 ______________________________

Escribe los números en orden de mayor a menor.

43 588, 836, 498, 534 ______________________________

44 2,104; 2,652; 2,008 ______________________________

© Houghton Mifflin Harcourt Publishing Company

Ordenar números en una línea cronológica

La línea cronológica se divide en períodos de 10 años llamados décadas.

Eventos en la aviación

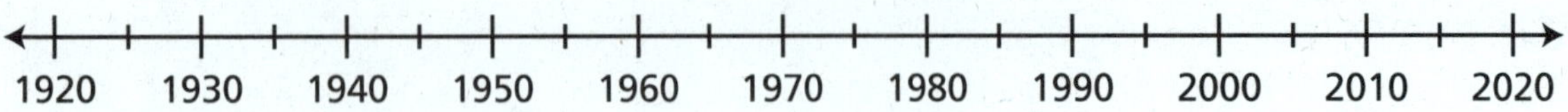

45 Dibuja y rotula un punto en la línea cronológica para cada año en la tabla.

Año	Evento
2015	Se realiza la primera prueba de un sistema de rastreo por un avión no tripulado.
1989	El primer viaje del *Voyager 2* a Neptuno.
1978	Se realiza el primer vuelo de un globo aerostático sobre el océano Atlántico.
1927	Lindbergh realiza el primer vuelo en solitario y sin paradas sobre el océano Atlántico.
1939	Pan American Airways realiza el primer vuelo trasatlántico con pasajeros.

46 ¿Qué evento ocurrió primero?

47 Escribe en orden los años de los eventos desde el evento más antiguo hasta el evento más reciente.

48 Escribe una pregunta que se pueda responder con la línea cronológica. Incluye la respuesta.

Comprobar la comprensión

Explica un método que puedas usar para redondear, comparar u ordenar números de varios dígitos.

© Houghton Mifflin Harcourt Publishing Company

Nombre ______________________________

Comentar y resumir

Patrones de millones

Centenas de millón	Decenas de millón	Millones	Centenas de millar	Decenas de millar	Millares	Centenas	Decenas	Unidades
100,000,000	10,000,000	1,000,000,	100,000	10,000	1,000,	100	10	1
millones			*millares*			*[unidades]*		

Los patrones de la tabla de millones muestran que cada dígito de un número tiene un nombre de valor posicional. Cuando leemos un número, no decimos el nombre de valor posicional. Decimos el nombre del grupo.

Decimos la palabra *millón* después de los dígitos del grupo de los millones.

Decimos la palabra *mil* después de los dígitos del grupo de los millares.

No decimos la palabra *unidad* después de los dígitos del grupo de las unidades.

Para leer números más grandes, di cada grupo de dígitos como si estuvieran en el lugar de las centenas, decenas y unidades y luego se agrega el nombre especial de ese grupo.

Leer números

Usa tus tarjetas de códigos secretos con números enteros para formar los grupos de dígitos que se muestran a continuación. Colócalos en los espacios del siguiente recuadro para leer millones y léelos.

28,374	654,321	92,148	789,321
1,000,000	34,185,726	20,090,870	707,005,009

Recuadro para leer millones

0	0	0,	0	0	0,	0	0	0
millones			*millares*			*[unidades]*		

© Houghton Mifflin Harcourt Publishing Company

Leer y escribir en forma desarrollada

Lee y escribe cada número en forma desarrollada.

1. 32,568 ______
2. 820,149 ______
3. 405,763 ______
4. 703,070 ______

Lee y escribe cada número en forma estándar.

5. 20,000 + 4,000 + 800 + 10 + 7 ______
6. 700,000 + 50,000 + 3,000 + 200 + 90 + 6 ______
7. 300,000 + 3,000 + 10 + 9 ______
8. 800,000 + 40,000 + 400 + 80 ______

Lee y escribe cada número en palabras.

9. 90,000 + 7,000 + 300 + 20 + 4 ______
10. 600,000 + 30,000 + 4,000 + 700 + 30 ______
11. 200,000 + 3,000 + 80 + 6 ______
12. 500,000 + 20,000 + 400 + 1 ______

Lee y escribe cada número en forma estándar.

13. setenta y ocho mil ciento cinco ______
14. un millón ______
15. quinientos sesenta y tres mil cincuenta y dos ______

Comprobar la comprensión

Describe el rol de la coma cuando lees y escribes números enteros con varios dígitos.

© Houghton Mifflin Harcourt Publishing Company

Nombre ______________________________

Comparar números más grandes

Comenta el siguiente problema.

En un estadio se presentó tanto un concierto como un evento deportivo. El concierto tuvo una asistencia de 101,835 personas y el evento deportivo tuvo una asistencia de 101,538 personas. ¿Qué evento tuvo una mayor asistencia? ¿Cómo lo sabes?

Compara. Escribe $>$, $<$ o $=$ para que cada enunciado sea verdadero.

1. 12,563 ○ 11,987
2. 14,615 ○ 15,651
3. 23,487 ○ 28,734
4. 83,342 ○ 80,423
5. 79,131 ○ 79,113
6. 126,348 ○ 162,634
7. 705,126 ○ 705,126
8. 532,834 ○ 532,843
9. 647,313 ○ 647,310
10. 198,593 ○ 98,593
11. 75,621 ○ 705,126
12. 1,000,000 ○ 100,000

El mayor valor posicional

Redondea a la decena de millar más cercana.

13. 25,987 ____________
14. 13,738 ____________
15. 48,333 ____________
16. 84,562 ____________
17. 92,132 ____________
18. 99,141 ____________

Redondea a la centena de millar más cercana.

19. 531,987 ____________
20. 701,828 ____________
21. 670,019 ____________
22. 249,845 ____________
23. 390,101 ____________
24. 999,999 ____________

© Houghton Mifflin Harcourt Publishing Company

Redondear a cualquier posición

Resuelve.

25 Escribe un número que cuando se redondea cambia a 310,000.
¿A qué posición se redondeó el número?

____

26 Escribe un número que cuando se redondea cambia a 901,400.
¿A qué posición se redondeó el número?

____

27 Escribe un número que cuando se redondea cambia a 800,000.
¿A qué posición se redondeó el número?

____

28 Escribe un número que cuando se redondea cambia a 122,000.
¿A qué posición se redondeó el número?

____

29 ¿Cuál es el redondeo más cercano a 395,101 según la posición:

a. de las decenas? __________

b. de las centenas? __________

c. del millar? __________

d. de las decenas de millar? __________

e. de las centenas de millar? __________

30 ¿Cuál es el redondeo más cercano a 958,069 según la posición:

a. de las decenas? __________

b. de las centenas? __________

c. del millar? __________

d. de las decenas de millar? __________

e. de las centena de millar? __________

Comprobar la comprensión

Redondea 465,345 a la posición de las decenas de millar. Luego, compara el número redondeado con el número original usando los símbolos >, < o =.

____

© Houghton Mifflin Harcourt Publishing Company

Prueba rápida 1 de la Unidad 1

Nombre ____________________ **Fecha** ____________

Escribe la respuesta correcta.

1. Rachel hizo este dibujo de valor posicional usando unidades, decenas rápidas, cajas de centenas y una barra de millar. ¿Qué número representó Rachel?

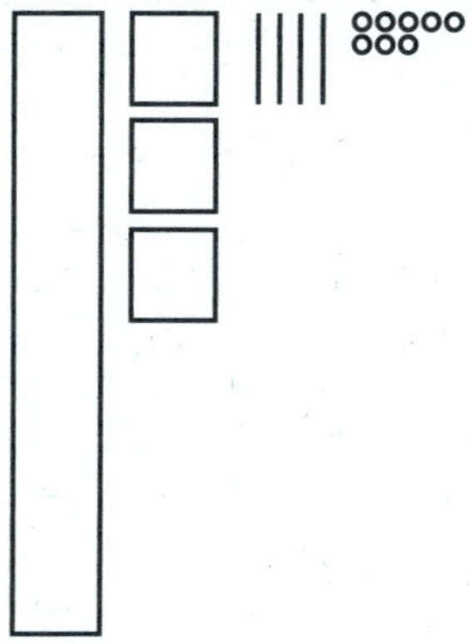

____

2. Redondea el número a la posición del dígito subrayado.

$3\underline{4}5{,}209$

____

3. Completa el patrón.

$5 \times 100 = 500$

$5 \times 1{,}000 = 5{,}000$

$5 \times 10{,}000 = 50{,}000$

$5 \times 100{,}000 =$ ______________________

4. Escribe el número en forma estándar.

doscientos doce mil cuarenta

____

5. Compara usando $>$, $<$ o $=$.

72,890 ◯ 72,809

© Houghton Mifflin Harcourt Publishing Company

Comprobar la estrategia 1

Nombre ______________________ Fecha ______________________

1. Haz un dibujo de valor posicional usando unidades, decenas rápidas, cajas de centenas y barras de millar.

6,782

2. Redondea 6,<u>7</u>82 a la posición del dígito subrayado.

____

3. ¿El número redondeado es mayor o menor que 6,782? Compara usando >, < o =.

____

4. Describe con tus palabras las reglas para redondear números.

____

____

____

____

____

© Houghton Mifflin Harcourt Publishing Company

Nombre ____________________

Comentar métodos diferentes

Comenta cómo cada método de suma se puede usar para sumar números de 4 dígitos.

5,879 + 6,754

1. Método de grupos nuevos arriba

Paso 1	Paso 2	Paso 3	Paso 4
1 (arriba del 7)	1 1 (arriba del 8 y 7)	1 1 1 (arriba del 5, 8 y 7)	1 1 1 (arriba del 5, 8 y 7)
5,879	5,879	5,879	5,879
+ 6,754	+ 6,754	+ 6,754	+ 6,754
3	33	633	12,633

2. Método de grupos nuevos abajo

Paso 1	Paso 2	Paso 3	Paso 4
5,879	5,879	5,879	5,879
+ 6,754	+ 6,754	+ 6,754	+ 6,754
1 (debajo del 5)	1 1 (debajo del 7 y 5)	1 1 1 (debajo del 6, 7 y 5)	1 1 1 (debajo del 6, 7 y 5)
3	33	633	12,633

3. Método de mostrar subtotales (derecha a izquierda)

Paso 1	Paso 2	Paso 3	Paso 4	Paso 5
5,879	5,879	5,879	5,879	5,879
+ 6,754	+ 6,754	+ 6,754	+ 6,754	+ 6,754
13	13	13	13	**13**
	120	120	120	**120**
		1,500	1,500	**1,500**
			11,000	**+ 11,000**
				12,633

Camino al conocimiento **Práctica**

4. 908 + 653

5. 692 + 543

6. 5,362 + 3,746

7. 3,786 + 6,335

© Houghton Mifflin Harcourt Publishing Company

Camino al conocimiento Práctica (continuación)

8 2,782 + 5,246

9 6,293 + 3,862

10 3,729 + 4,541

11 8,196 + 3,865

12 7,862 + 2,839

13 2,764 + 6,648

14 4,825 + 2,467

15 5,364 + 4,754

Suma y dinero

Piensa cómo resolver este problema.

Carlos está ahorrando dinero para comprar una patineta. Ahorró $27 una semana y $14 la semana siguiente. ¿Cuánto ahorró Carlos en total? ______

Resuelve cada problema.

16 La abuela de Robyn le dio $38 por su cumpleaños y su tío le dio $25. ¿Cuánto recibió Robyn en total?

______

17 Un club de padres y maestros vendió productos de panadería para recaudar dinero para la escuela. Recaudaron $268 el viernes y $479 el sábado. ¿Cuánto recaudaron en total?

______

© Houghton Mifflin Harcourt Publishing Company

Comprobar la comprensión

Explica cómo sabes cuándo tienes que formar un grupo nuevo en la suma.

Nombre ____________________

Analizar métodos diferentes

© Houghton Mifflin Harcourt Publishing Company

Método de grupos nuevos arriba

Paso 1	Paso 2	Paso 3	Paso 4	Paso 5	Paso 6
1 273,608 + 591,729 7	1 273,608 + 591,729 37	1 1 273,608 + 591,729 337	1 1 273,608 + 591,729 5,337	1 1 1 273,608 + 591,729 65,337	1 1 1 273,608 + 591,729 865,337

Método de grupos nuevos abajo

Paso 1	Paso 2	Paso 3	Paso 4	Paso 5	Paso 6
273,608 + 591,729 1 7	273,608 + 591,729 1 37	273,608 + 591,729 1 1 337	273,608 + 591,729 1 1 5,337	273,608 + 591,729 1 1 1 65,337	273,608 + 591,729 1 1 1 865,337

Método de mostrar subtotales (izquierda a derecha)

Paso 1	Paso 2	Paso 3	Paso 4	Paso 5	Paso 6	Paso 7
273,608 + 591,729 700,000	273,608 + 591,729 700,000 160,000	273,608 + 591,729 700,000 160,000 4,000	273,608 + 591,729 700,000 160,000 4,000 1,300	273,608 + 591,729 700,000 160,000 4,000 1,300 20	273,608 + 591,729 700,000 160,000 4,000 1,300 20 17	273,608 + 591,729 700,000 160,000 4,000 1,300 20 + 17 865,337

Identificar el error

VOCABULARIO
dígito

Cuando sumas, es importante que sumes los **dígitos** que se encuentran en las mismas posiciones.

Observa estos ejercicios de suma.

43,629 + 5,807	1,468 + 327,509	470,952 + 4,306
$\begin{array}{r} 43{,}629 \\ +\ 5{,}807 \\ \hline 101{,}699 \end{array}$	$\begin{array}{r} 1{,}468 \\ +\ 327{,}509 \\ \hline 474{,}309 \end{array}$	$\begin{array}{r} 470{,}952 \\ +\ 4{,}306 \\ \hline 901{,}552 \end{array}$

1 Comenta el error que aparece en los tres ejercicios anteriores.

Camino al conocimiento Practicar la alineación de las posiciones

Copia cada ejercicio y alinea correctamente las posiciones. Luego, suma.

2 2,647 + 38

3 156 + 83,291

4 4,389 + 49,706

5 135,826 + 2,927

6 347,092 + 6,739

7 15,231 + 697,084

Comprobar la comprensión

Copia los tres ejercicios de suma del Ejercicio 1 y alinea correctamente los lugares. Luego, suma para calcular la suma correcta.

© Houghton Mifflin Harcourt Publishing Company

Nombre ________________________________

Usar estimaciones

Puedes usar el redondeo para estimar un total. Luego, puedes ajustar el total estimado para hallar el total exacto.

Las frutas que más se venden en la frutería de Joy son melocotones y plátanos. Durante un mes, Joy vendió 397 melocotones y 412 plátanos.

1. ¿*Aproximadamente* cuántos melocotones y plátanos vendió en total?

   ____

2. ¿*Exactamente* cuántos melocotones y plátanos vendió en total?

   ____

Estima. Luego, ajusta tu estimación para calcular la respuesta exacta.

3. 89 + 28

4. 153 + 98

5. 1,297 + 802

6. 1,066 + 45,104

Resuelve.

Muestra tu trabajo.

Tomás tiene $100 y quiere comprar una chaqueta de $38. También quiere comprar un par de zapatos de $49 y 2 corbatas que están en oferta a 2 por $8.

7. ¿Cómo puede determinar Tomás si tiene suficiente dinero para comprar los cuatro artículos? ¿Tiene suficiente dinero?

   ____

   ____

© Houghton Mifflin Harcourt Publishing Company

Usar estimaciones (continuación)

Muestra tu trabajo.

Los estudiantes de la escuela intermedia Washington recolectaron 1,598 latas durante el primer mes de su colecta de aluminio. Durante el segundo mes, recolectaron 2,006 latas.

8 ¿Aproximadamente cuántas latas recolectaron en total los estudiantes?

____

9 ¿Exactamente cuántas latas recolectaron en total los estudiantes?

____

Buscar combinaciones "fáciles"

Algunas veces, puedes hallar combinaciones de números que hacen posible sumarlos mentalmente.

10 Suma verticalmente 243, 274, 252 y 231.

11 Explica cómo puedes usar combinaciones de números para sumar los números.

____

____

Mostrar soluciones

Calcula el total. Si puedes, suma mentalmente.

12
$$\begin{array}{r} 8 \\ 4 \\ 6 \\ +\ 2 \\ \hline \end{array}$$

13
$$\begin{array}{r} 46 \\ 21 \\ +\ 64 \\ \hline \end{array}$$

14
$$\begin{array}{r} 35 \\ 29 \\ 75 \\ +\ 61 \\ \hline \end{array}$$

15
$$\begin{array}{r} 348 \\ 516 \\ +\ 492 \\ \hline \end{array}$$

16
$$\begin{array}{r} 147 \\ 182 \\ 108 \\ +\ 165 \\ \hline \end{array}$$

© Houghton Mifflin Harcourt Publishing Company

Comprobar la comprensión

Calcula una estimación y el total exacto.

37 + 96 + 104 + 64

Estimación: _______________ Total exacto: _______________

Prueba rápida 2 de la Unidad 1

Nombre ________________ Fecha ________________

Suma.

1 $\begin{array}{r} 45{,}616 \\ +\ 38{,}985 \\ \hline \end{array}$

2 $\begin{array}{r} 645{,}732 \\ +\ 288{,}919 \\ \hline \end{array}$

Resuelve.

Muestra tu trabajo.

3 Un conductor de camión condujo durante 1,438 horas el año pasado y 1,767 horas este año. ¿Cuántas horas condujo en total?

____

4 Unos clientes pagaron en un mes un total de $93,879 por un servicio de música en línea. El siguiente mes pagaron $416,783 más que el primer mes. ¿Cuánto dinero gastaron los clientes en el servicio de música en línea durante el segundo mes?

____

5 **a.** Redondea 529,471 a la centena de millar más cercana.

____

b. Redondea 826,513 al millar más cercano.

____

© Houghton Mifflin Harcourt Publishing Company

Comprobar el conocimiento 1

Nombre ______________________ Fecha ______________

Suma.

1. 413 + 227

2. 679 + 308

3. 8,675 + 309

4. 4,721 + 819

5. 2,964 + 6,120

6. 3,835 + 5,937

7. 7,312 + 4,563

8. 8,783 + 5,617

9. 73,189 + 8,413

10. 47,852 + 7,894

11. 45,803 + 23,762

12. 19,328 + 74,523

13. 435,004 + 144,067

14. 73,016 + 49,679

15. 548,702 + 34,287

© Houghton Mifflin Harcourt Publishing Company

Dear Family:

Your child is now learning about subtraction. A common subtraction mistake is subtracting in the wrong direction. Children may think that they always subtract the smaller digit from the larger digit, but this is not true. To help children avoid this mistake, the *Math Expressions* program encourages children to "fix" numbers first and then subtract.

```
  1,634
−   158
  1,524   (crossed out)
```

When one or more digits in the top number are smaller than the corresponding digits in the bottom number, fix the numbers by "ungrouping." For example, 1,634 − 158 is shown below:

1. We cannot subtract 8 ones from 4 ones. We get more ones by ungrouping 1 ten to make 10 ones.

We now have 14 ones and only 2 tens.

```
     2 14
  1,6 3 4
−   1 5 8
```

2. We cannot subtract 5 tens from 2 tens. We get more tens by ungrouping 1 hundred to make 10 tens.

We now have 12 tens and only 5 hundreds.

```
     12
    5 2 14
  1,6 3 4
−   1 5 8
```

3. Now we can subtract:
1 − 0 = 1 thousand
5 − 1 = 4 hundreds
12 − 5 = 7 tens
14 − 8 = 6 ones

```
     12
    5 2 14
  1,6 3 4
−   1 5 8
  1,4 7 6
```

In the method above, the numbers are ungrouped from right to left, but students can also ungroup from left to right. Children can choose whichever way works best for them.

The unit concludes with opportunities to review and practice basic multiplications and divisions by using multiplication tables, product cards, and games. Exploring patterns, such as 4s, 6s, 8s, and 10s products as doubles of 2s, 3s, 4s, and 5s products, helps build fluency.

6 × 2 = 12	6 × 4 = 24
6 × 3 = 18	6 × 6 = 36
6 × 4 = 24	6 × 8 = 48
6 × 5 = 30	6 × 10 = 60

Your child should also continue to practice multiplication and division skills at home.

If you have any questions or comments, please contact me.

Sincerely,
Your child's teacher

© Houghton Mifflin Harcourt Publishing Company

Estimada familia:

Ahora su niño está aprendiendo a restar. Un error muy común al restar, es hacerlo en la dirección equivocada. Los niños pueden pensar que siempre se resta el dígito más pequeño del dígito más grande, pero no es verdad. Para ayudar a los niños a no cometer este error, el programa *Math Expressions* les propone "arreglar" los números primero y luego restar.

$$\begin{array}{r} 1{,}634 \\ -\ 158 \\ \hline 1{,}524 \end{array}$$

(crossed out)

Cuando uno o más dígitos del número de arriba son más pequeños que los dígitos correspondientes del número de abajo, se arreglan los números "desagrupándolos". Por ejemplo, 1,634 − 158 se muestra abajo:

1. No podemos restar 8 unidades de 4 unidades. Obtenemos más unidades al desagrupar 1 decena para formar 10 unidades.

Ahora tenemos 14 unidades y solamente 2 decenas.

$$\begin{array}{r} {\scriptsize 2\,14} \\ 1{,}6\,\not{3}\,\not{4} \\ -\ 1\,5\,8 \\ \hline \end{array}$$

2. No podemos restar 5 decenas de 2 decenas. Obtenemos más decenas al desagrupar 1 centena para formar 10 decenas.

Ahora tenemos 12 decenas y solamente 5 centenas.

$$\begin{array}{r} {\scriptsize 12} \\ {\scriptsize 5\,\not{2}\,14} \\ 1{,}\not{6}\,\not{3}\,\not{4} \\ -\ 1\,5\,8 \\ \hline \end{array}$$

3. Ahora podemos restar:
1 − 0 = 1 millar
5 − 1 = 4 centenas
12 − 5 = 7 decenas
14 − 8 = 6 unidades

$$\begin{array}{r} {\scriptsize 12} \\ {\scriptsize 5\,\not{2}\,14} \\ 1{,}\not{6}\,\not{3}\,\not{4} \\ -\ 1\,5\,8 \\ \hline 1{,}4\,7\,6 \end{array}$$

En el método de arriba se desagrupan los números de derecha a izquierda, pero también se pueden desagrupar de izquierda a derecha. Los niños pueden escoger la manera que les resulte más fácil.

La unidad concluye con la oportunidad de revisar y practicar multiplicaciones y divisiones básicas usando tablas de multiplicación, tarjetas de productos y juegos. Explorar patrones, tales como 4, 6, 8 y 10 productos dobles de 2, 3, 4 y 5, ayuda a desarrollar la fluidez.

$6 \times \underline{2} = 12$	$6 \times \underline{4} = 24$
$6 \times \underline{3} = 18$	$6 \times \underline{6} = 36$
$6 \times \underline{4} = 24$	$6 \times \underline{8} = 48$
$6 \times \underline{5} = 30$	$6 \times \underline{10} = 60$

Su niño también debe seguir practicando las destrezas de multiplicación y de división en casa.

Si tiene alguna pregunta, por favor comuníquese conmigo.

Atentamente,
El maestro de su niño

© Houghton Mifflin Harcourt Publishing Company

Nombre ____________________

Comentar la desagrupación con ceros

Observa a través de la lupa y comenta cada paso de desagrupación.

1 Desagrupa paso a paso:

o

2 Desagrupa todos a la vez:

Decidir cuándo desagrupar

3 Desagrupa de izquierda a derecha:

o

4 Desagrupa de derecha a izquierda:

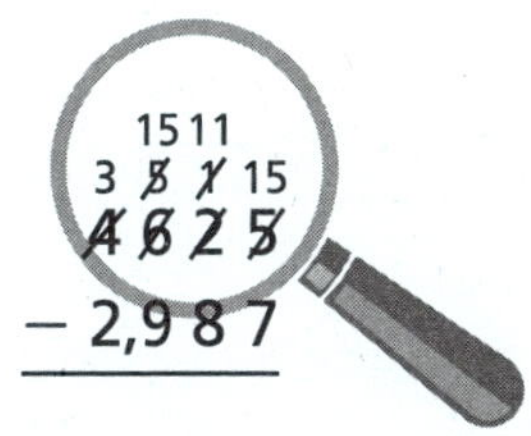

Otras situaciones de desagrupación

5 Cuando tenemos ceros y otros dígitos en la parte superior:

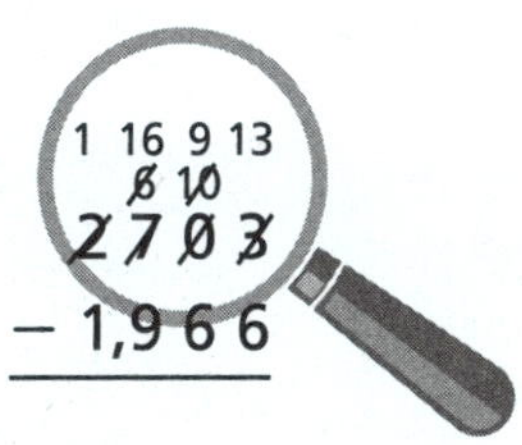

o

6 Cuando tenemos el mismo dígito en la parte superior y en la inferior:

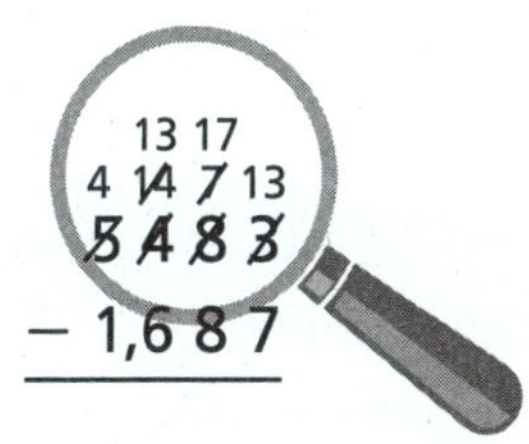

Resolver y comentar

Resta. Muestra tus grupos nuevos.

7 8,000 − 1,691

8 9,462 − 5,678

9 6,345 − 2,356

© Houghton Mifflin Harcourt Publishing Company

Camino al conocimiento

Práctica

Resta. Muestra tus grupos nuevos.

10. 7,919 − 3,846

11. 8,502 − 3,749

12. 4,221 − 2,805

13. 7,000 − 572

14. 4,650 − 2,793

15. 4,605 − 1,711

16. 3,120 − 38

17. 6,082 − 95

18. 2,107 − 428

19. 1,852 − 964

20. 3,692 − 2,704

21. 8,715 − 6,742

22. 6,000 − 4,351

23. 7,400 − 1,215

24. 3,583 − 1,794

Resuelve.

25. Jake tiene en su álbum de colección de monedas 647 monedas de 1¢. El álbum tiene espacio para 1,000 monedas de 1¢. ¿Cuántas monedas más de 1¢ puede colocar Jake en su álbum?

____

26. Un barco hace un viaje de 8,509 millas. Hasta ahora, ha navegado 2,957 millas. ¿Cuántas millas del viaje le faltan?

____

Comprobar la comprensión

Describe cómo usar la desagrupación para restar de millares.

© Houghton Mifflin Harcourt Publishing Company

Nombre ______________________________

VOCABULARIO
operaciones inversas
sumando

Relacionar suma con resta

La suma y la resta son **operaciones inversas**. Los dibujos de separar el número te ayudan a mostrar las relaciones inversas.

1. Escribe un problema en palabras que requiera sumar 1,310 y 2,057.

____

____

____

____

2. Escribe los **sumandos** y la suma en el dibujo de separar el número.

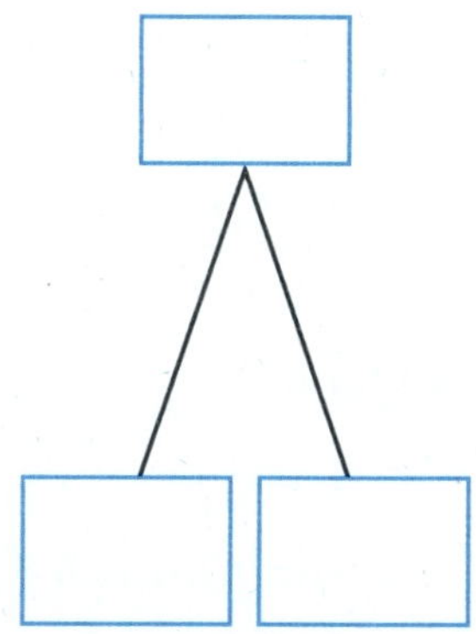

3. Completa los dos problemas de suma representados en el dibujo de separar el número.

$$\begin{array}{r} 1{,}310 \\ +\ \underline{\quad\quad} \\ 3{,}367 \end{array} \qquad \begin{array}{r} 2{,}057 \\ +\ \underline{\quad\quad} \\ \underline{\quad\quad} \end{array}$$

4. Escribe un problema en palabras que requiera restar 1,310 de 3,367.

____

____

____

____

5. Escribe dos ejercicios de resta representados en el dibujo de separar el número.

© Houghton Mifflin Harcourt Publishing Company

Camino al conocimiento Práctica

Resta. Luego, usa la suma para verificar la resta. Muestra tu trabajo.

6 $\begin{array}{r} 1{,}900 \\ -\ \ 574 \\ \hline \end{array}$ Verifica:

7 $\begin{array}{r} 1{,}800 \\ -\ 1{,}216 \\ \hline \end{array}$ Verifica:

8 $\begin{array}{r} 5{,}192 \\ -\ \ 341 \\ \hline \end{array}$ Verifica:

9 $\begin{array}{r} 6{,}350 \\ -\ 2{,}460 \\ \hline \end{array}$ Verifica:

10 $\begin{array}{r} 7{,}523 \\ -\ 3{,}424 \\ \hline \end{array}$ Verifica:

11 $\begin{array}{r} 2{,}000 \\ -\ \ 651 \\ \hline \end{array}$ Verifica:

Resuelve.

12 a. En abril, los cuidadores del zoológico alimentaron a los pingüinos 4,620 pescados. En mayo, alimentaron a los pingüinos con 5,068 pescados. ¿Cuántos pescados en total usaron para alimentar a los pingüinos?

____

b. Supongamos que el supervisor de los cuidadores sabe el número total de pescados que usaron para alimentar a los pingüinos en abril y mayo y que también sabe que los pingüinos fueron alimentados en abril con 4,620 pescados. Muestra cómo el supervisor puede usar la resta para calcular el número de pescados usados para alimentar a los pingüinos en mayo. (Usa tu respuesta de la parte a.)

____

Comprobar la comprensión

Describe la relación entre suma y resta. Da ejemplos de problemas relacionados.

© Houghton Mifflin Harcourt Publishing Company

Nombre ____________________

Identificar errores y corregirlos

Revisa tu trabajo siempre. Muchos errores se pueden corregir fácilmente.

¿Cuál es el error en cada problema? ¿Cómo puedes corregir el error y calcular la respuesta correcta?

1. 67,308 − 5,497

```
      12
    6 13 10
  6 7,3 0 8
 −  5,4 9 7
 ----------
  1 2,3 3 8
```

2. 134,865 − 5,294

```
   1 3 4,8 6 5
 −     5,2 9 4
 -------------
   1 3 1,6 3 1
```

Verificar la resta "sumando hacia arriba"

"Suma hacia arriba" para hallar cualquier lugar en la que haya un error de resta. Comenta cómo pudo haber ocurrido cada error y, si es necesario, corrige la resta.

3. 163,406 − 84,357 = 79,159

4. 526,741 − 139,268 = 413,473

5. 1,000,000 − 300,128 = 600,872

6. 5,472,639 − 2,375,841 = 3,096,798

© Houghton Mifflin Harcourt Publishing Company

7. Escribe y resuelve un problema de resta con números en el orden de la centena de millares.

Estimar diferencias

Puedes usar una estimación para decidir si una respuesta es razonable.

Dan hizo esta resta: 8,196 − 5,980. Su respuesta fue 3,816. Comenta cómo usando estimaciones puedes decidir si su respuesta es correcta.

Decide si cada respuesta es razonable. Muestra tu estimación.

8. 4,914 − 949 = 3,065

9. 52,022 − 29,571 = 22,451

Resuelve.

Muestra tu trabajo.

10. Bob tiene 3,226 canicas en su colección y María tiene 1,867 canicas. Bob dice que tiene 2,359 canicas más que María. ¿Es razonable la respuesta de Bob? Muestra tu estimación.

11. Dos ciudades tienen poblaciones de 24,990 y 12,205. Gretchen dice que la diferencia es 12,785. ¿Es razonable la respuesta de Gretchen? Muestra tu estimación.

12. Estima para decidir si la respuesta es razonable. Si no es razonable, describe el error y halla la respuesta correcta.

$$\begin{array}{r} 805{,}716 \\ -\ 290{,}905 \\ \hline 614{,}811 \end{array}$$

Comprobar la comprensión

Describe cómo restar y desagrupar números más grandes es similar a restar y desagrupar números más pequeños.

© Houghton Mifflin Harcourt Publishing Company

Nombre ______________________________

Comentar los pasos del problema

Algunas veces, necesitarás realizar más de un paso para resolver un problema. Los pasos se pueden mostrar en una o más ecuaciones.

1. En la mañana, 19 estudiantes estaban trabajando en un proyecto de ciencias. En la tarde, se fueron 3 estudiantes y llegaron 7 estudiantes más para trabajar en el proyecto. ¿Cuántos estudiantes estaban trabajando en el proyecto al finalizar el día?

____

2. Resuelve el problema de nuevo completando los métodos de Anita y Chad. Luego, comenta cuál es la semejanza y cuál es la diferencia de cada método.

Método de Anita	Método de Chad
Escribe una ecuación para cada paso. Calcula el número total de estudiantes que trabajaron en el proyecto. $19 + 7 =$ ___ Resta el número de estudiantes que se fueron en la tarde. $26 - 3 =$ ___	**Escribe una ecuación para el problema completo.** n = el número de estudiantes que trabajan en el proyecto al finalizar el día. Estudiantes que se fueron en la tarde ↘ Estudiantes que llegaron en la tarde. ↙ $19 -$ ___ $+$ ___ $= n$ ___ $= n$

3. Resuelve. Comenta los pasos que usaste.

Un equipo tiene pautado jugar 12 partidos. De estos partidos, 7 se jugarán en casa. Los otros partidos serán como visitantes. ¿Cuántos partidos menos como visitantes que como locales jugarán?

____

____

© Houghton Mifflin Harcourt Publishing Company

Mostrar soluciones

Resuelve cada problema.

Muestra tu trabajo.

4 La biblioteca de la escuela tiene 288 libros de ciencia. En total, la biblioteca tiene 618 libros de ciencia y animales. ¿Cuántos libros de ciencia menos que de animales tiene la biblioteca?

____

5 La colección de estampillas de Olivia consta de 442 estampillas. En su colección, hay 131 estampillas de animales y 107 de personas famosas. ¿Cuántas estampillas de Olivia no son de animales ni de personas famosas?

____

Camino al conocimiento

Práctica de sumas y restas de varios dígitos

6 $\begin{array}{r} 985 \\ -\ 792 \\ \hline \end{array}$

7 $\begin{array}{r} 2,931 \\ +\ 8,563 \\ \hline \end{array}$

8 $\begin{array}{r} 4,201 \\ +\ 9,979 \\ \hline \end{array}$

9 $\begin{array}{r} 98,309 \\ -\ 48,659 \\ \hline \end{array}$

10 $\begin{array}{r} 78,196 \\ -\ 14,587 \\ \hline \end{array}$

11 $\begin{array}{r} 21,682 \\ +\ 95,436 \\ \hline \end{array}$

12 $\begin{array}{r} 373,095 \\ +\ 185,543 \\ \hline \end{array}$

13 $\begin{array}{r} 709,032 \\ -\ 239,125 \\ \hline \end{array}$

14 $\begin{array}{r} 540,721 \\ +\ 375,699 \\ \hline \end{array}$

© Houghton Mifflin Harcourt Publishing Company

Comprobar la comprensión

Describe cómo resolver problemas de dos pasos.

Nombre ______________________________

Comentar los tipos de problema

Piensa en diferentes tipos de problemas para cada ejercicio. Escribe una ecuación para el problema y luego resuélvelo.

1. $a + 278 = 747$

____

____

2. $b - 346 = 587$

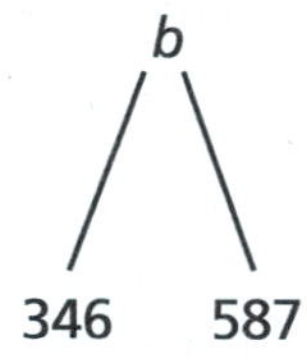

____

____

3.

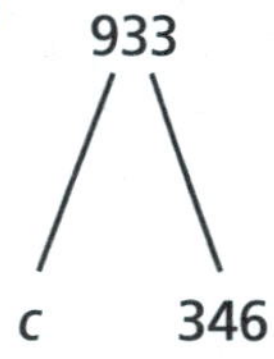

____

____

4.

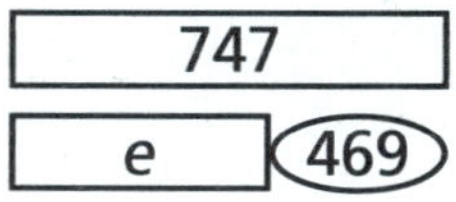

____

____

Camino al conocimiento Mostrar soluciones

Escribe una ecuación para el problema y luego resuélvelo. Si necesitas, haz un dibujo matemático.

Muestra tu trabajo.

5. De 800,000 especies de insectos, aproximadamente 560,000 sufren una metamorfosis completa. ¿Cuántas especies no sufren una metamorfosis completa?

____

____

6. La gran pirámide de Giza tiene aproximadamente 2,000,000 de bloques de piedra. Una réplica tiene 1,900,000 bloques menos. ¿Cuántos bloques hay en la réplica?

____

____

7. El año pasado 439,508 personas visitaron el museo de ciencias. 46,739 visitantes menos que los de este año. ¿Cuántas personas visitaron el museo de ciencias este año?

____

____

© Houghton Mifflin Harcourt Publishing Company

Camino al conocimiento Mostrar soluciones (continuación)

Muestra tu trabajo.

8 Al finalizar un juego de béisbol, había 35,602 personas en el estadio. Al inicio del juego, había 37,614 personas. ¿Cuántas personas se fueron antes de finalizar el juego?

9 Este año Pinnacle Publishing imprimió 64,924 libros más que Premier Publishing. Si Pinnacle imprimió 231,069 libros, ¿cuántos libros imprimió Premier?

10 Mary recorrió en su carro 2,483 millas durante un viaje por carretera. Actualmente, su carro tiene 86,445 millas. ¿Cuántas millas tenía su carro antes del viaje?

11 El río Amarillo en China tiene 5,465 kilómetros de largo. Esto es 4,295 kilómetros más largo que el río Elba en Europa. ¿Cuál es el largo del río Elba?

12 Un puente tiene 1,595 pies de largo. Cada cable que sostiene al puente es 1,983 pies más largo que el puente mismo. ¿Cuál es el largo de cada cable?

© Houghton Mifflin Harcourt Publishing Company

Nombre ______________________________

Resta y dinero

Sondra tenía $140 para gastar en ropa nueva para ir a la escuela. Compró una camisa por $21. Puedes usar un modelo para averiguar cuánto dinero le sobró.

A Sondra le sobraron ________.

Resuelve cada problema. Si necesitas, usa dinero. *Muestra tu trabajo.*

13. Jason tenía $30. Le dio a su hermano $18. ¿Cuánto dinero le sobró a Jason?

____

14. La entrenadora de Elana tenía cierta cantidad de dinero para gastar en equipo para el softbol. Gastó $76 en bases y le sobraron $174. ¿Cuánto tenía al inicio?

____

15. El club de ciencias de la escuela recaudó $325. Después de comprar equipos para un experimento, le sobraron $168. ¿Cuánto gastaron?

____

16. La familia de Amy tenía un presupuesto de $850 para comprar muebles. Compraron un sofá por $575. ¿Cuánto sobró del presupuesto para muebles?

____

© Houghton Mifflin Harcourt Publishing Company

Determinar respuestas razonables

Resuelve cada problema. Verifica tus respuestas usando operaciones inversas.

17 La Sra. Washington tiene $265 y quiere comprar zapatos por $67 y vestidos por $184. ¿Tiene suficiente dinero? Explica tu respuesta. ______________________

18 Terrell quiere correr al menos 105 millas durante el mes. Corrió un total de 87 millas durante las primeras 3 semanas del mes. Si corre 25 millas en la cuarta semana, ¿cumplirá su meta? ______________________

¿Cuál es el error?

Estimados estudiantes de matemáticas:

Mi amigo viaja a la Antártida. Me dio $112 para que le comprara ropa. Traté de comprar una parka y dos pares de calcetines de lana, pero el vendedor me dijo que no tenía suficiente dinero. Sumé el costo de la siguiente manera:

$98 + $12 = $110

¿Puedes ayudarme a descubrir en qué me equivoqué?

Tu amigo,
El Pingüino Confundido

Atuendos de Bill

Par de calcetines de lana	$12
Sombrero	$15
Mitones	$10
Parka	$98

19 Escribe una respuesta para el Pingüino Confundido.

____

____

Comprobar la comprensión

Si el Pingüino Confundido quiere comprar una parka y un sombrero, ¿cuál sería el total? __________ ¿Tiene suficiente dinero? __________

© Houghton Mifflin Harcourt Publishing Company

Nombre ______________________________

Hacer una gráfica de barras

Los puentes son estructuras que se construyen para atravesar obstáculos como agua, valles o caminos. Se pueden construir de concreto, acero o incluso de raíces de árboles. Los ingenieros y diseñadores realizan muchos cálculos matemáticos para garantizar que el puente soporte el uso y las fuerzas de la naturaleza que lo afectan.

Longitud de los puentes		
Puente	**Longitud sobre el agua (pies)**	
Puente del pantano Manchac, EE.UU	121,440	
Puente de la bahía Hangzhou, China	117,057	
Calzada del lago Pontchartrain, EE.UU	125,664	
Puente de la bahía Jiaozhou, China	139,392	

1 Usa los datos de la tabla anterior para hacer una gráfica de barras.

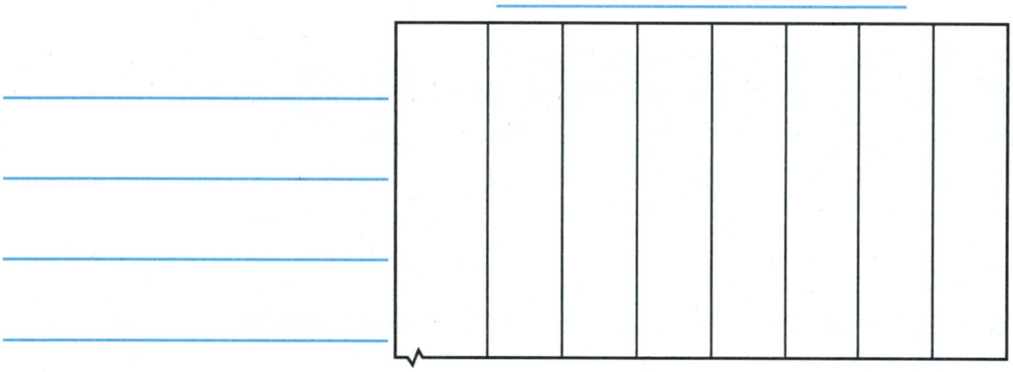

© Houghton Mifflin Harcourt Publishing Company • Image Credits: ©xia yuan/Getty Images

Sumar y restar números más grandes

La calzada del lago Pontchartrain está formada por dos puentes paralelos que atraviesan el lago Pontchartrain en Louisiana. Es el puente más largo de los Estados Unidos.

Para los Problemas 2 al 5, usa los datos de la tabla de la página 41.

Muestra tu trabajo.

2 ¿Cuánto más larga es la calzada del lago Pontchartrain que el puente de la bahía Hangzhou?

____

3 ¿Cuál es la diferencia en longitud entre el puente más largo y el más corto que se nombran en la tabla?

____

4 La meta de Liang es atravesar el puente de la bahía Hangzhou y el puente de la bahía Jiaozhou. Tanya quiere atravesar la calzada del lago Pontchartrain y el puente del pantano Manchac. ¿Quién recorrerá la mayor distancia sobre los puentes? ¿Cuántos pies de más recorrerá?

____

5 El gran puente Danyang-Kunshan en China es el puente más largo sobre tierra y agua en el mundo. Tiene 401,308 pies más que el puente de la bahía Jiaozhou. ¿Cuál es la longitud del gran puente Danyang-Kunshan?

____

© Houghton Mifflin Harcourt Publishing Company • Image Credits: ©ozfoto/iStock/Getty Images; ©Corbis/age fotostock

Prueba rápida 3 de la Unidad 1

Nombre ____________________ Fecha ____________________

Resta.

1. $$\begin{array}{r} 409{,}867 \\ -\ 377{,}294 \\ \hline \end{array}$$

Resuelve.

Muestra tu trabajo.

2. La mayoría de boletos se vendieron antes del domingo. El domingo se vendieron 9,854 boletos más. En total, se vendieron 92,563 boletos. ¿Cuántos boletos se vendieron antes del domingo?

____

3. La Tierra tiene un diámetro promedio de aproximadamente 7,926 millas. El diámetro aproximado de Mercurio es de 4,894 millas menos que el de la Tierra. ¿Cuál es el diámetro promedio de Mercurio?

____

4. La clase de Lance lee un total de 7,842 minutos durante un maratón de lectura. La clase de Alex lee 9,310 minutos. Alex escribió esta ecuación de resta para mostrar cuántos minutos más leyó su clase que la de Lance.

$$9{,}310 - 7{,}842 = \blacksquare$$

Resuelve la ecuación de Alex y escribe una ecuación de suma para verificar la resta.

____

Escribe una ecuación y resuelve el problema.

5. Chris anotó 34,809 puntos en un juego de computadora. Anotó 6,250 puntos menos que en otro juego. ¿Cuántos puntos anotó Chris en ambos juegos?

____

____

© Houghton Mifflin Harcourt Publishing Company

Nombre ______________________ Fecha ______________

Suma o resta.

1. $\begin{array}{r} 303 \\ +\ 251 \\ \hline \end{array}$

2. $\begin{array}{r} 9{,}208 \\ -\ 5{,}107 \\ \hline \end{array}$

3. $\begin{array}{r} 32{,}971 \\ +\ \ 4{,}643 \\ \hline \end{array}$

4. $\begin{array}{r} 35{,}977 \\ +\ 41{,}682 \\ \hline \end{array}$

5. $\begin{array}{r} 301{,}429 \\ -\ \ 78{,}046 \\ \hline \end{array}$

6. $\begin{array}{r} 448{,}054 \\ +\ 209{,}186 \\ \hline \end{array}$

7. $\begin{array}{r} 437 \\ +\ 259 \\ \hline \end{array}$

8. $\begin{array}{r} 89{,}307 \\ -\ \ 6{,}346 \\ \hline \end{array}$

9. $\begin{array}{r} 695 \\ -\ 542 \\ \hline \end{array}$

10. $\begin{array}{r} 7{,}293 \\ +\ \ 561 \\ \hline \end{array}$

11. $\begin{array}{r} 5{,}259 \\ -\ 1{,}739 \\ \hline \end{array}$

12. $\begin{array}{r} 791 \\ -\ 438 \\ \hline \end{array}$

13. $\begin{array}{r} 2{,}786 \\ +\ 1{,}433 \\ \hline \end{array}$

14. $\begin{array}{r} 76{,}176 \\ -\ 46{,}233 \\ \hline \end{array}$

15. $\begin{array}{r} 542{,}711 \\ -\ 358{,}525 \\ \hline \end{array}$

© Houghton Mifflin Harcourt Publishing Company

Nombre ____________________

VOCABULARIO
factor
producto

Camino al conocimiento

Completar una tabla de multiplicación

1. Observa los **factores** para completar la Tabla de multiplicación. Deja en blanco los **productos** que no conoces.

×	1	2	3	4	5	6	7	8	9	10
1										
2										
3										
4										
5										
6										
7										
8										
9										
10										

2. Escribe las multiplicaciones que necesitas practicar.

____

____

____

____

____

© Houghton Mifflin Harcourt Publishing Company

Camino al conocimiento

Tablas de multiplicación revueltas

Completa cada tabla.

A

×										
	6	30	54	60	42	24	18	12	48	36
	2	10	18	20	14	8	6	4	16	12
	10	50	90	100	70	40	30	20	80	60
	8	40	72	80	56	32	24	16	64	48
	5	25	45	50	35	20	15	10	40	30
	1	5	9	10	7	4	3	2	8	6
	9	45	81	90	63	36	27	18	72	54
	4	20	36	40	28	16	12	8	32	24
	7	35	63	70	49	28	21	14	56	42
	3	15	27	30	21	12	9	6	24	18

B

×										
	100		20		70	50		90		10
	50	15		20	35		30		40	5
	10	3		4	7		6	9		1
		9		12	21	15		27	24	
		6	4	8			12	18	16	2
		12	8	16	28	20		36	32	
	90	27	18	36	63	45	54		72	
		18	12	24		30	36	54	48	6
		21		28	49		42		56	7
		24		32	56	40		72	64	8

C

×										
	27	6	24	21	18	15	12	9	3	
	36	8	32	28	24		16	12	4	40
	9	2	8	7	6	5	4	3	1	10
	18	4	16	14		10	8	6	2	20
		14	56	49	42		28	21	7	
	72		64	56	48	40	32	24	8	80
	45	10	40		30	25	20	15	5	
	54	12	48	42	36	30	24	18	6	60
	90		80	70	60		40	30	10	100
	81	18	72		54	45	36	27	9	

D

×										
	48		42	12	36		18	6		30
	56	28		14		70	21		63	35
			70		60			10		50
		20	35		30		15	5	45	
	32			8		40			36	
	8	4		2			3	1		5
		8	14		12		6		18	10
	64		56		48	80	24	8		40
	72	36		18			27		81	
	24		21		18	30		3	27	

Comprobar la comprensión

Completa los enunciados.

Los números en las casillas amarillos son ______________________.

Los números en las casillas blancas son ______________________.

© Houghton Mifflin Harcourt Publishing Company

2 × 2

© Houghton Mifflin Harcourt Publishing Company

2 • 3

Pista
¿Cuánto es 3 · 2?

© Houghton Mifflin Harcourt Publishing Company

2 * 4

Pista
¿Cuánto es 4 * 2?

© Houghton Mifflin Harcourt Publishing Company

2 × 5

Pista
¿Cuánto es 5 × 2?

© Houghton Mifflin Harcourt Publishing Company

2 × 6

Pista
¿Cuánto es 6 × 2?

© Houghton Mifflin Harcourt Publishing Company

2 • 7

Pista
¿Cuánto es 7 · 2?

© Houghton Mifflin Harcourt Publishing Company

2 * 8

Pista
¿Cuánto es 8 * 2?

© Houghton Mifflin Harcourt Publishing Company

2 × 9

Pista
¿Cuánto es 9 × 2?

© Houghton Mifflin Harcourt Publishing Company

5 × 2

Pista
¿Cuánto es 2 × 5?

© Houghton Mifflin Harcourt Publishing Company

5 • 3

Pista
¿Cuánto es 3 · 5?

© Houghton Mifflin Harcourt Publishing Company

5 * 4

Pista
¿Cuánto es 4 * 5?

© Houghton Mifflin Harcourt Publishing Company

5 × 5

© Houghton Mifflin Harcourt Publishing Company

5 × 6

Pista
¿Cuánto es 6 × 5?

© Houghton Mifflin Harcourt Publishing Company

5 • 7

Pista
¿Cuánto es 7 · 5?

© Houghton Mifflin Harcourt Publishing Company

5 * 8

Pista
¿Cuánto es 8 * 5?

© Houghton Mifflin Harcourt Publishing Company

5 × 9

Pista
¿Cuánto es 9 × 5?

© Houghton Mifflin Harcourt Publishing Company

© Houghton Mifflin Harcourt Publishing Company

$2\overline{)10}$

Pista ¿Cuánto es $\square \times 2 = 10$?

© Houghton Mifflin Harcourt Publishing Company

$2\overline{)8}$

Pista ¿Cuánto es $\square \times 2 = 8$?

© Houghton Mifflin Harcourt Publishing Company

$2\overline{)6}$

Pista ¿Cuánto es $\square \times 2 = 6$?

© Houghton Mifflin Harcourt Publishing Company

$2\overline{)4}$

Pista ¿Cuánto es $\square \times 2 = 4$?

© Houghton Mifflin Harcourt Publishing Company

$2\overline{)18}$

Pista ¿Cuánto es $\square \times 2 = 18$?

© Houghton Mifflin Harcourt Publishing Company

$2\overline{)16}$

Pista ¿Cuánto es $\square \times 2 = 16$?

© Houghton Mifflin Harcourt Publishing Company

$2\overline{)14}$

Pista ¿Cuánto es $\square \times 2 = 14$?

© Houghton Mifflin Harcourt Publishing Company

$2\overline{)12}$

Pista ¿Cuánto es $\square \times 2 = 12$?

© Houghton Mifflin Harcourt Publishing Company

$5\overline{)25}$

Pista ¿Cuánto es $\square \times 5 = 25$?

© Houghton Mifflin Harcourt Publishing Company

$5\overline{)20}$

Pista ¿Cuánto es $\square \times 5 = 20$?

© Houghton Mifflin Harcourt Publishing Company

$5\overline{)15}$

Pista ¿Cuánto es $\square \times 5 = 15$?

© Houghton Mifflin Harcourt Publishing Company

$5\overline{)10}$

Pista ¿Cuánto es $\square \times 5 = 10$?

© Houghton Mifflin Harcourt Publishing Company

$5\overline{)45}$

Pista ¿Cuánto es $\square \times 5 = 45$?

© Houghton Mifflin Harcourt Publishing Company

$5\overline{)40}$

Pista ¿Cuánto es $\square \times 5 = 40$?

© Houghton Mifflin Harcourt Publishing Company

$5\overline{)35}$

Pista ¿Cuánto es $\square \times 5 = 35$?

© Houghton Mifflin Harcourt Publishing Company

$5\overline{)30}$

Pista ¿Cuánto es $\square \times 5 = 30$?

© Houghton Mifflin Harcourt Publishing Company

© Houghton Mifflin Harcourt Publishing Company

9 × 2 Pista ¿Cuánto es 2 × 9? © Houghton Mifflin Harcourt Publishing Company	9 • 3 Pista ¿Cuánto es 3 • 9? © Houghton Mifflin Harcourt Publishing Company	9 * 4 Pista ¿Cuánto es 4 * 9? © Houghton Mifflin Harcourt Publishing Company	9 × 5 Pista ¿Cuánto es 5 × 9? © Houghton Mifflin Harcourt Publishing Company
9 × 6 Pista ¿Cuánto es 6 × 9? © Houghton Mifflin Harcourt Publishing Company	9 • 7 Pista ¿Cuánto es 7 • 9? © Houghton Mifflin Harcourt Publishing Company	9 * 8 Pista ¿Cuánto es 8 * 9? © Houghton Mifflin Harcourt Publishing Company	9 × 9 © Houghton Mifflin Harcourt Publishing Company
×	•	*	×
×	•	*	×

© Houghton Mifflin Harcourt Publishing Company

Puedes escribir cualquier número en las últimas 8 tarjetas. Úsalas para practicar problemas difíciles o si pierdes una tarjeta.

$9\overline{)45}$

Pista ¿Cuánto es

□ × 9 = 45?

© Houghton Mifflin Harcourt Publishing Company

$9\overline{)36}$

Pista ¿Cuánto es

□ × 9 = 36?

© Houghton Mifflin Harcourt Publishing Company

$9\overline{)27}$

Pista ¿Cuánto es

□ × 9 = 27?

© Houghton Mifflin Harcourt Publishing Company

$9\overline{)18}$

Pista ¿Cuánto es

□ × 9 = 18?

© Houghton Mifflin Harcourt Publishing Company

$9\overline{)81}$

Pista ¿Cuánto es

□ × 9 = 81?

© Houghton Mifflin Harcourt Publishing Company

$9\overline{)72}$

Pista ¿Cuánto es

□ × 9 = 72?

© Houghton Mifflin Harcourt Publishing Company

$9\overline{)63}$

Pista ¿Cuánto es

□ × 9 = 63?

© Houghton Mifflin Harcourt Publishing Company

$9\overline{)54}$

Pista ¿Cuánto es

□ × 9 = 54?

© Houghton Mifflin Harcourt Publishing Company

© Houghton Mifflin Harcourt Publishing Company

Puedes escribir cualquier número en las últimas 8 tarjetas. Úsalas para practicar problemas difíciles o si pierdes una tarjeta.

3 × 2

Pista
¿Cuánto es 2 × 3?

© Houghton Mifflin Harcourt Publishing Company

3 • 3

© Houghton Mifflin Harcourt Publishing Company

3 * 4

Pista
¿Cuánto es 4 * 3?

© Houghton Mifflin Harcourt Publishing Company

3 × 5

Pista
¿Cuánto es 5 × 3?

© Houghton Mifflin Harcourt Publishing Company

3 × 6

Pista
¿Cuánto es 6 × 3?

© Houghton Mifflin Harcourt Publishing Company

3 • 7

Pista
¿Cuánto es 7 • 3?

© Houghton Mifflin Harcourt Publishing Company

3 * 8

Pista
¿Cuánto es 8 * 3?

© Houghton Mifflin Harcourt Publishing Company

3 × 9

Pista
¿Cuánto es 9 × 3?

© Houghton Mifflin Harcourt Publishing Company

4 × 2

Pista
¿Cuánto es 2 × 4?

© Houghton Mifflin Harcourt Publishing Company

4 • 3

Pista
¿Cuánto es 3 • 4?

© Houghton Mifflin Harcourt Publishing Company

4 * 4

© Houghton Mifflin Harcourt Publishing Company

4 × 5

Pista
¿Cuánto es 5 × 4?

© Houghton Mifflin Harcourt Publishing Company

4 × 6

Pista
¿Cuánto es 6 × 4?

© Houghton Mifflin Harcourt Publishing Company

4 • 7

Pista
¿Cuánto es 7 • 4?

© Houghton Mifflin Harcourt Publishing Company

4 * 8

Pista
¿Cuánto es 8 * 4?

© Houghton Mifflin Harcourt Publishing Company

4 × 9

Pista
¿Cuánto es 9 × 4?

© Houghton Mifflin Harcourt Publishing Company

© Houghton Mifflin Harcourt Publishing Company

$3\overline{)15}$

Pista ¿Cuánto es $\square \times 3 = 15$?

© Houghton Mifflin Harcourt Publishing Company

$3\overline{)12}$

Pista ¿Cuánto es $\square \times 3 = 12$?

© Houghton Mifflin Harcourt Publishing Company

$3\overline{)9}$

Pista ¿Cuánto es $\square \times 3 = 9$?

© Houghton Mifflin Harcourt Publishing Company

$3\overline{)6}$

Pista ¿Cuánto es $\square \times 3 = 6$?

© Houghton Mifflin Harcourt Publishing Company

$3\overline{)27}$

Pista ¿Cuánto es $\square \times 3 = 27$?

© Houghton Mifflin Harcourt Publishing Company

$3\overline{)24}$

Pista ¿Cuánto es $\square \times 3 = 24$?

© Houghton Mifflin Harcourt Publishing Company

$3\overline{)21}$

Pista ¿Cuánto es $\square \times 3 = 21$?

© Houghton Mifflin Harcourt Publishing Company

$3\overline{)18}$

Pista ¿Cuánto es $\square \times 3 = 18$?

© Houghton Mifflin Harcourt Publishing Company

$4\overline{)20}$

Pista ¿Cuánto es $\square \times 4 = 20$?

© Houghton Mifflin Harcourt Publishing Company

$4\overline{)16}$

Pista ¿Cuánto es $\square \times 4 = 16$?

© Houghton Mifflin Harcourt Publishing Company

$4\overline{)12}$

Pista ¿Cuánto es $\square \times 4 = 12$?

© Houghton Mifflin Harcourt Publishing Company

$4\overline{)8}$

Pista ¿Cuánto es $\square \times 4 = 8$?

© Houghton Mifflin Harcourt Publishing Company

$4\overline{)36}$

Pista ¿Cuánto es $\square \times 4 = 36$?

© Houghton Mifflin Harcourt Publishing Company

$4\overline{)32}$

Pista ¿Cuánto es $\square \times 4 = 32$?

© Houghton Mifflin Harcourt Publishing Company

$4\overline{)28}$

Pista ¿Cuánto es $\square \times 4 = 28$?

© Houghton Mifflin Harcourt Publishing Company

$4\overline{)24}$

Pista ¿Cuánto es $\square \times 4 = 24$?

© Houghton Mifflin Harcourt Publishing Company

© Houghton Mifflin Harcourt Publishing Company

6×2

Pista

¿Cuánto es 2×6?

© Houghton Mifflin Harcourt Publishing Company

$6 \bullet 3$

Pista

¿Cuánto es $3 \cdot 6$?

© Houghton Mifflin Harcourt Publishing Company

$6 * 4$

Pista

¿Cuánto es $4 * 6$?

© Houghton Mifflin Harcourt Publishing Company

6×5

Pista

¿Cuánto es 5×6?

© Houghton Mifflin Harcourt Publishing Company

6×6

© Houghton Mifflin Harcourt Publishing Company

$6 \bullet 7$

Pista

¿Cuánto es $7 \cdot 6$?

© Houghton Mifflin Harcourt Publishing Company

$6 * 8$

Pista

¿Cuánto es $8 * 6$?

© Houghton Mifflin Harcourt Publishing Company

6×9

Pista

¿Cuánto es 9×6?

© Houghton Mifflin Harcourt Publishing Company

7×2

Pista

¿Cuánto es 2×7?

© Houghton Mifflin Harcourt Publishing Company

$7 \bullet 3$

Pista

¿Cuánto es $3 \cdot 7$?

© Houghton Mifflin Harcourt Publishing Company

$7 * 4$

Pista

¿Cuánto es $4 * 7$?

© Houghton Mifflin Harcourt Publishing Company

7×5

Pista

¿Cuánto es 5×7?

© Houghton Mifflin Harcourt Publishing Company

7×6

Pista

¿Cuánto es 6×7?

© Houghton Mifflin Harcourt Publishing Company

$7 \bullet 7$

© Houghton Mifflin Harcourt Publishing Company

$7 * 8$

Pista

¿Cuánto es $8 * 7$?

© Houghton Mifflin Harcourt Publishing Company

7×9

Pista

¿Cuánto es 9×7?

© Houghton Mifflin Harcourt Publishing Company

© Houghton Mifflin Harcourt Publishing Company

$6\overline{)30}$

Pista ¿Cuánto es □ × 6 = 30?

© Houghton Mifflin Harcourt Publishing Company

$6\overline{)24}$

Pista ¿Cuánto es □ × 6 = 24?

© Houghton Mifflin Harcourt Publishing Company

$6\overline{)18}$

Pista ¿Cuánto es □ × 6 = 18?

© Houghton Mifflin Harcourt Publishing Company

$6\overline{)12}$

Pista ¿Cuánto es □ × 6 = 12?

© Houghton Mifflin Harcourt Publishing Company

$6\overline{)54}$

Pista ¿Cuánto es □ × 6 = 54?

© Houghton Mifflin Harcourt Publishing Company

$6\overline{)48}$

Pista ¿Cuánto es □ × 6 = 48?

© Houghton Mifflin Harcourt Publishing Company

$6\overline{)42}$

Pista ¿Cuánto es □ × 6 = 42?

© Houghton Mifflin Harcourt Publishing Company

$6\overline{)36}$

Pista ¿Cuánto es □ × 6 = 36?

© Houghton Mifflin Harcourt Publishing Company

$7\overline{)35}$

Pista ¿Cuánto es □ × 7 = 35?

© Houghton Mifflin Harcourt Publishing Company

$7\overline{)28}$

Pista ¿Cuánto es □ × 7 = 28?

© Houghton Mifflin Harcourt Publishing Company

$7\overline{)21}$

Pista ¿Cuánto es □ × 7 = 21?

© Houghton Mifflin Harcourt Publishing Company

$7\overline{)14}$

Pista ¿Cuánto es □ × 7 = 14?

© Houghton Mifflin Harcourt Publishing Company

$7\overline{)63}$

Pista ¿Cuánto es □ × 7 = 63?

© Houghton Mifflin Harcourt Publishing Company

$7\overline{)56}$

Pista ¿Cuánto es □ × 7 = 56?

© Houghton Mifflin Harcourt Publishing Company

$7\overline{)49}$

Pista ¿Cuánto es □ × 7 = 49?

© Houghton Mifflin Harcourt Publishing Company

$7\overline{)42}$

Pista ¿Cuánto es □ × 7 = 42?

© Houghton Mifflin Harcourt Publishing Company

© Houghton Mifflin Harcourt Publishing Company

8 × 2 Pista: ¿Cuánto es 2 × 8? © Houghton Mifflin Harcourt Publishing Company	8 • 3 Pista: ¿Cuánto es 3 • 8? © Houghton Mifflin Harcourt Publishing Company	8 * 4 Pista: ¿Cuánto es 4 * 8? © Houghton Mifflin Harcourt Publishing Company	8 × 5 Pista: ¿Cuánto es 5 × 8? © Houghton Mifflin Harcourt Publishing Company
8 × 6 Pista: ¿Cuánto es 6 × 8? © Houghton Mifflin Harcourt Publishing Company	8 • 7 Pista: ¿Cuánto es 7 • 8? © Houghton Mifflin Harcourt Publishing Company	8 * 8 © Houghton Mifflin Harcourt Publishing Company	8 × 9 Pista: ¿Cuánto es 9 × 8? © Houghton Mifflin Harcourt Publishing Company
×	•	*	×
×	•	*	×

© Houghton Mifflin Harcourt Publishing Company

Puedes escribir cualquier número en las últimas 8 tarjetas. Úsalas para practicar problemas difíciles o si pierdes una tarjeta.

$8\overline{)40}$

Pista ¿Cuánto es □ × 8 = 40?

© Houghton Mifflin Harcourt Publishing Company

$8\overline{)32}$

Pista ¿Cuánto es □ × 8 = 32?

© Houghton Mifflin Harcourt Publishing Company

$8\overline{)24}$

Pista ¿Cuánto es □ × 8 = 24?

© Houghton Mifflin Harcourt Publishing Company

$8\overline{)16}$

Pista ¿Cuánto es □ × 8 = 16?

© Houghton Mifflin Harcourt Publishing Company

$8\overline{)72}$

Pista ¿Cuánto es □ × 8 = 72?

© Houghton Mifflin Harcourt Publishing Company

$8\overline{)64}$

Pista ¿Cuánto es □ × 8 = 64?

© Houghton Mifflin Harcourt Publishing Company

$8\overline{)56}$

Pista ¿Cuánto es □ × 8 = 56?

© Houghton Mifflin Harcourt Publishing Company

$8\overline{)48}$

Pista ¿Cuánto es □ × 8 = 48?

© Houghton Mifflin Harcourt Publishing Company

Puedes escribir cualquier número en las últimas 8 tarjetas. Úsalas para practicar problemas difíciles o si pierdes una tarjeta.

© Houghton Mifflin Harcourt Publishing Company

Nombre ______________________________

Camino al conocimiento

Patrones con 10, 5 y 9

Estas tablas de multiplicación nos ayudan a observar patrones que hacen que las multiplicaciones básicas sean más fáciles.

Tablas de 5 y 10

×	1	2	3	4	5	6	7	8	9	10
1	1	2	3	4	5	6	7	8	9	10
2	2	4	6	8	10	12	14	16	18	20
3	3	6	9	12	15	18	21	24	27	30
4	4	8	12	16	20	24	28	32	36	40
5	5	10	15	20	25	30	35	40	45	50
6	6	12	18	24	30	36	42	48	54	60
7	7	14	21	28	35	42	49	56	63	70
8	8	16	24	32	40	48	56	64	72	80
9	9	18	27	36	45	54	63	72	81	90
10	10	20	30	40	50	60	70	80	90	100

1. ¿Qué patrón observas en la tabla del 10?

____

2. Observa las tablas del 5 y del 10. ¿Qué patrones observas?

____

Tabla del 9

×	1	2	3	4	5	6	7	8	9	10
1	1	2	3	4	5	6	7	8	9	10
2	2	4	6	8	10	12	14	16	18	20
3	3	6	9	12	15	18	21	24	27	30
4	4	8	12	16	20	24	28	32	36	40
5	5	10	15	20	25	30	35	40	45	50
6	6	12	18	24	30	36	42	48	54	60
7	7	14	21	28	35	42	49	56	63	70
8	8	16	24	32	40	48	56	64	72	80
9	9	18	27	36	45	54	63	72	81	90
10	10	20	30	40	50	60	70	80	90	100

3. Observa la tabla del 9. ¿Cómo se relaciona cada producto de la tabla del 9 con cada producto de la siguiente fila, en la tabla del 10?

____

¿Cómo podría ayudarte este patrón a recordar la tabla del 9?

____

____

4. Observa los dígitos en cada producto de la tabla del 9. ¿Cuál es la suma de los dígitos en cada producto de la tabla del 9?

____

¿Cómo podrías usar este conocimiento para verificar tus respuestas cuando multiplicas por 9?

____

____

© Houghton Mifflin Harcourt Publishing Company

Camino al conocimiento Patrones con otros números

En la tabla de multiplicación, halla patrones con 2, 4, 6 y 8.

Tablas del 2, 4, 6 y 8

×	1	2	3	4	5	6	7	8	9	10
1	1	2	3	4	5	6	7	8	9	10
2	2	4	6	8	10	12	14	16	18	20
3	3	6	9	12	15	18	21	24	27	30
4	4	8	12	16	20	24	28	32	36	40
5	5	10	15	20	25	30	35	40	45	50
6	6	12	18	24	30	36	42	48	54	60
7	7	14	21	28	35	42	49	56	63	70
8	8	16	24	32	40	48	56	64	72	80
9	9	18	27	36	45	54	63	72	81	90
10	10	20	30	40	50	60	70	80	90	100

5 Observa los dígitos de las unidades en todos los productos de las tablas del 2, 4, 6 y 8. ¿Qué patrón observas?

____

6 ¿Los productos de las tablas del 2, 4, 6 y 8 son números pares o números impares?

____

En la tabla de multiplicación rotulada Dobles, busca filas que tengan productos que sean el doble de los productos de otras filas.

Dobles

×	1	2	3	4	5	6	7	8	9	10
1	1	2	3	4	5	6	7	8	9	10
2	2	4	6	8	10	12	14	16	18	20
3	3	6	9	12	15	18	21	24	27	30
4	4	8	12	16	20	24	28	32	36	40
5	5	10	15	20	25	30	35	40	45	50
6	6	12	18	24	30	36	42	48	54	60
7	7	14	21	28	35	42	49	56	63	70
8	8	16	24	32	40	48	56	64	72	80
9	9	18	27	36	45	54	63	72	81	90
10	10	20	30	40	50	60	70	80	90	100

7 Nombra los factores que tienen productos que son el doble de los productos de otro factor.

____

8 ¿Cómo puedes calcular 6×9 si conoces 3×9?

____

Reescribe cada lista para que la lista de números salteados esté correcta.

9 3, 6, 9, 12, 16, 18, 21 ________________________

10 7, 14, 21, 27, 35, 42, 49 ________________________

© Houghton Mifflin Harcourt Publishing Company

Nombre ______________________

Camino al conocimiento Explorar números al cuadrado

Escribe una ecuación para mostrar el área de cada cuadrado grande.

11 $1 \times 1 = 1$

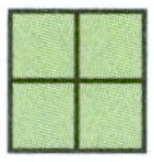

12 ______________

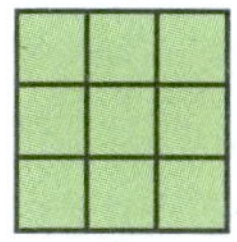

13 ______________

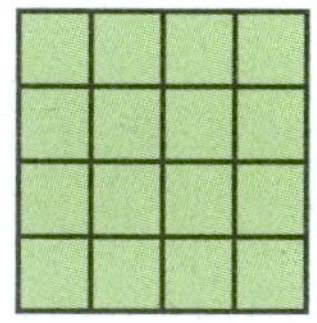

14 ______________

15 ______________

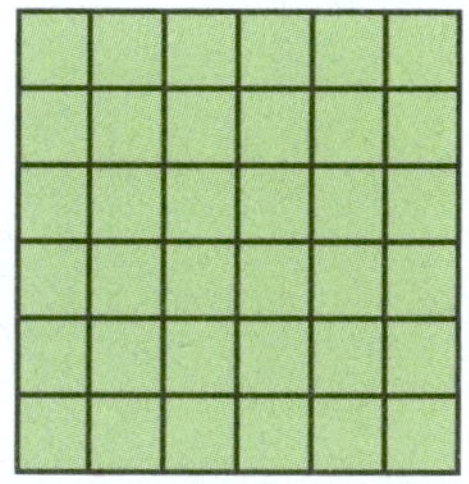

16 ______________

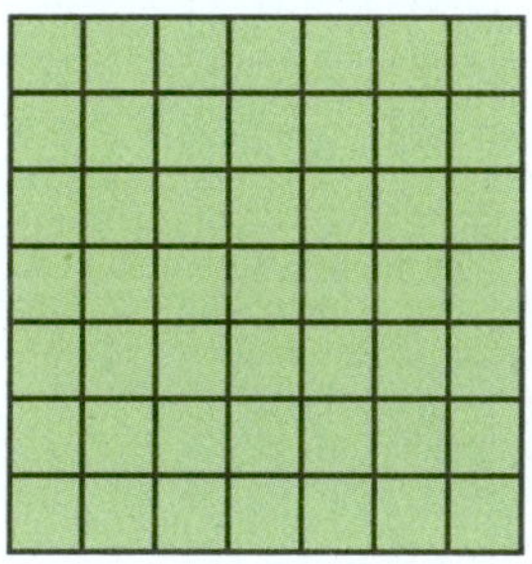

17 ______________

18 ______________

19 ______________

20 ______________

© Houghton Mifflin Harcourt Publishing Company

Hallar patrones

VOCABULARIO
número al cuadrado

21 Haz una lista en orden de los productos de los ejercicios 11 al 20. Comenta con tu clase los patrones que observas.

____

Los números que escribiste en el Ejercicio 21 se llaman **números al cuadrado** porque son las áreas de cuadrados cuyas longitudes de lado son números enteros. El número al cuadrado es el producto de un número entero por sí mismo. Por lo tanto, si n es un número entero, el producto de $n \times n$ es un número al cuadrado.

Patrones en la tabla de multiplicación

22 En la tabla, encierra en un círculo los productos que sean números al cuadrado. Comenta con tu clase los patrones que observas.

×	1	2	3	4	5	6	7	8	9	10
1	1	2	3	4	5	6	7	8	9	10
2	2	4	6	8	10	12	14	16	18	20
3	3	6	9	12	15	18	21	24	27	30
4	4	8	12	16	20	24	28	32	36	40
5	5	10	15	20	25	30	35	40	45	50
6	6	12	18	24	30	36	42	48	54	60
7	7	14	21	28	35	42	49	56	63	70
8	8	16	24	32	40	48	56	64	72	80
9	9	18	27	36	45	54	63	72	81	90
10	10	20	30	40	50	60	70	80	90	100

© Houghton Mifflin Harcourt Publishing Company

23 Explica por qué el número 16 es un número al cuadrado.

____

Nombre ______________________________

Herramientas matemáticas: multiplicación rápida por 9

Puedes usar el método multiplicación rápida por 9 para ayudarte a multiplicar por 9. Abre tus manos y voltéalas hacia ti. Imagina que tus dedos están numerados como se muestra.

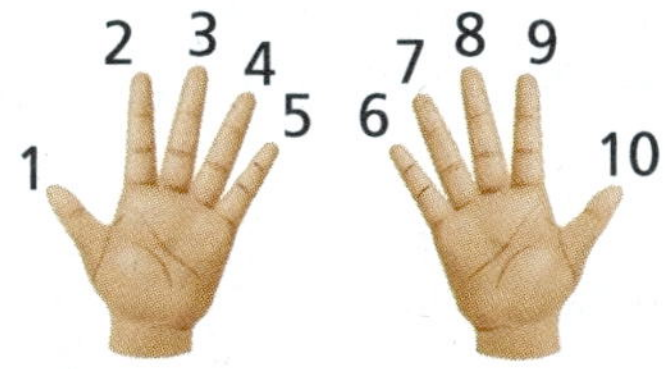

Para calcular un número por 9, dobla el dedo hacia abajo para ese número. Por ejemplo, para calcular 4×9 dobla hacia abajo tu cuarto dedo.

Los dedos a la izquierda de tu dedo doblado son las decenas. Los dedos a la derecha son las unidades. En este problema, hay 3 decenas y 6 unidades; por lo tanto $4 \times 9 = 36$.

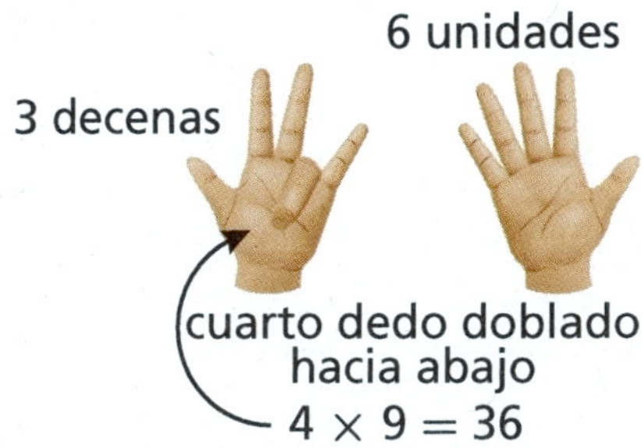

¿Por qué funciona esto? Porque $4 \times 9 = 4 \times (10 - 1) = 40 - 4 = 36$

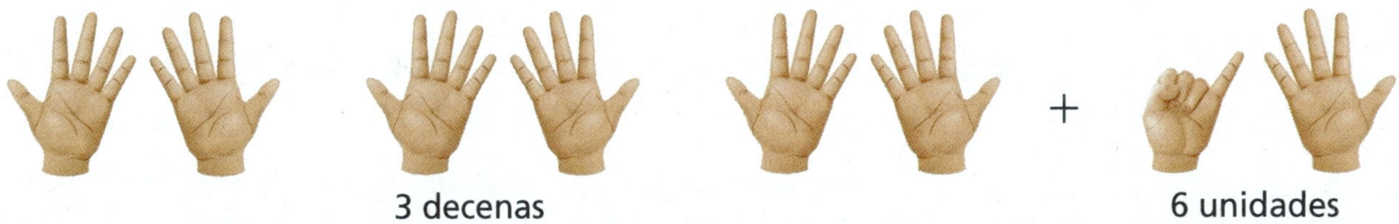

Usar la multiplicación rápida por 9

24 Escribe la multiplicación que se muestra cuando el séptimo dedo multiplicador está doblado hacia abajo.

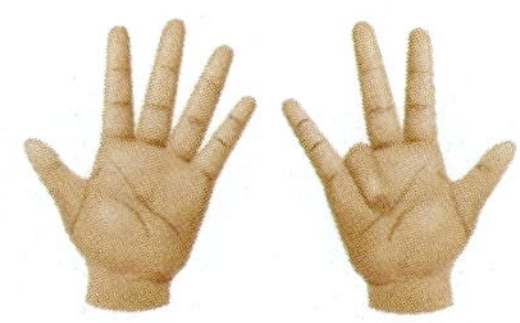

____ × ____ = ____

25 ¿Qué dedo multiplicador se doblará hacia abajo para mostrar 4 decenas y 5 unidades?

____

26 Usa la multiplicación rápida del 9 para calcular 8×9.

$8 \times 9 =$ ____

© Houghton Mifflin Harcourt Publishing Company

Herramientas matemáticas: División rápida entre 9

Tú también puedes usar la multiplicación rápida por 9 para ayudarte a dividir entre 9. Por ejemplo, para calcular $72 \div 9$, muestra 72 con tus dedos.

7 decenas 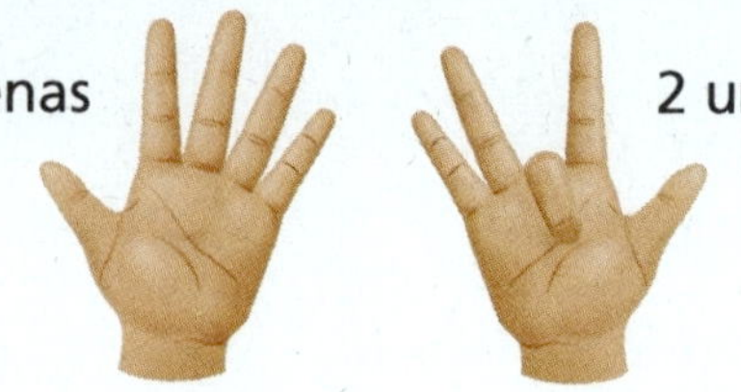 2 unidades

Tu octavo dedo está doblado hacia abajo, por lo tanto, $72 \div 9 = 8$.
$8 \times 9 = 80 - 8 = 72$

27 Escribe la división que se muestra cuando el quinto dedo multiplicador está abajo.

_____ $\div$ _____ $=$ _____

28 ¿Qué dedo multiplicador estará doblado hacia abajo para mostrar $81 \div 9$?

____

29 ¿Qué multiplicación se muestra cuando el noveno dedo está abajo?

_____ $\times$ _____ $=$ _____

Comprobar la comprensión

Usa la siguiente figura. Dibuja una X en el dedo que doblarías hacia abajo para calcular 3×9.

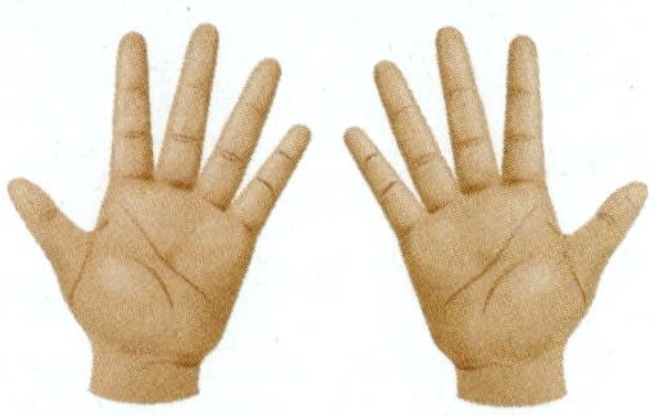

$3 \times 9 = \square$

Usa la siguiente figura. Dibuja una X en el dedo que doblarías hacia abajo para calcular $54 \div 9$.

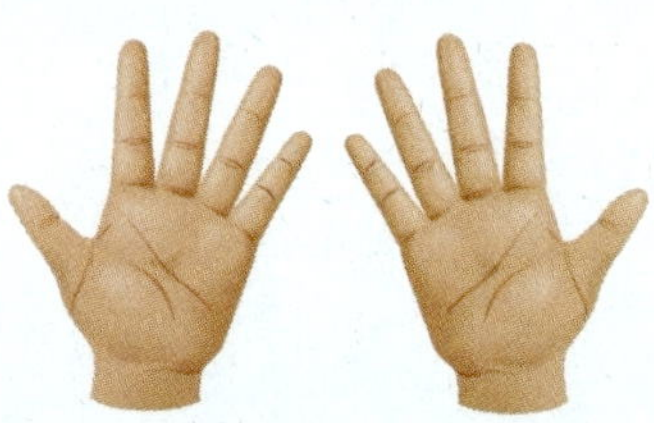

$54 \div 9 = \square$

© Houghton Mifflin Harcourt Publishing Company

Nombre ____________________

Camino al conocimiento

Jugar a *La pila de tarjetas más alta gana*

Lee las reglas para jugar *La pila de tarjetas más alta gana.* Luego, juega el juego con un compañero.

Reglas para *La pila de tarjetas más alta gana*

Número de jugadores: 2

Qué necesitarás: 1 juego de tarjetas de productos

1. Mezcla las tarjetas. Reparte equitativamente entre los dos jugadores todas las tarjetas.
2. Los jugadores colocan sus pilas frente a ellos, con la cara de la multiplicación hacia arriba.
3. Cada jugador toma la cara superior de su pila y la coloca en el centro de la mesa con la cara de la multiplicación hacia arriba.
4. Cada jugador dice el producto y luego voltea la tarjeta para verificar. El producto correcto se muestra en verde. Luego, los jugadores harán lo siguiente:
   - Si un jugador dice una respuesta incorrecta, el otro jugador toma ambas tarjetas y las coloca al fondo de su pila.
   - Si ambos jugadores dicen una respuesta incorrecta, los dos jugadores toman sus tarjetas y las colocan al fondo de sus respectivas pilas.
   - Si ambos jugadores dicen una respuesta correcta, el jugador con el producto mayor toma ambas tarjetas y las colocas al fondo de su pila. Si los productos son iguales, los jugadores colocan las tarjetas aparte y juegan otra ronda. El ganador de la siguiente ronda toma todas las tarjetas.
5. Continúa jugando hasta que uno de los jugadores tenga todas las tarjetas.

4×5

Pista:
¿Cuánto es 5×4?

© Houghton Mifflin Harcourt Publishing Company

$4\overline{)20}$

Pista: ¿Cuánto es
$\square \times 4 = 20$?

© Houghton Mifflin Harcourt Publishing Company

© Houghton Mifflin Harcourt Publishing Company

Camino al conocimiento Jugar a *Resuelve la pila*

Lee las reglas para jugar *Resuelve la pila*. Luego, juega el juego con tu grupo.

Reglas para *Resuelve la pila*

Número de jugadores: 2 a 4

Qué necesitarás: 1 juego o conjunto de Tarjetas de productos

1. Mezcla las tarjetas. Colócalas en el centro de la mesa con la cara de la división hacia arriba.
2. Los jugadores toman turnos. En cada turno, un jugador dice la respuesta de la división que está en la cara superior de la tarjeta y luego voltea la tarjeta para verificar la respuesta. La respuesta se muestra en azul.
3. Si la respuesta del jugador es correcta, toma la tarjeta. Si es incorrecta, se coloca la tarjeta al final de la pila.
4. El juego finaliza cuando no hay más tarjetas en la pila. El jugador con más tarjetas gana.

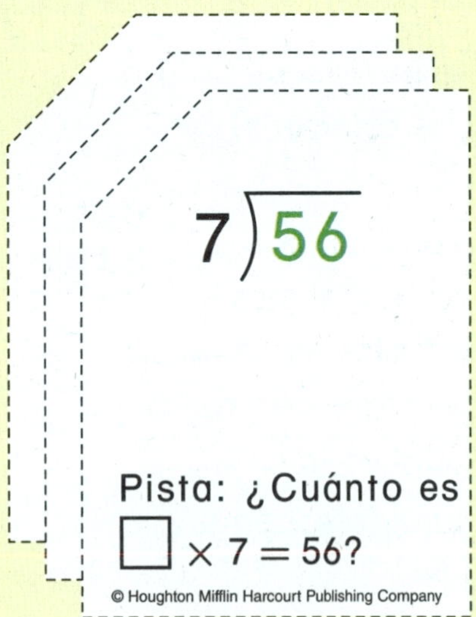

© Houghton Mifflin Harcourt Publishing Company

Nombre ______________________

Camino al conocimiento

¿Cuál es mi regla?

Observa las siguientes tablas de entrada y salida.
Para cada número de entrada, existe sólo un número de salida.
La regla describe qué hacer con el número de entrada
para obtener el número de salida.

Escribe la regla y luego, completa cada tabla.

1. **Regla:** ______

Entrada	Salida
7	42
8	____
____	54
6	36
4	24
5	____

2. **Regla:** ______

Entrada	Salida
81	9
45	5
72	____
____	7
27	____
54	6

3. **Regla:** ______

Entrada	Salida
21	7
27	9
____	6
15	____
____	8
9	3

4. **Regla:** ______

Entrada	Salida
5	25
____	40
9	____
3	15
7	35
____	20

© Houghton Mifflin Harcourt Publishing Company

¿Cuál es mi regla? (continuación)

Escribe la regla y luego, completa cada tabla.

5

Regla: ____	
Entrada	**Salida**
2	4
___	18
6	12
4	___
___	14
3	___

6

Regla: ____	
Entrada	**Salida**
40	5
24	3
16	___
___	4
56	___
___	1

7

Regla: ____	
Entrada	**Salida**
50	5
___	8
10	___
___	4
90	___
30	3

8

Regla: ____	
Entrada	**Salida**
2	___
7	28
3	12
___	36
___	20
6	___

9

Regla: ____	
Entrada	**Salida**
20	4
___	2
35	7
15	___
40	___
___	5

10

Regla: ____	
Entrada	**Salida**
7	___
3	21
___	28
6	42
9	___
___	35

© Houghton Mifflin Harcourt Publishing Company

Comprobar la comprensión

Explica cómo eligeste la regla para la tabla del Ejercicio 9.

Nombre ______________________________

Camino al conocimiento

Prueba de diagnóstico para multiplicaciones básicas

1. $7 \times 5 =$ ____
2. $2 \times 3 =$ ____
3. $9 \times 9 =$ ____
4. $9 \times 6 =$ ____
5. $6 \times 2 =$ ____
6. $3 \times 0 =$ ____
7. $3 \times 4 =$ ____
8. $6 \times 8 =$ ____
9. $5 \times 9 =$ ____
10. $3 \times 3 =$ ____
11. $2 \times 9 =$ ____
12. $5 \times 7 =$ ____
13. $6 \times 10 =$ ____
14. $4 \times 1 =$ ____
15. $6 \times 4 =$ ____
16. $4 \times 8 =$ ____
17. $5 \times 2 =$ ____
18. $1 \times 3 =$ ____
19. $3 \times 9 =$ ____
20. $7 \times 6 =$ ____
21. $7 \times 2 =$ ____
22. $9 \times 0 =$ ____
23. $8 \times 9 =$ ____
24. $8 \times 7 =$ ____
25. $8 \times 10 =$ ____
26. $6 \times 3 =$ ____
27. $4 \times 4 =$ ____
28. $3 \times 8 =$ ____
29. $5 \times 5 =$ ____
30. $6 \times 0 =$ ____
31. $7 \times 9 =$ ____
32. $6 \times 6 =$ ____
33. $9 \times 2 =$ ____
34. $8 \times 3 =$ ____
35. $5 \times 4 =$ ____
36. $7 \times 7 =$ ____
37. $5 \times 10 =$ ____
38. $5 \times 1 =$ ____
39. $10 \times 9 =$ ____
40. $5 \times 6 =$ ____
41. $6 \times 5 =$ ____
42. $9 \times 3 =$ ____
43. $4 \times 2 =$ ____
44. $7 \times 8 =$ ____
45. $8 \times 2 =$ ____
46. $5 \times 0 =$ ____
47. $4 \times 9 =$ ____
48. $6 \times 7 =$ ____
49. $9 \times 5 =$ ____
50. $6 \times 1 =$ ____
51. $7 \times 4 =$ ____
52. $9 \times 8 =$ ____
53. $4 \times 10 =$ ____
54. $5 \times 3 =$ ____
55. $6 \times 9 =$ ____
56. $8 \times 6 =$ ____
57. $8 \times 5 =$ ____
58. $8 \times 0 =$ ____
59. $8 \times 4 =$ ____
60. $4 \times 7 =$ ____
61. $3 \times 5 =$ ____
62. $7 \times 3 =$ ____
63. $5 \times 9 =$ ____
64. $3 \times 6 =$ ____
65. $7 \times 10 =$ ____
66. $8 \times 1 =$ ____
67. $0 \times 4 =$ ____
68. $9 \times 7 =$ ____

© Houghton Mifflin Harcourt Publishing Company

Camino al conocimiento

Prueba de diagnóstico para divisiones básicas

1. 12 ÷ 2 = ____
2. 8 ÷ 1 = ____
3. 36 ÷ 9 = ____
4. 35 ÷ 7 = ____
5. 20 ÷ 5 = ____
6. 24 ÷ 3 = ____
7. 12 ÷ 4 = ____
8. 6 ÷ 6 = ____
9. 6 ÷ 2 = ____
10. 3 ÷ 3 = ____
11. 18 ÷ 9 = ____
12. 63 ÷ 7 = ____
13. 20 ÷ 10 = ____
14. 0 ÷ 1 = ____
15. 40 ÷ 4 = ____
16. 48 ÷ 8 = ____
17. 18 ÷ 2 = ____
18. 6 ÷ 3 = ____
19. 8 ÷ 4 = ____
20. 36 ÷ 6 = ____
21. 8 ÷ 2 = ____
22. 9 ÷ 1 = ____
23. 9 ÷ 9 = ____
24. 56 ÷ 7 = ____
25. 40 ÷ 5 = ____
26. 9 ÷ 3 = ____
27. 36 ÷ 4 = ____
28. 56 ÷ 8 = ____
29. 80 ÷ 10 = ____
30. 7 ÷ 1 = ____
31. 45 ÷ 9 = ____
32. 48 ÷ 6 = ____
33. 5 ÷ 5 = ____
34. 30 ÷ 3 = ____
35. 16 ÷ 4 = ____
36. 72 ÷ 8 = ____
37. 10 ÷ 2 = ____
38. 1 ÷ 1 = ____
39. 54 ÷ 9 = ____
40. 21 ÷ 7 = ____
41. 25 ÷ 5 = ____
42. 15 ÷ 3 = ____
43. 32 ÷ 4 = ____
44. 24 ÷ 8 = ____
45. 90 ÷ 10 = ____
46. 18 ÷ 3 = ____
47. 63 ÷ 9 = ____
48. 54 ÷ 6 = ____
49. 45 ÷ 5 = ____
50. 6 ÷ 1 = ____
51. 20 ÷ 4 = ____
52. 49 ÷ 7 = ____
53. 15 ÷ 5 = ____
54. 0 ÷ 3 = ____
55. 28 ÷ 4 = ____
56. 30 ÷ 6 = ____
57. 16 ÷ 2 = ____
58. 21 ÷ 3 = ____
59. 81 ÷ 9 = ____
60. 64 ÷ 8 = ____
61. 30 ÷ 5 = ____
62. 12 ÷ 3 = ____
63. 27 ÷ 9 = ____
64. 42 ÷ 7 = ____
65. 40 ÷ 10 = ____
66. 10 ÷ 1 = ____
67. 24 ÷ 4 = ____
68. 18 ÷ 6 = ____

© Houghton Mifflin Harcourt Publishing Company

Nombre ______________________

Camino al conocimiento Rompecabezas de números desconocidos

Completa cada rompecabezas de números desconocidos.

1

×		3	
	60		20
6	36		
	18	9	6

2

×	8		2
7		28	
	16	8	
	32	16	8

3

×	9		
8		56	24
	54	42	18
5			15

4

×	5	2	
	30		48
4		8	32
	45		72

5

×		3	
6	30		42
4			28
	40	24	56

6

×	4		8
9		81	
	12		24
	20	45	40

7

×	8		7
8		40	
	32	20	28
	24	15	

8

×	3	4	
	27	36	81
7			63
			18

9

×			10
8	48	16	
7	42	14	
	36		60

© Houghton Mifflin Harcourt Publishing Company

¿Cuál es el error?

Estimados estudiantes de matemáticas,

Hoy tenía que calcular 8×4. No sabía la respuesta, pero la hallé combinando dos multiplicaciones que sí conocía:

$$\begin{array}{r} 5 \times 2 = 10 \\ \underline{3 \times 2 = \ \ 6} \\ 8 \times 4 = 16 \end{array}$$

¿Es correcta mi respuesta? Si no es, por favor corrige mi trabajo y dime por qué es incorrecta.

Tu amigo,
El Pingüino Confundido

10 **Escribe una respuesta para el Pingüino Confundido.**

____

____

____

Rompecabezas de números desconocidos

11 Haz tu rompecabezas de números desconocidos. Intercambia con un compañero y resuelve.

×			

Comprobar la comprensión

Sé que $4 \times 7 = 28$.

Por lo tanto, 8×7 debe ser ______ + ______ .

© Houghton Mifflin Harcourt Publishing Company

Prueba rápida 4 de la Unidad 1

Nombre ____________________ Fecha ____________

Escribe la respuesta correcta.

1. $6 \times 9 = \square$

2. $18 \div \square = 2$

3. $8 \times \square = 56$

4. Escribe una ecuación para hallar el área del cuadrado grande.

____

5. Escribe la regla y completa la tabla.

Regla:	
Entrada	**Salida**
36	6
30	5
18	____
54	____
48	8

© Houghton Mifflin Harcourt Publishing Company

Nombre ______ Fecha ______

Multiplica.

1. $1 \times 3 =$ ☐
2. $3 \times 2 =$ ☐
3. $4 \times 3 =$ ☐
4. $4 \times 1 =$ ☐
5. $2 \times 5 =$ ☐
6. $6 \times 1 =$ ☐
7. $6 \times 6 =$ ☐
8. $8 \times 4 =$ ☐
9. $5 \times 7 =$ ☐
10. $9 \times 3 =$ ☐
11. $8 \times 8 =$ ☐
12. $6 \times 9 =$ ☐
13. $7 \times 10 =$ ☐
14. $10 \times 10 =$ ☐
15. $8 \times 9 =$ ☐

© Houghton Mifflin Harcourt Publishing Company

 Nombre ______ Fecha ______

1 La familia de Anthony recorre en carro 659 millas desde Miami hasta Atlanta. Luego, recorren otras 247 millas hasta Nashville. ¿Cuántas millas recorre la familia de Anthony en total? Muestra tu trabajo.

2 Una científica mide 3,470 mililitros de agua en un vaso de precipitados. Coloca 2,518 mililitros de agua en una solución. Si el vaso de precipitados puede contener 5,000 mililitros, ¿cuánta agua se necesita para llenarlo? Muestra tu trabajo. Luego, muestra una manera de verificar tu respuesta.

3 Completa el espacio en blanco para mostrar el número de centenas.

4,500 = ______ centenas

Explica cómo lo sabes.

© Houghton Mifflin Harcourt Publishing Company

 Nombre ______ Fecha ______

4 Escribe la regla y completa la tabla.

Regla:	
Entrada	**Salida**
6	54
5	45
7	____
3	____
2	18

5 56 ÷ 8 = ☐

6 La tienda de bicicletas de Mike que se encuentra en el centro de la ciudad, ganó $179,456 el año pasado. Otra tienda, que se ubica a la orilla del río, ganó $145,690. La tienda con las mayores ganancias obtiene un premio. ¿Qué tienda obtuvo el premio? Muestra tu trabajo.

7 Elige otra manera de expresar 65,042. Marca todas las que apliquen.

Ⓐ 6 + 5 + 0 + 4 + 2

Ⓑ sesenta y cinco mil cuarenta y dos

Ⓒ 60,000 + 5,000 + 40 + 2

Ⓓ seiscientos cincuenta cuarenta y dos

© Houghton Mifflin Harcourt Publishing Company

Nombre ____________________ Fecha ____________

8 Para los números 8a al 8d, elige Sí o No para indicar si el número está redondeado al millar más cercano.

8a. 234,566
235,000 ○ Sí ○ No

8b. 7,893
7,900 ○ Sí ○ No

8c. 64,498
65,000 ○ Sí ○ No

8d. 958,075
958,000 ○ Sí ○ No

9 Para los números 9a al 9d, elige Verdadero o Falso para describir el enunciado.

9a. $34{,}639 > 34{,}369$ ○ Verdadero ○ Falso

9b. $2{,}709 = 2{,}790$ ○ Verdadero ○ Falso

9c. $480{,}920 > 480{,}902$ ○ Verdadero ○ Falso

9d. $259 < 261$ ○ Verdadero ○ Falso

10 $3 \times 4 =$ ☐

Por lo tanto, $3 \times 8 =$ ☐ + ☐

© Houghton Mifflin Harcourt Publishing Company

 Nombre Fecha

11 Haz un dibujo de valor posicional para 1,534

12 Para los números 12a al 12e, escribe 685,203 redondeado al valor posicional más cercano.

12a. decena ____________________

12b. centena ____________________

12c. millar ____________________

12d. decena de millar ____________________

12e. centena de millar ____________________

13 Resuelve.

13a.
$$\begin{array}{r} 4{,}379 \\ +\ 3{,}284 \\ \hline \end{array}$$

13c. $6 \times 7 = \square$

13b. $63 \div 7 = \square$

13d.
$$\begin{array}{r} 648{,}939 \\ -\ 584{,}172 \\ \hline \end{array}$$

© Houghton Mifflin Harcourt Publishing Company

Nombre ____________________ Fecha ____________

14 En una librería se vendieron 2,683 libros este año. Se vendieron 1,317 libros más que el año pasado. ¿Cuántos libros se vendieron el año pasado? Escribe una ecuación para el problema y luego resuélvela. Muestra tu trabajo.

15 Wren sumó los números 1,376 y 6,275.

Parte A

Escribe los sumandos y la suma en el dibujo de separar el número. Luego, completa los dos problemas de suma representados en el dibujo de separar el número.

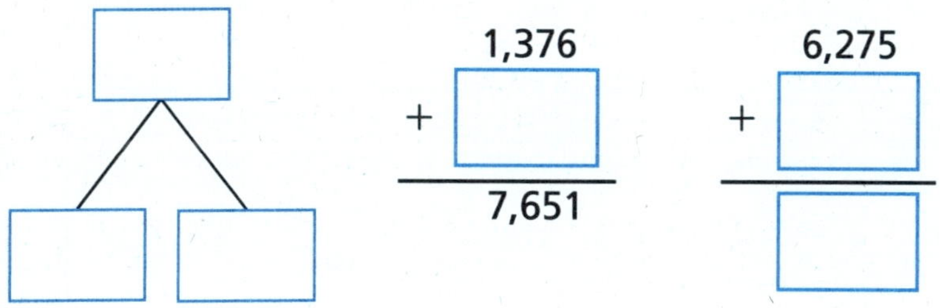

Parte B

Escribe un problema en palabras que requiera restar 1,376 de 7,651.

© Houghton Mifflin Harcourt Publishing Company

 Nombre Fecha

16 La semana pasada hubo dos partidos de fútbol. En el primer partido de fútbol había 3,982 personas. En el segundo partido de fútbol había 1,886 personas menos que en el primer partido.

Parte A

¿Cuántas personas asistieron a los partidos de fútbol la semana pasada? Muestra tu trabajo.

Parte B

Explica cómo calculaste tu respuesta.

17 Ordena los números desde el más pequeño hasta el más grande, escribiendo un número en cada recuadro.

6,857	5,768	5,687	6,578	5,678
más pequeño				más grande

© Houghton Mifflin Harcourt Publishing Company

 Nombre ____________ Fecha ____________

Seguimiento del número de visitas de un blog

James usó una herramienta para observar cuánto visitas recibía su blog.

Número de visitas al blog

Mes	Usuario exclusivo	Número de usuarios exclusivos (redondeado)
Enero	389	400
Febrero	3,725	4,000
Marzo	41,692	40,000

1. James reporta a una periodista que la popularidad de su blog está aumentando. Ella le pregunta a James cuántos usuarios exclusivos más visitaron su blog en febrero que en enero. ¿Debe usar el número real de usuarios exclusivos o el número redondeado de usuarios exclusivos? Explica tu respuesta.

2. El 3 de Marzo, el blog de James fue presentado en una revista de juegos en línea. ¿Cuántos usuarios exclusivos más visitaron el sitio web de James en marzo que en febrero?

3. Observa la columna *número de usuarios exclusivos (redondeado)* en la tabla. Describe un patrón.

4. ¿Es realista esperar que este patrón continúe? Explica por qué. Usa patrones de suma o resta para respaldar tu respuesta.

© Houghton Mifflin Harcourt Publishing Company

 Nombre ______ Fecha ______

Uno de los usuarios exclusivos es una computadora en la biblioteca de la escuela. En cualquier mes, cualquiera de los 250 hasta 1,200 estudiantes puede usar esta computadora de la biblioteca.

5. Considera lo que sabes acerca de la computadora que está en la biblioteca de la escuela. Supongamos que querías incluir el número de estudiantes individuales que visitaron el blog de James desde esa computadora. ¿Cómo podrían cambiar los datos?

   Completa la siguiente tabla incluyendo los datos nuevos.

Número de visitas al blog

Mes	Usuarios exclusivos + estudiantes	Número de usuarios exclusivos (redondeado)
Enero		
Febrero		
Marzo		

6. Explica por qué elegiste el número que ingresaste en los datos de enero.

7. Explica por qué elegiste el número que ingresaste en los datos de febrero.

8. Explica por qué cambiaste los datos de marzo, después de que el blog de James apareció en la revista de juegos en línea.

© Houghton Mifflin Harcourt Publishing Company

Dear Family:

In this unit, your child will be learning about the common multiplication method that most adults know. However, they will also explore ways to draw multiplication. *Math Expressions* uses area of rectangles to show multiplication.

	30	+ 7
20	$20 \times 30 = 600$	$20 \times 7 = 140$
+ 4	$4 \times 30 = 120$	$4 \times 7 = 28$

Area Method:

$$\begin{array}{r} 20 \times 30 = 600 \\ 20 \times 7 = 140 \\ 4 \times 30 = 120 \\ 4 \times 7 = 28 \\ \hline \text{Total} = 888 \end{array}$$

Shortcut Method:

$$\begin{array}{r} {\scriptstyle 1} \\ {\scriptstyle 2} \\ 37 \\ \times\ 24 \\ \hline 148 \\ 74 \\ \hline 888 \end{array}$$

Area drawings help all students see multiplication. They also help students remember what numbers they need to multiply and what numbers make up the total.

Your child will also learn to find products involving single-digit numbers, tens, and hundreds by factoring the tens or hundreds. For example,

$$\begin{aligned} 200 \times 30 &= 2 \times 100 \times 3 \times 10 \\ &= 2 \times 3 \times 100 \times 10 \\ &= 6 \times 1{,}000 = 6{,}000 \end{aligned}$$

By observing the zeros patterns in products like these, your child will learn to do such multiplications mentally.

If your child is still not confident with single-digit multiplication and division, we urge you to set aside a few minutes every night for multiplication and division practice. In a few more weeks, the class will be doing multidigit division, so it is very important that your child be both fast and accurate with basic multiplication and division.

If you need practice materials, please contact me.

Sincerely,
Your child's teacher

© Houghton Mifflin Harcourt Publishing Company

Estimada familia:

En esta unidad, su niño estará aprendiendo el método de multiplicación común que la mayoría de los adultos conoce. Sin embargo, también explorará maneras de dibujar la multiplicación. Para mostrar la multiplicación, *Math Expressions* usa el método del área del rectángulo.

	30 +	7
20 +	20 × 30 = 600	20 × 7 = 140
4	4 × 30 = 120	4 × 7 = 28

Método del área

$$\begin{aligned} 20 \times 30 &= 600 \\ 20 \times 7 &= 140 \\ 4 \times 30 &= 120 \\ 4 \times 7 &= 28 \\ \hline \text{Total} &= 888 \end{aligned}$$

Método más corto

$$\begin{array}{r} {}^{1}_{2} \\ 37 \\ \times\ 24 \\ \hline 148 \\ 74 \\ \hline 888 \end{array}$$

Los dibujos de área ayudan a los estudiantes a visualizar la multiplicación. También los ayuda a recordar cuáles números tienen que multiplicar y cuáles números forman el total.

Su niño también aprenderá a hallar productos relacionados con números de un solo dígito, con decenas y con centenas, factorizando las decenas o las centenas. Por ejemplo:

$$\begin{aligned} 200 \times 30 &= 2 \times 100 \times 3 \times 10 \\ &= 2 \times 3 \times 100 \times 10 \\ &= 6 \times 1{,}000 = 6{,}000 \end{aligned}$$

Al observar los patrones de ceros en productos como estos, su niño aprenderá a hacer dichas multiplicaciones mentalmente.

Si su niño todavía no domina la multiplicación y la división con números de un solo dígito, le sugerimos que dedique algunos minutos todas las noches para practicar la multiplicación y la división. Dentro de pocas semanas, la clase hará divisiones con números de varios dígitos, por eso es muy importante que su niño haga las operaciones básicas de multiplicación y de división de manera rápida y exacta.

Si necesita materiales para practicar, comuníquese conmigo.

Atentamente,
El maestro de su niño

© Houghton Mifflin Harcourt Publishing Company

área	estimación/ estimar
matriz	producto parcial
propiedad distributiva	redondear/ redondeo

© Houghton Mifflin Harcourt Publishing Company

Número cercano a una cantidad exacta. Calcular aproximadamente cuántos o cuánto.

Número de unidades cuadradas que cubren una figura.

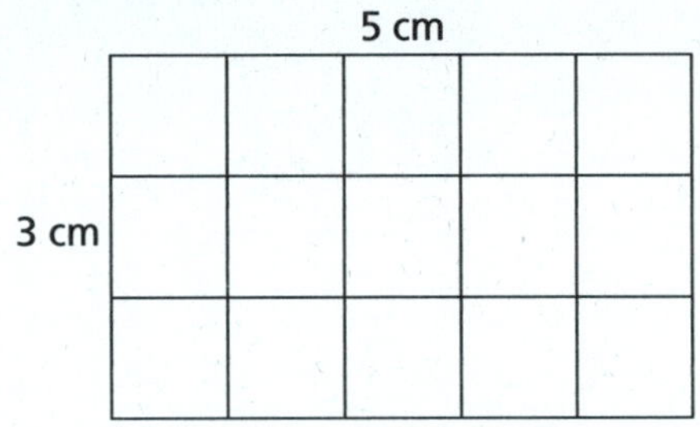

Producto de las unidades o decenas o centenas, y así sucesivamente en la multiplicación de varios dígitos.

Ejemplo:

$$\begin{array}{r} 24 \\ \times\ 9 \\ \hline 36 \\ 180 \\ \hline 216 \end{array}$$

36 ← producto parcial (9×4)

180 ← producto parcial (9×20)

Arreglo de objetos, símbolos o números en filas y columnas.

Calcular la decena, centena, millar u otro valor posicional más cercano. La regla general de redondeo es redondear hacia arriba si el siguiente dígito a la derecha es 5 o más y redondear hacia abajo si el siguiente dígito a la derecha es menor que 5.

Ejemplos:

463 redondeado a la decena más cercana es 460.

463 redondeado a la centena más cercana es 500.

Multiplicar una suma por un número o multiplicar cada sumando por el número y sumar los productos da el mismo resultado.

Ejemplo:

$3 \times (2 + 4) = (3 \times 2) + (3 \times 4)$

$3 \times 6 = 6 + 12$

$18 = 18$

© Houghton Mifflin Harcourt Publishing Company

unidad cuadrada (unid^2)

© Houghton Mifflin Harcourt Publishing Company

Unidad de área igual al área de un cuadrado con lados que miden una unidad.

© Houghton Mifflin Harcourt Publishing Company

Nombre ______________________________

Representar un producto de unidades

VOCABULARIO
matriz
área

El número de cuadrados de una unidad en una **matriz** de cuadrados de una unidad que están conectados es el **área** del rectángulo formado por los cuadrados. Algunas veces sólo se muestra la medida del largo y ancho.

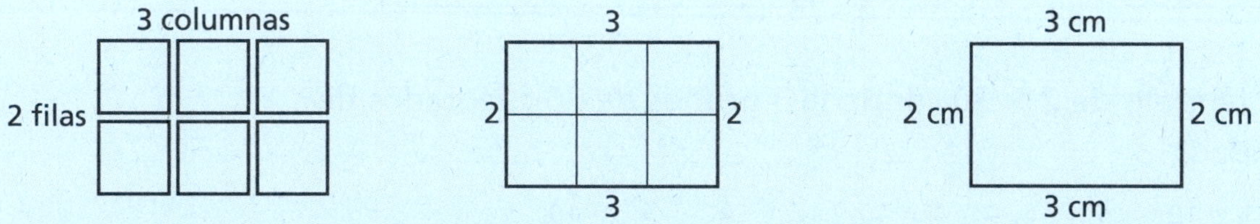

Puedes dibujar un rectángulo para cualquier multiplicación. En el mundo real, se usa la multiplicación para calcular el tamaño de los dos lados de las matrices y áreas de figuras.

Un rectángulo de 2×3 tiene en su interior 6 cuadrados de una unidad, por lo tanto, $2 \times 3 = 6$.

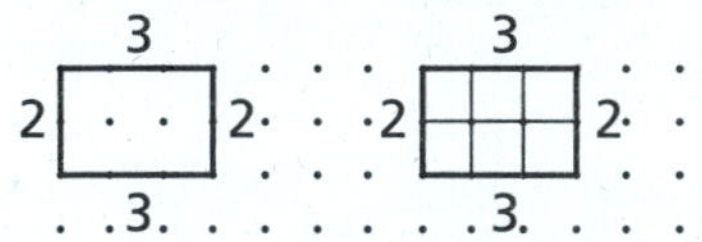

1. En tu MathBoard, dibuja un rectángulo de 3×2. ¿En qué se parecen y en qué se diferencian el rectángulo de 3×2 y el rectángulo de 2×3?

____

____

____

____

2. ¿Cómo se comparan las áreas de los rectángulos de 2×3 y de 3×2?

____

____

____

© Houghton Mifflin Harcourt Publishing Company

Factorizar las decenas para multiplicar unidades y decenas

VOCABULARIO
unidades cuadradas

Este rectángulo de 2 × 30 contiene 2 grupos de 30 cuadrados de una unidad.

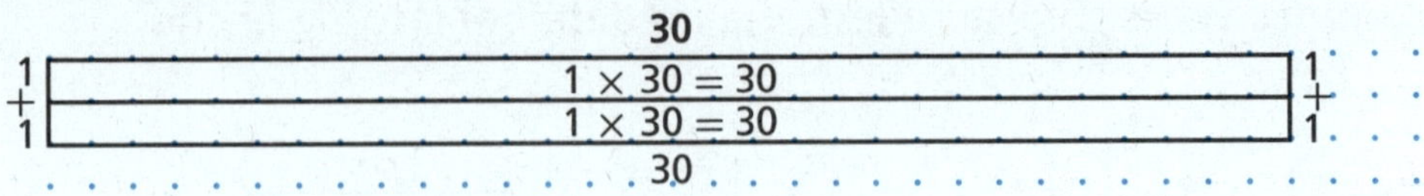

Este rectángulo de 2 × 30 contiene 3 grupos de 20 cuadrados de una unidad.

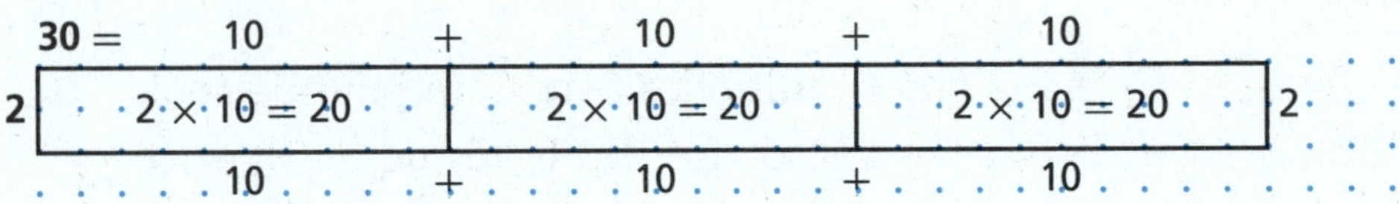

Este rectángulo de 2 × 30 contiene 6 grupos de 10 cuadrados de una unidad, por lo tanto, su área es de 60 **unidades cuadradas**.

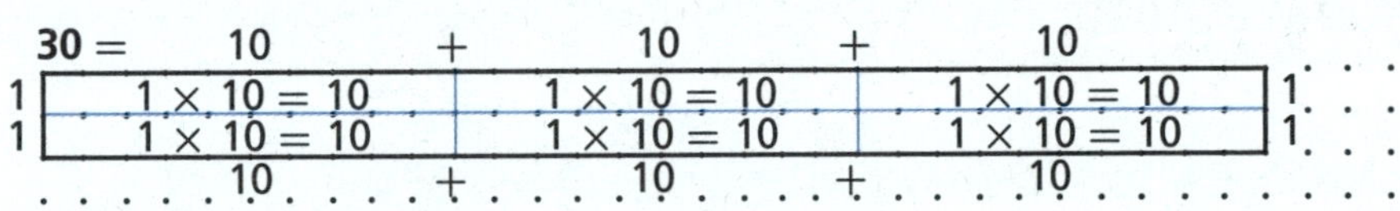

3 ¿Cómo se puede mostrar esto numéricamente? Completa los pasos.

$2 \times 30 = (2 \times 1) \times (\_\_\_\_ \times 10)$

$= (\_\_\_\_ \times \_\_\_\_) \times (1 \times 10)$

$= \_\_\_\_ \times 10 = 60$

4 ¿En qué se parecen y en qué se diferencian el rectángulo de 30 × 2 y el rectángulo de 2 × 30?

____

____

____

____

Comprobar la comprensión

Dibuja un modelo para representar 4 × 20. Luego, muestra cómo calcular 4 × 20 factorizando las decenas.

© Houghton Mifflin Harcourt Publishing Company

Nombre ______________________________

Usar el valor posicional para multiplicar

En el valor posicional, has aprendido acerca del patrón de base diez. Este modelo muestra cómo se relacionan el valor posicional y la multiplicación.

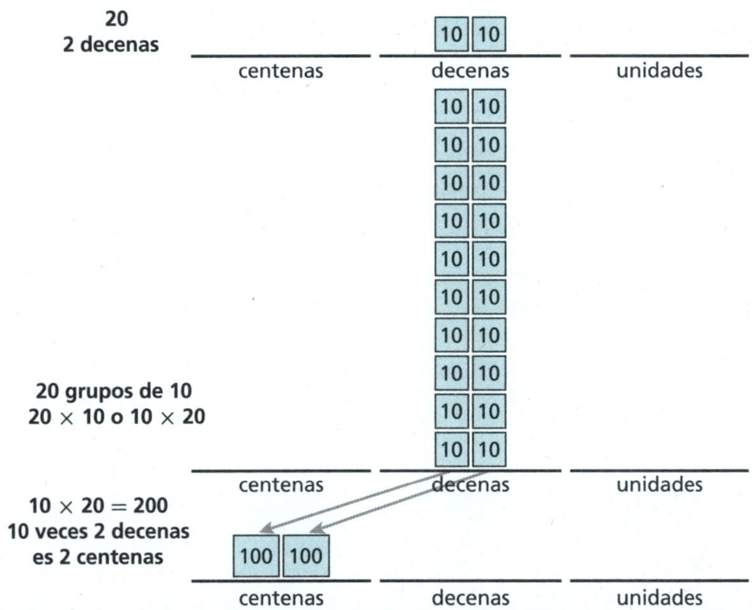

Puedes aplicar las propiedades para mostrar la relación entre el valor posicional y la multiplicación.

Propiedad asociativa	$10 \times 20 = 10 \times (2 \times 10)$
	$= (10 \times 2) \times 10$
Propiedad conmutativa	$= (2 \times 10) \times 10$
Propiedad asociativa	$= 2 \times (10 \times 10)$
	$= 2 \times 100$
	$= 200$

1 Diez veces cualquier número de decenas te da el número de centenas. Completa los pasos para mostrar 10 veces 5 decenas.

$10 \times 50 = 10 \times (\_\_\_\_ \times \_\_\_\_)$

$= (10 \times \_\_\_\_) \times \_\_\_\_$

$= (\_\_\_\_ \times 10) \times \_\_\_\_$

$= \_\_\_\_ \times (10 \times \_\_\_\_)$

$= \_\_\_\_ \times \_\_\_\_$

$= \_\_\_\_$

© Houghton Mifflin Harcourt Publishing Company

Representar un producto de decenas

Olivia quiere colocar baldosas en la parte superior de una mesa. La mesa mide 20 pulgadas por 30 pulgadas.

2. Calcula el área de este rectángulo de 20×30 dividiéndolo en 100 cuadrados de 10 por 10.

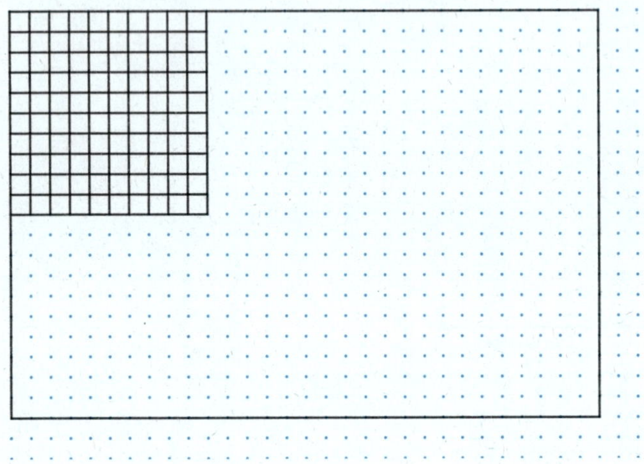

3. Cada baldosa es un cuadrado de 1 pulgada. ¿Cuántas baldosas necesita Olivia para cubrir la parte superior de la mesa? ________

4. Cada caja de baldosas contiene 100 baldosas. ¿Cuántas cajas de baldosas necesita comprar Olivia? ________

Factorizar las decenas

5. Muestra numéricamente tu trabajo del Ejercicio 2.

$20 \times 30 = (\_\_\_\_ \times 10) \times (\_\_\_\_ \times 10)$

$= (\_\_\_\_ \times \_\_\_\_) \times (10 \times 10)$

$= \_\_\_\_ \times 100 = 600$

6. ¿Es verdadero que $20 \times 30 = 30 \times 20$? Explica cómo lo sabes.

____

Comprobar la comprensión

Explica cómo se calcula 40×20 al factorizar las decenas.

© Houghton Mifflin Harcourt Publishing Company

Nombre ______________________________

Buscar patrones

Multiplicar mentalmente números grandes es más fácil cuando aprendes patrones de multiplicación con decenas.

Comienza con la columna A y halla los patrones usados para obtener las expresiones de cada columna. Completa la tabla.

Tabla 1

	A	B	C	D
	2 × 3	2 × 1 × 3 × 1	6 × 1	6
1	2 × 30	2 × 1 × 3 × 10	6 × 10	______
2	20 × 30	2 × 10 × 3 × 10	______	______

3. ¿Cómo se diferencian las expresiones de la columna B de las expresiones de la columna A?

____

____

____

4. En la columna C se observa que cada expresión puede escribirse como un número multiplicado por un valor posicional. ¿Cuál de estos factores da más información acerca del tamaño del producto?

____

5. En la columna D, ¿por qué 6 es el primer dígito de los productos?

____

6. En la columna D, ¿por qué hay un número diferente de ceros en los productos?

____

____

____

© Houghton Mifflin Harcourt Publishing Company

Comparar tablas

Completa cada tabla.

	Tabla 2			
	A	**B**	**C**	**D**
	6 × 3	6 × 1 × 3 × 1	18 × 1	18
7	6 × 30	6 × 1 × 3 × 10	18 × 10	______
8	60 × 30	6 × 10 × 3 × 10	______	______

	Tabla 3			
	A	**B**	**C**	**D**
	5 × 8	5 × 1 × 8 × 1	40 × 1	40
9	5 × 80	5 × 1 × 8 × 10	40 × 10	______
10	50 × 80	______	______	______

11 ¿Por qué los productos de la tabla 2 tienen más dígitos que los productos de la tabla 1 en la página 77?

______

______

12 ¿Por qué hay más ceros en los productos de la Tabla 3 que en los productos de la Tabla 2?

______

______

© Houghton Mifflin Harcourt Publishing Company

Comprobar la comprensión

Completa.

50 × 60 = (______ × 10) × (6 × ______) = ______ × 100 = ______

Prueba rápida 1 de la Unidad 2

Nombre ______________________ Fecha ____________

Usa el cálculo mental para hallar el producto.

1. $7 \times 8 =$ ______________

   $7 \times 80 =$ ______________

   $70 \times 80 =$ ______________

   $7 \times 800 =$ ______________

2. $3 \times 9 =$ ______________

   $3 \times 90 =$ ______________

   $30 \times 90 =$ ______________

   $3 \times 900 =$ ______________

3. $60 \times 30 =$ ______________

Resuelve.

Muestra tu trabajo.

4. Neil quiere colocar baldosas cuadradas de 1 pie en su cocina. El piso es un rectángulo que mide 40 pies de largo y 20 pies de ancho. ¿Cuántas baldosas cuadradas necesita Neil?

   ____

5. Dibuja un modelo de área para 3×30. Luego, calcula el producto.

   ____

   ____

© Houghton Mifflin Harcourt Publishing Company

Comprobar el conocimiento 4

Nombre ______________________ Fecha ______________________

Camino al conocimiento

Suma o resta.

1. $\begin{array}{r} 4{,}002 \\ +\ 8{,}579 \\ \hline \end{array}$

2. $\begin{array}{r} 2{,}731 \\ -\ 1{,}527 \\ \hline \end{array}$

3. $\begin{array}{r} 271{,}392 \\ +\ 323{,}689 \\ \hline \end{array}$

4. $\begin{array}{r} 97{,}532 \\ +\ 55{,}722 \\ \hline \end{array}$

5. $\begin{array}{r} 567 \\ +\ 326 \\ \hline \end{array}$

6. $\begin{array}{r} 88{,}526 \\ -\ 79{,}613 \\ \hline \end{array}$

7. $\begin{array}{r} 85{,}427 \\ +\ 3{,}496 \\ \hline \end{array}$

8. $\begin{array}{r} 255 \\ -\ 193 \\ \hline \end{array}$

9. $\begin{array}{r} 615 \\ -\ 405 \\ \hline \end{array}$

10. $\begin{array}{r} 325 \\ +\ 632 \\ \hline \end{array}$

11. $\begin{array}{r} 370{,}118 \\ -\ 78{,}684 \\ \hline \end{array}$

12. $\begin{array}{r} 2{,}790 \\ +\ 508 \\ \hline \end{array}$

13. $\begin{array}{r} 786{,}474 \\ -\ 543{,}586 \\ \hline \end{array}$

14. $\begin{array}{r} 6{,}496 \\ -\ 3{,}187 \\ \hline \end{array}$

15. $\begin{array}{r} 50{,}278 \\ -\ 8{,}193 \\ \hline \end{array}$

© Houghton Mifflin Harcourt Publishing Company

Nombre ______________________________

Explorar el modelo de área

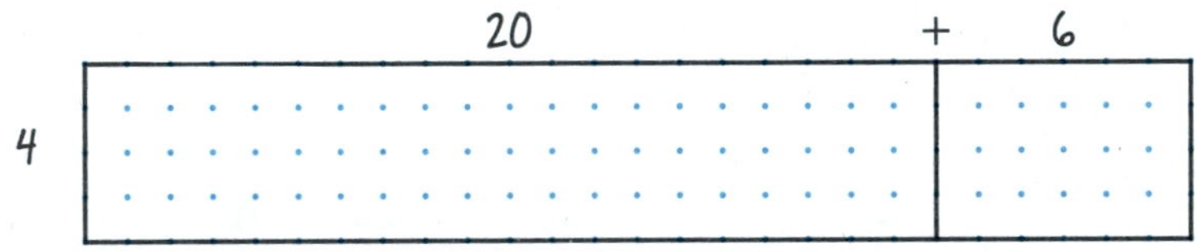

1. ¿Cuántas unidades cuadradas de área hay en la parte de las decenas del dibujo?

____

2. ¿Qué ecuación de multiplicación da el área de la parte de las decenas del dibujo? Escribe esta ecuación en su rectángulo.

____

3. ¿Cuántas unidades cuadradas de área hay en la parte de las unidades?

____

4. ¿Qué ecuación de multiplicación da el área de la parte de las unidades? Escribe esta ecuación en su rectángulo.

____

5. ¿Cuál es el total de las dos áreas?

____

6. ¿Cómo sabes que 104 es el producto correcto de 4 × 26?

____

7. Lee los Problemas A y B.

A. El álbum de fotos de Al tiene 26 páginas y cada página tiene 4 fotos. ¿Cuántas fotos hay en el álbum de Al?

B. Nick tomó 4 fotos y Henri tomó 26 fotos. ¿Cuántas fotos más tomó Henri que Nick?

¿Qué problema podrías resolver usando la multiplicación que acabas de hacer? Explica por qué.

____

____

© Houghton Mifflin Harcourt Publishing Company

Usar rectángulos para multiplicar

En tu MathBoard, dibuja un rectángulo para cada problema.
Calcula el producto de las decenas, el producto de las unidades y el total.

8 3×28 ______ ______ ______

9 3×29 ______ ______ ______

10 5×30 ______ ______ ______

11 5×36 ______ ______ ______

12 4×38 ______ ______ ______

13 8×38 ______ ______ ______

14 4×28 ______ ______ ______

15 5×28 ______ ______ ______

Resuelve cada problema. *Muestra tu trabajo.*

16 El padre de María plantó en su jardín 12 filas de tomates y cada fila tenía 6 plantas. ¿Cuántas plantas de tomate había en el jardín del padre de María?

____

17 Una biblioteca se suscribe a 67 revistas. Cada mes, la biblioteca recibe 3 copias de cada revista. ¿Cuántas revistas recibe la biblioteca cada mes?

____

18 Completa este problema en palabras. Resuélvelo.

________ tiene ____ cajas de ________.

Hay ____ ________ en cada caja.

¿Cuántos ________ tiene ________ en total? ________

© Houghton Mifflin Harcourt Publishing Company

Nombre ______________________________

Multiplicar cantidades en dólares de un dígito por números de dos dígitos

Puedes usar tu destreza de multiplicar un número de un dígito por un número de dos dígitos para multiplicar cantidades en dólares de un dígito por un número de dos dígitos.

Calcula el costo exacto. Da tu respuesta en dólares.

Muestra tu trabajo.

19 Un paquete pequeño de cartulina cuesta $2. Si una persona compra 24 paquetes, ¿cuánto le costarán?

____

20 Una lonchera se puede comprar por $3. ¿Cuánto costarán 83 loncheras?

____

21 Un boleto de cine cuesta $8 por persona. Si 61 personas asisten a la función de las 10:00 a. m., ¿cuánto dinero recauda el cine durante esa función?

____

22 Un boleto de ida y vuelta en tren cuesta $4 por niño. Si 58 estudiantes de cuarto grado van en tren a la ciudad por un viaje de estudios, ¿cuánto costarán todos los boletos de tren?

____

23 La entrada al planetario cuesta $8 por estudiante. Si un grupo de 72 estudiantes va a una excursión al planetario, ¿cuánto costarán todos sus boletos?

____

24 Sara gana $9 por hora como cajera. ¿Cuánta gana en una semana de 40 horas de trabajo?

____

© Houghton Mifflin Harcourt Publishing Company

Multiplicar cantidades en dólares de dos dígitos por números de un dígito

Puedes usar tu destreza de multiplicar un número de un dígito por un número de dos dígitos para multiplicar números de un dígito por cantidades en dólares de dos dígitos.

Calcula el costo exacto. Da tu respuesta en dólares.

Muestra tu trabajo.

25 Un triciclo cuesta $53. Si se compran 2 triciclos, ¿cuál será el costo total?

____

26 Una tienda vende videojuegos usados a $14 cada uno. Si una persona compra 7 de ellos, ¿cuánto costarán en total estos videojuegos?

____

27 La tarifa de entrada al acuario es $23 por persona. Si 4 amigos van al acuario, ¿cuánto costarán en total sus boletos?

____

28 Un carro de alquiler cuesta $72 por día. ¿Cuánto costará alquilar un carro durante 3 días?

____

29 Un boleto de autobús cuesta $87. ¿Cuánto costarán 6 boletos?

____

30 Jorge gana $99 cada semana. Se va de vacaciones en 9 semanas. ¿Cuánto ganará antes de irse de vacaciones?

____

Comprobar la comprensión

Dibuja un modelo de área para representar el Problema 28. Luego, explica cómo usar el modelo para calcular el producto.

© Houghton Mifflin Harcourt Publishing Company

Nombre ______________________

Estimar productos

VOCABULARIO
estimación
redondeo

Es más fácil **estimar** el producto de un número de dos dígitos por un número de un dígito cuando piensas en los dos múltiplos de diez más cercanos al número de dos dígitos. Esto se muestra en los siguientes dibujos.

1. En cada dibujo, halla los rectángulos que representan 4 × 70 y 4 × 60. Estos rectángulos "enmarcan" a los rectángulos de 4 × 68 y 4 × 63. Calcula los valores de 4 × 70 y 4 × 60.

   4 × 70 = ______ 4 × 60 = ______

2. Observa el rectángulo que representa 4 × 68. ¿Está 4 × 68 más cerca de 4 × 60 o de 4 × 70? Por lo tanto, ¿está 4 × 68 más cerca de 240 ó 280?

   ____

3. Observa el rectángulo que representa 4 × 63. ¿Está 4 × 63 más cerca de 4 × 60 o de 4 × 70? Por lo tanto, ¿está 4 × 63 más cerca de 240 o 280?

   ____

4. Explica cómo usar el **redondeo** para estimar el producto de un número de un dígito por un número de dos dígitos.

   ____

   ____

   ____

© Houghton Mifflin Harcourt Publishing Company

Practicar la estimación

Explica cómo el redondeo y la estimación pueden ayudar a resolver estos problemas.

5. La escuela de Keesha tiene 185 estudiantes de cuarto grado. La biblioteca tiene 28 mesas con 6 sillas en cada mesa. ¿Pueden sentarse en la biblioteca todos los de cuarto grado a la vez? ¿Cómo lo sabes?

6. Ameena imprime el periódico de la clase. El periódico tiene 8 páginas y necesita 74 copias. Cada paquete de papel contiene 90 hojas. ¿Cuántos paquetes de papel necesita para imprimir el periódico?

Estima cada producto. Luego, resuelve para verificar tu estimación.

7. 3×52 ______

8. 7×48 ______

9. 9×27 ______

10. 8×34 ______

Comprobar la comprensión

Explica cómo puedes usar el redondeo para estimar 3×57.

© Houghton Mifflin Harcourt Publishing Company

Nombre ______________________________

Usar el método de valor posicional por secciones

Puedes usar un modelo de área para demostrar el método de valor posicional por secciones. A continuación, se usa esta estrategia para multiplicar un número de un dígito por un número de dos dígitos.

Completa los pasos.

27 =	20	+ 7	
5	$5 \times 20 = 100$	$5 \times 7 = 35$	5

$$\begin{array}{r} \_\_\_ \\ +\ \_\_\_ \\ \hline \_\_\_ \end{array}$$

Usa el método de valor posicional por secciones para resolver el problema. Completa los pasos.

1. La clase de cuarto grado participa en una caminata y cada estudiante dará 8 vueltas alrededor de la pista. Hay 92 estudiantes en cuarto grado. ¿Cuántas vueltas darán todos los estudiantes de cuarto grado?

   ____

92 =	90	+ 2	
8	___ × ___ = ___	___ × ___ = ___	8

$$\begin{array}{r} \_\_\_ \\ +\ \_\_\_ \\ \hline \end{array}$$

Dibuja un modelo de área y usa el método de valor posicional por secciones para resolver el problema.

2. Un entrenador de fútbol pide 3 camisas para cada jugador de fútbol En el programa de fútbol hay 54 jugadores. ¿Cuántas camisas necesita pedir el entrenador para el programa completo?

   ____

© Houghton Mifflin Harcourt Publishing Company

Usar el método de notación desarrollada

También puedes usar un modelo de área para mostrar cómo usar el método de notación desarrollada.

Usa el método de notación desarrollada para resolver cada problema.

3

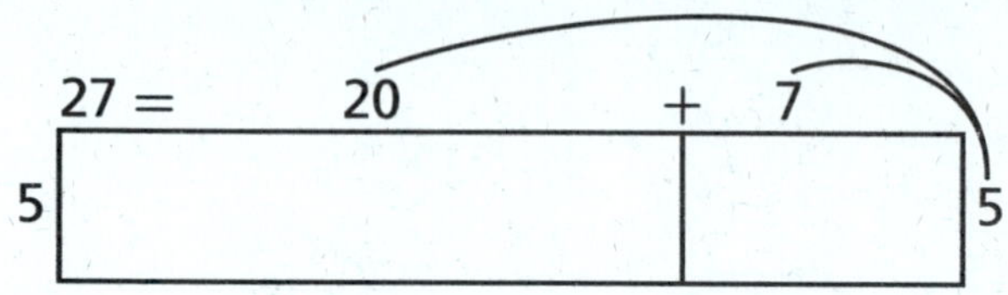

27 = ____ + ____
× 5 = ____
____ × ____ = ____
____ × ____ = ____
____

4 Un puesto de agricultores vendió 4 fanegas de manzanas en un día. Cada fanega de manzanas pesa 42 libras. ¿Cuántas libras de manzanas vendió el puesto?

____

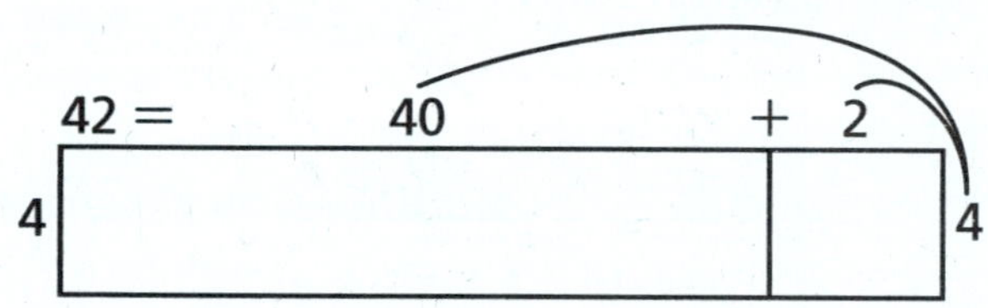

____ = ____ + ____
____ = ____
____ × ____ = ____
____ × ____ = ____
____

5 Un puerto deportivo necesita reemplazar las tablas de sus muelles. El muelle mide 7 pies por 39 pies. ¿Cuál es el área del muelle?

____

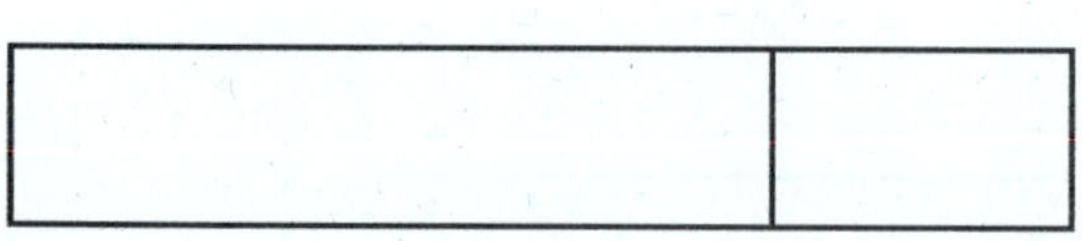

Comprobar la comprensión

¿Prefieres usar el método de valor posicional por secciones o el método de notación desarrollada? Explica tu respuesta.

© Houghton Mifflin Harcourt Publishing Company

Nombre ______________________________

Modela la propiedad distributiva

VOCABULARIO
Propiedad distributiva
producto parcial

Has usado modelos de área que te ayudan a multiplicar. Puedes usar el modelo de área para calcular 3 × 74 escribiendo 74 en forma desarrollada y aplicando la **propiedad distributiva** para calcular **productos parciales**. Después de que calcules todos los productos parciales, súmalos todos para calcular el producto real de 3 × 74.

Completa cada ejercicio.

1. Escribe 74 en forma desarrollada.

   3 × 74 = 3 (________ + ________)

2. Aplica la propiedad distributiva.

   3 × 74 = (________ × ________) + (________ × ________)

Los siguientes modelos de área muestran los pasos para calcular la solución de 3 × 74.

PASO 1 **74 =** **70** + **4**

3	3 × 70 = 210		**3**

Multiplica las decenas.

(3 × 70) = ________

PASO 2 **74 =** **70** + **4**

3		3 × 4 = 12	**3**

Multiplica las unidades.

(3 × 4) = ________

PASO 3 **74 =** **70** + **4**

3	3 × 70 = 210	3 × 4 = 12	**3**

Suma los productos parciales.

$$\begin{array}{r} 210 \\ +\ 12 \\ \hline \_\_\_\_ \end{array}$$

3. ¿Cuál es el producto real de 3 × 74? ________

© Houghton Mifflin Harcourt Publishing Company

Usar el método de notación algebraica para multiplicar

El método de notación algebraica es otro método para multiplicar números que se puede representar con un modelo de área. Este método también descompone el factor de dos dígitos en decenas y unidades para luego aplicar la propiedad distributiva.

Usa el método de notación algebraica para resolver cada problema. Completa los pasos.

4. 8 • 62

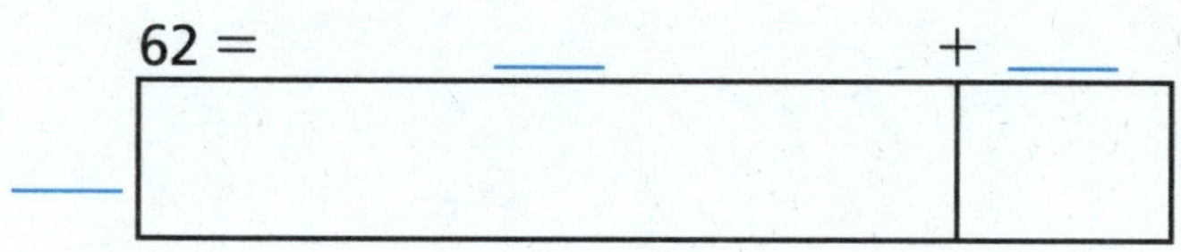

8 • 62 = ___ •(___ + ___)
= 480 + 16
= 496

5. 2 • 97

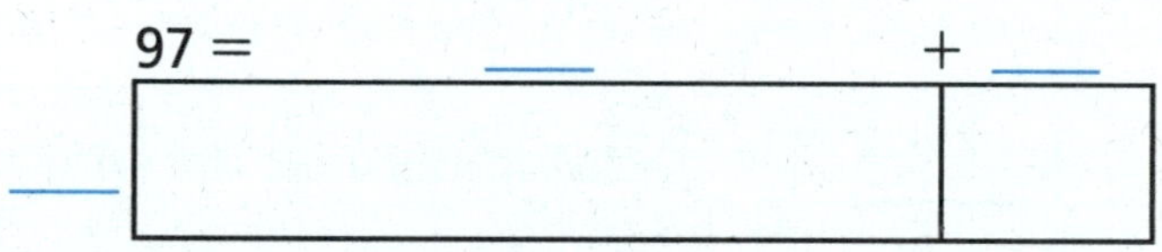

2 • 97 = ___ •(___ + ___)
= 180 + 14
= 194

Dibuja un modelo de área y usa el método de notación algebraica para resolver el problema.

6. En el equipo de golf de la escuela hay 9 miembros y cada uno practica a golpear 68 pelotas de golf en el campo de práctica. ¿Cuántas pelotas de golf golpeó el equipo completo?

____

Comprobar la comprensión

Dibuja un modelo de área para explicar cómo se usa el método de notación algebraica para calcular 4 × 86.

© Houghton Mifflin Harcourt Publishing Company

Nombre ______________________________

Métodos numéricos de multiplicación

Has usado el modelo de área para multiplicar. En esta lección, compararás los métodos numéricos de multiplicación relacionados con este modelo de área.

Método de valor posicional por secciones

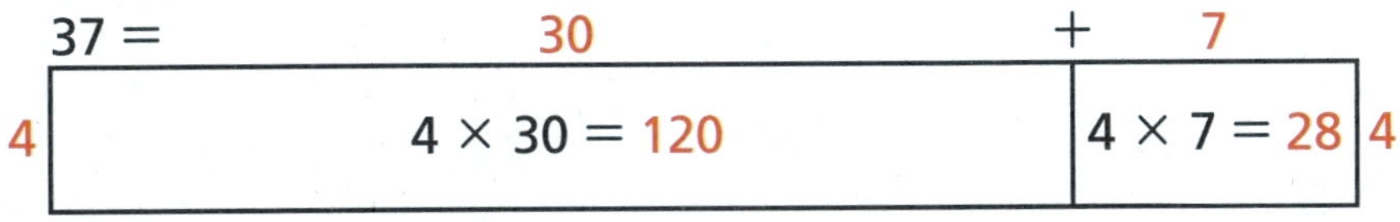

$$\begin{array}{r} 120 \\ +\ 28 \\ \hline 148 \end{array}$$

Método de notación desarrollada

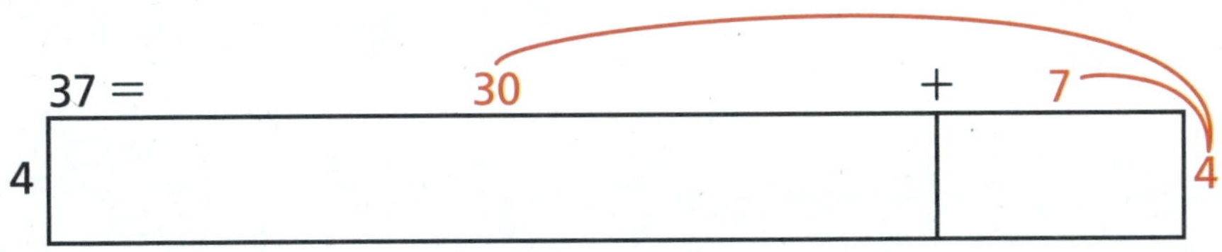

$$\begin{array}{r} 37 = 30 + 7 \\ \times\ 4 = \quad\ \ 4 \\ \hline 4 \times 30 = 120 \\ 4 \times\ \ 7 = \ \ 28 \\ \hline 148 \end{array}$$

Método de notación algebraica

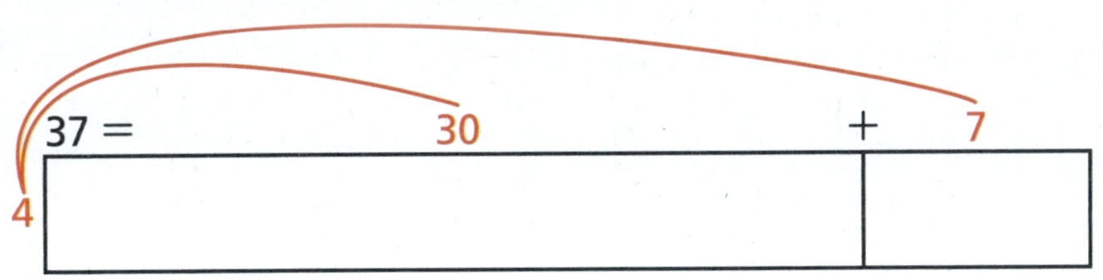

$$\begin{aligned} 4 \times 37 &= 4 \times (30 + 7) \\ &= 120 + 28 \\ &= 148 \end{aligned}$$

Relacionar los métodos de multiplicación

Consulta los ejemplos anteriores.

1. ¿Qué dos valores se suman en los tres métodos para obtener la respuesta?

____

2. ¿Cuál es la diferencia en los tres métodos?

____

© Houghton Mifflin Harcourt Publishing Company

Practicar métodos diferentes

Completa los espacios en blanco en las siguientes soluciones.

3 4×86

Notación desarrollada

$86 = \_\_\_\_ + 6$

$\times\ 4 = \_\_\_\_$

$4 \times \_\_\_\_ = \_\_\_\_$

$\_\_\_\_ \times 6 = 24$

$\_\_\_\_$

Notación algebraica

$4 \cdot 86 = \_\_\_\_ \cdot (80 + 6)$

$= 320 + \_\_\_\_$

$= \_\_\_\_$

4 4×68

Notación desarrollada

$\_\_\_\_ = 60 + 8$

$\times\ 4 = \_\_\_\_$

$4 \times \_\_\_\_ = \_\_\_\_$

$\_\_\_\_ \times 8 = 32$

$\_\_\_\_$

Notación algebraica

$4 \cdot 68 = 4 \cdot (\_\_\_\_ + \_\_\_\_)$

$= 240 + \_\_\_\_$

$= \_\_\_\_$

Resuelve usando un método numérico. Dibuja el modelo de área relacionado.

5 $5 \times 64 = \_\_\_\_$

6 $6 \times 72 = \_\_\_\_$

Comprobar la comprensión

En el Ejercicio 6, ¿qué método numérico usaste?

____

Explica por qué elegiste ese método.

© Houghton Mifflin Harcourt Publishing Company

Nombre ____________________

Comparar métodos de multiplicación

Compara estos métodos para resolver 9 × 28.

Método A

$$\begin{array}{r} 28 = 20 + 8 \\ \times\ 9 = \qquad 9 \\ \hline 9 \times 20 = 180 \\ 9 \times 8 = \ \ 72 \\ \hline 252 \end{array}$$

Método B

$$\begin{array}{r} 28 = 20 + 8 \\ \times\ 9 = \qquad 9 \\ \hline 180 \\ 72 \\ \hline 252 \end{array}$$

Método C

$$\begin{array}{r} 28 \\ \times\ \ 9 \\ \hline 180 \\ 72 \\ \hline 252 \end{array}$$

Método D

$$\begin{array}{r} 28 \\ \times\ 9 \\ \hline 72 \\ 180 \\ \hline 252 \end{array}$$

1. ¿Cuál es la semejanza en todos los métodos? Haz una lista con al menos dos semejanzas.

____

____

____

2. ¿Cuál es la diferencia en los métodos? Haz una lista con al menos tres diferencias.

____

____

____

____

Comenta cómo las anotaciones de los siguientes métodos muestran los productos parciales de diferente manera.

Método que muestra productos parciales	**Método que muestra grupos nuevos**
$\begin{array}{rl} 28 & \\ \times\ \ 9 & \\ \hline 72 & 9 \times 8 \\ +\ 180 & 9 \times 2 \text{ decenas} \\ \hline \end{array}$	$\begin{array}{r} 28 \\ \times\ \ 9 \\ \hline {}^{1\ 7} \\ 82 \\ \hline 252 \end{array}$

© Houghton Mifflin Harcourt Publishing Company

Comentar el método del atajo

Los pasos del método del atajo se muestran a continuación.

Método del atajo con grupos nuevos arriba

Método E:

Paso 1	**Paso 2**
$\overset{7}{2}8$	$\overset{7}{2}8$
$\times\ 9$	$\times\ 9$
2	252

Método del atajo con grupos nuevos abajo

Método F:

Paso 1	**Paso 2**
28	28
$\times\ 9$	$\times\ 9$
${}^{7}2$	$2\overset{7}{5}2$

3 ¿Dónde están los productos 180 y 72 de los métodos A al D?

Practicar la multiplicación

Resuelve usando cualquier método. Si es necesario, dibuja un rectángulo.

4 63×5

5 39×8

6 98×2

7 86×4

8 25×7

9 47×9

10 76×3

11 54×6

Comprobar la comprensión

Elige cualquier método de los que se muestra en esta lección.
Explica paso a paso cómo usar ese método para resolver 4×37.

© Houghton Mifflin Harcourt Publishing Company

Nombre ______________________________

Usar rectángulos para multiplicar centenas

Puedes usar un modelo para mostrar la multiplicación con centenas. Analiza este modelo para ver cómo se puede multiplicar 7 × 300.

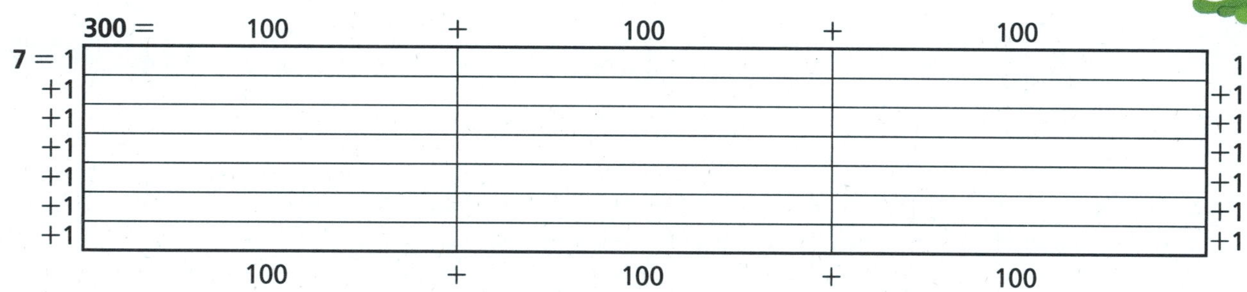

$$7 \times 300 = 7 \times (3 \times 100) = (7 \times 3) \times 100$$
$$= 21 \times 100$$
$$= 2{,}100$$

1. ¿Cuántas centenas se representan en cada columna del modelo?

____

2. ¿Cómo sabes que 7 × 3 = 21 ayuda a calcular 7 × 300?

____

____

3. ¿Qué propiedad de la multiplicación se aplica en la ecuación, 7 × (3 × 100) = (7 × 3) × 100?

____

4. Dibuja un modelo de 6 × 400. Prepárate para explicar tu modelo.

© Houghton Mifflin Harcourt Publishing Company

Comparar los tres métodos

Puedes usar el **método de valor posicional por secciones** para multiplicar un número de un dígito por un número de tres dígitos.

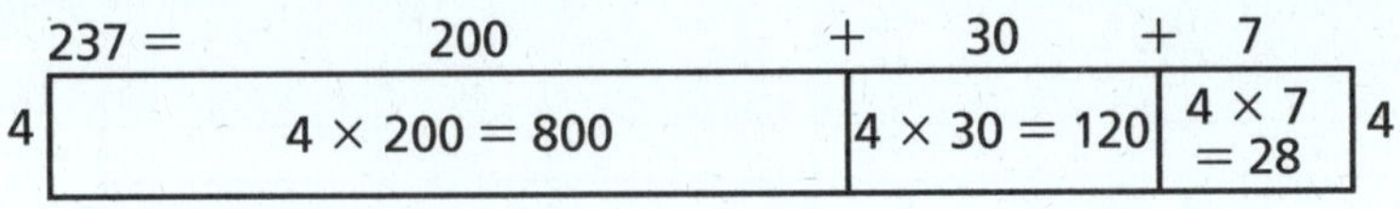

$$\begin{array}{r} 800 \\ 120 \\ +\ \ 28 \\ \hline 948 \end{array}$$

5 ¿Cuáles son los dos pasos que usaste para calcular el producto 4 × 237 usando el método de valor posicional por secciones?

____

El **método de notación desarrollada** usa los mismos pasos que el método de valor posicional por secciones.

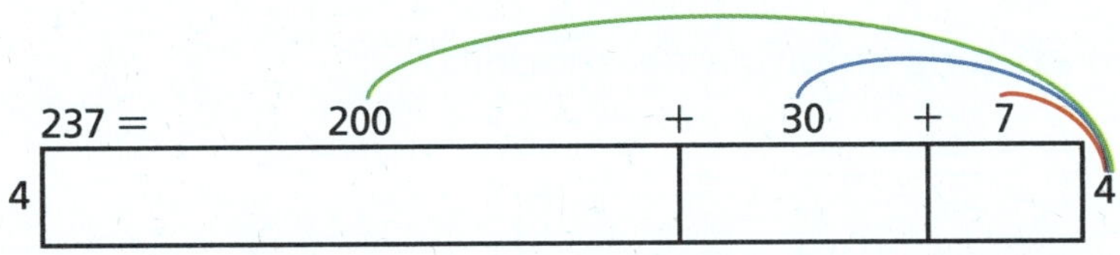

$$\begin{array}{r} 237 = 200 + 30 + 7 \\ \times\ 4 = \qquad\qquad\quad 4 \\ \hline 4 \times 200 = 800 \\ 4 \times 30 = 120 \\ 4 \times 7 = \ \ 28 \\ \hline 948 \end{array}$$

6 ¿Cuál es el último paso en el método de notación desarrollada y en el método de valor posicional por secciones?

____

El **método de notación algebraica** usa la forma desarrollada igual que los otros dos métodos. Aunque los pasos parezcan diferentes, son los mismos que en los otros métodos.

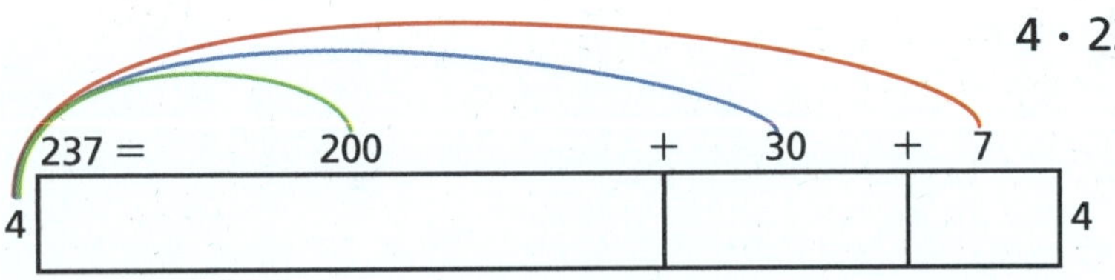

$$\begin{aligned} 4 \cdot 237 &= 4 \cdot (200 + 30 + 7) \\ &= (4 \cdot 200) + (4 \cdot 30) + (4 \cdot 7) \\ &= 800 + 120 + 28 \\ &= 948 \end{aligned}$$

7 ¿Cuál es el primer paso en los tres métodos?

____

© Houghton Mifflin Harcourt Publishing Company

Nombre ______________________

Practicar la multiplicación

Resuelve usando cualquier método. Muestra tu trabajo.
Si es necesario, dibuja un modelo de área.

8. $7 \times 321 =$ ______

9. $5 \times 218 =$ ______

10. $612 \times 2 =$ ______

11. $154 \times 6 =$ ______

12. $236 \times 4 =$ ______

13. $3 \times 273 =$ ______

14. $482 \times 9 =$ ______

15. $8 \times 615 =$ ______

© Houghton Mifflin Harcourt Publishing Company

Multiplicar con cantidades en dólares

Puedes usar tu destreza de multiplicar un número de un dígito por un número de tres dígitos para multiplicar cantidades en dólares de un dígito por números de tres dígitos y números de un dígito por cantidades en dólares de tres dígitos.

Calcula el costo exacto. Da tu respuesta en dólares.

Muestra tu trabajo.

16 Un neumático de carro cuesta $158. Si Danica necesita comprar neumáticos nuevos, ¿cuánto le costarán 4 neumáticos?

____

17 La clase de cuarto grado va de excursión a una reserva natural. Un boleto cuesta $6. ¿Cuánto costará que 127 estudiantes vayan a la excursión?

____

18 Un boleto de ida y vuelta en avión cuesta $224. Si un grupo de 5 personas compra los boletos, ¿cuánto costarán sus boletos?

____

19 Una librería pide 325 copias de un libro que cuesta $7 cada uno. ¿Cuánto paga la librería por los libros?

____

20 Durante el verano, Joe gana $115 cada semana podando céspedes. ¿Cuánto ganará Joe en 9 semanas?

____

21 Un boleto para la función de talentos de la escuela cuesta $8. Hay 540 asientos. Si todos los asientos están ocupados, ¿cuánto dinero recauda la escuela durante esa función?

____

Comprobar la comprensión

Usando cualquier método, calcula el producto de un número de 3 dígitos por un número de 1 dígito. Explica tu método.

© Houghton Mifflin Harcourt Publishing Company

 Nombre

Comentar problemas con demasiada información

Algunas veces, un problema en palabras puede incluir más información de la que necesitas. Lee el siguiente problema y luego, responde cada pregunta.

La Sra. Sánchez coloca una cerca alrededor de su jardín, que es un rectángulo con dimensiones de 12 pies por 18 pies. El material para la cerca cuesta $3.00 por pie. ¿Cuántos pies de material para la cerca necesita?

1. Identifica cualquier información excesiva. ¿Por qué no es necesaria esta información?

2. Resuelve el problema.

Resuelve cada problema. Tacha la información que no es necesaria.

Muestra tu trabajo.

3. Judy descargó un álbum por $15. El álbum tiene 13 canciones y cada canción tiene una duración de 3 minutos. ¿Cuánto tiempo tomará escuchar el álbum completo?

4. Jerry tiene 64 monedas en su colección de monedas y 22 estampillas en su colección de estampillas. Su hermana tiene 59 estampillas en su colección. ¿Cuántas estampillas en total tienen?

5. Adrian ha tocado el piano durante 3 años. Practica 20 minutos al día. Se prepara para un recital, que es dentro de 9 días. ¿Cuántos minutos de práctica completará antes del recital?

© Houghton Mifflin Harcourt Publishing Company

Comentar problemas con poca información

Cuando se resuelven problemas en la vida real, necesitas determinar qué información es necesaria para resolver el problema. Lee el siguiente problema y luego, responde cada pregunta.

Los campistas y los ayudantes del campamento van en autobús a un parque de atracciones. Cada autobús tiene capacidad para 26 personas. ¿Cuántos autobuses necesitarán?

6 ¿Tienes suficiente información para resolver este problema? ¿Qué información adicional necesitas?

____

____

Determina si el problema se puede resolver. Si no se puede resolver, indica qué información falta. Si se puede resolver, resuélvelo.

7 Richard ahorra $5 por semana para comprar una bicicleta. ¿Cuándo tendrá suficiente dinero?

____

8 Natalie quiere determinar cuánto pesa su gato. Lo agarra y se para sobre una balanza. En total, pesan 94 libras. ¿Cuánto pesa el gato?

____

9 Phyllis quiere hacer 8 manoplas. Necesita 36 tiras de tejido para cada manopla. ¿Cuántas tiras necesita?

____

10 Para uno de los problemas que no se pudo resolver, reescríbelo de manera que se pueda resolver y resuélvelo.

____

____

© Houghton Mifflin Harcourt Publishing Company

Nombre ____________________

Comentar problemas con preguntas ocultas

La Sra. Norton compró 2 paquetes de queso blanco con 8 rebanadas en cada paquete. También compró 3 paquetes de queso amarillo con 16 rebanadas en cada paquete. ¿Cuántas rebanadas más de queso amarillo que de queso blanco compró?

11 ¿Qué necesitas calcular?

____

____

12 ¿Cuáles son las preguntas ocultas?

____

____

13 Responde las preguntas ocultas para resolver el problema.

¿Cuántas rebanadas de queso amarillo compró? $2 \times 8 =$ ______

¿Cuántas rebanadas de queso blanco compró? $3 \times 16 =$ ______

¿Cuántas rebanadas más de queso amarillo? $48 - 16 =$ ______

Lee el problema. Luego, responde las preguntas.

Muestra tu trabajo.

Maurice tiene 6 cajas de marcadores y June tiene 5 cajas de marcadores. Cada caja contiene 8 marcadores. ¿Cuántos marcadores en total tienen Maurice y June?

14 Escribe las preguntas ocultas.

____

____

15 Resuelve el problema.

____

____

© Houghton Mifflin Harcourt Publishing Company

Resolver problemas mixtos

Muestra tu trabajo.

16 El Sr. Collins cuenta 54 envases y 5 cajas de clips. Cada envase contiene 8 cajas de clips y cada una cuesta $2. ¿Cuántas cajas de clips tiene?

____

17 La Srta. Wu tiene 5 cajas de tinta negra y 4 cajas de tinta de color. Cada caja contiene 48 cartuchos. ¿Cuántos cartuchos de tinta hay en total?

____

¿Cuál es el error?

Estimados estudiantes de matemáticas:

Mi escuela recauda latas de comida para una colecta de alimentos. En la escuela hay 608 estudiantes. Una lata de sopa cuesta aproximadamente $ 2 y cada estudiante traerá 3 latas. Escribí esta multiplicación para calcular el número de latas que la escuela recaudará en total.

$$\begin{array}{r} {}^{2} \\ 608 \\ \times\ \ 3 \\ \hline 1{,}864 \end{array}$$

¿Es correcta mi respuesta? ¿Puedes ayudarme?

Tu amigo,
El Pingüino Confundido

18 Escribe una respuesta para el Pingüino Confundido.

____

____

____

Comprobar la comprensión

¿Tiene el problema del Pingüino Confundido demasiada información o una pregunta oculta?

____

Escribe la información excesiva o la pregunta que está oculta.

____

© Houghton Mifflin Harcourt Publishing Company

Prueba rápida 2 de la Unidad 2

Nombre ______________________ Fecha ______________

Multiplica usando cualquier método. Muestra tu trabajo.

1. 4×67

2. 5×94

Estima el producto. Resuelve para verificar tu estimación.

3. 9×68
   Estimación ______________________

Resuelve.

Muestra tu trabajo.

4. Un suéter escolar cuesta $9. Si el director pide 195 suéteres, ¿cuánto costará el pedido?

____

5. Annalise compró 10 artículos en una tienda de computación. Compró 2 juegos de computadora por $25 cada uno y 3 juegos de computadora por $30 cada uno. Pagó $8 por un ratón nuevo. ¿Cuánto costaron los juegos de computadora? Haz una lista con cualquier información numérica excesiva.

____

© Houghton Mifflin Harcourt Publishing Company

Comprobar el conocimiento 5

Nombre ______________________ Fecha ______________________

Camino al conocimiento

Suma o resta.

1. $\begin{array}{r} 819 \\ -\ 617 \\ \hline \end{array}$

2. $\begin{array}{r} 208{,}342 \\ +\ 673{,}079 \\ \hline \end{array}$

3. $\begin{array}{r} 86{,}864 \\ -\ 24{,}981 \\ \hline \end{array}$

4. $\begin{array}{r} 88{,}108 \\ -\ 4{,}342 \\ \hline \end{array}$

5. $\begin{array}{r} 55{,}551 \\ +\ 83{,}288 \\ \hline \end{array}$

6. $\begin{array}{r} 9{,}710 \\ -\ 8{,}609 \\ \hline \end{array}$

7. $\begin{array}{r} 5{,}870 \\ +\ 4{,}635 \\ \hline \end{array}$

8. $\begin{array}{r} 24{,}522 \\ +\ 6{,}397 \\ \hline \end{array}$

9. $\begin{array}{r} 162 \\ +\ 387 \\ \hline \end{array}$

10. $\begin{array}{r} 238 \\ -\ 209 \\ \hline \end{array}$

11. $\begin{array}{r} 3{,}963 \\ +\ 816 \\ \hline \end{array}$

12. $\begin{array}{r} 247 \\ +\ 531 \\ \hline \end{array}$

13. $\begin{array}{r} 937{,}771 \\ -\ 18{,}948 \\ \hline \end{array}$

14. $\begin{array}{r} 9{,}814 \\ -\ 7{,}203 \\ \hline \end{array}$

15. $\begin{array}{r} 843{,}966 \\ -\ 809{,}199 \\ \hline \end{array}$

© Houghton Mifflin Harcourt Publishing Company

Nombre ______________________

Comparar modelos

Un libro para coleccionar monedas puede contener 24 monedas en una página. El libro tiene 37 páginas. ¿Cuántas monedas puede contener el libro? Los siguientes modelos muestran la solución de 24 × 37.

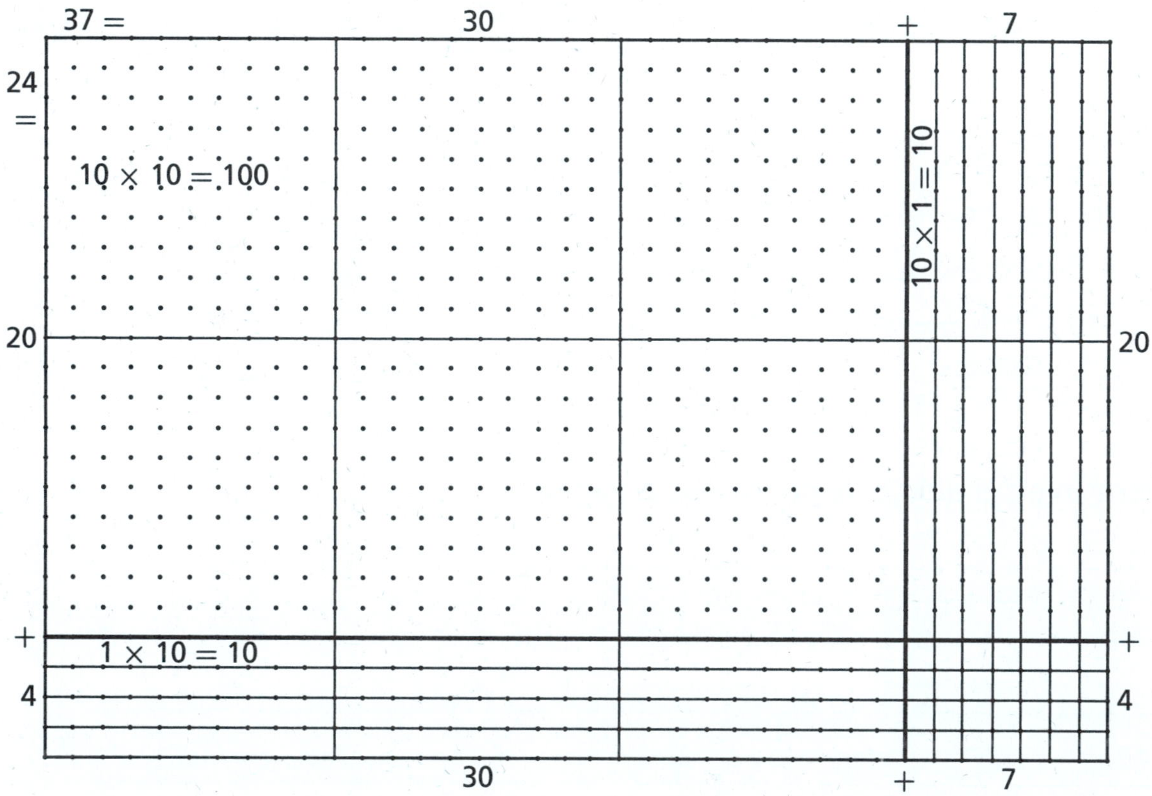

Dibujo de modelo de área

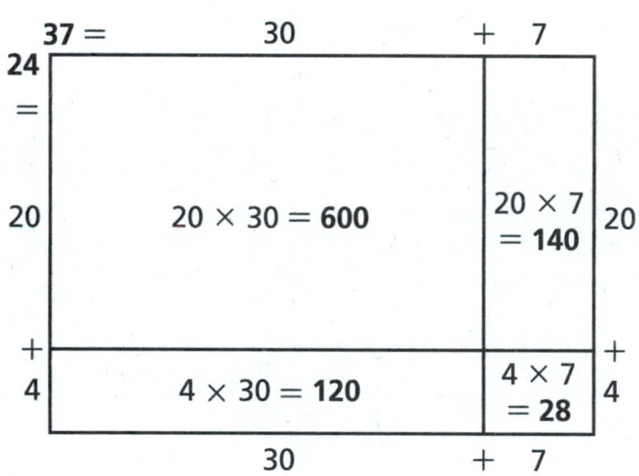

Método de valor posicional por secciones

20 × 30 = **600**
20 × 7 = **140**
4 × 30 = **120**
4 × 7 = **28**

© Houghton Mifflin Harcourt Publishing Company

1. Describe cómo muestra cada modelo 6 centenas, 14 decenas, 12 decenas y 28 unidades.

____

Investigar productos en el dibujo

Completa cada ecuación.

2 $20 \times 30 = 2 \times 10 \times 3 \times 10$
$= 2 \times 3 \times \underline{10 \times 10}$
$= 6 \times$ ______
$=$ ______

3 $20 \times 7 = 2 \times 10 \times 7 \times 1$
$= 2 \times 7 \times \underline{10 \times 1}$
$= 14 \times$ ______
$=$ ______

4 $4 \times 30 = 4 \times 1 \times 3 \times 10$
$= 4 \times 3 \times \underline{1 \times 10}$
$= 12 \times$ ______
$=$ ______

5 $4 \times 7 = 4 \times 1 \times 7 \times 1$
$= 4 \times 7 \times \underline{1 \times 1}$
$= 28 \times$ ______
$=$ ______

6 Explica cómo las partes subrayadas en los Ejercicios 2 al 5 se muestran en el dibujo de puntos de la página 105.

______

______

______

______

7 Calcula 24×37 sumando los productos de los Ejercicios 2 a 5.

______

Practicar y comentar modelos

Usa tu MathBoard para hacer un dibujo de área para cada ejercicio. Luego, calcula el producto.

8 36×58 ______

9 28×42 ______

10 63×27 ______

11 26×57 ______

12 86×35 ______

13 38×65 ______

Comprobar la comprensión

Escribe 4 multiplicaciones que podrías usar para calcular 25×31.

____ × ____ ____ × ____ ____ × ____ ____ × ____

© Houghton Mifflin Harcourt Publishing Company

Nombre ______________________________

Comparar métodos de multiplicación

Cada modelo de área es el mismo. Analiza cómo estos tres métodos que registran 43 × 67 se relacionan con los modelos de área.

Método de valor posicional por secciones

67 =	60	+ 7	
43 = 40	40 × 60 = 2,400	40 × 7 = 280	40
+ 3	3 × 60 = 180	3 × 7 = 21	+ 3
	60	+ 7	

$$\begin{array}{r} 40 \times 60 = 2{,}400 \\ 40 \times 7 = 280 \\ 3 \times 60 = 180 \\ 3 \times 7 = 21 \\ \hline 2{,}881 \end{array}$$

Método de notación desarrollada

67 =	60	+ 7	
43 = 40	40 × 60 = 2,400	40 × 7 = 280	40
+ 3	3 × 60 = 180	3 × 7 = 21	+ 3
	60	+ 7	

$$\begin{array}{r} 67 = 60 + 7 \\ \times\ 43 = 40 + 3 \\ \hline 40 \times 60 = 2{,}400 \\ 40 \times 7 = 280 \\ 3 \times 60 = 180 \\ 3 \times 7 = +\ 21 \\ \hline 2{,}881 \end{array}$$

Método de notación algebraica

67 =	60	+ 7	
43 = 40	40 × 60 = 2,400	40 × 7 = 280	40
+ 3	3 × 60 = 180	3 × 7 = 21	+ 3
	60	+ 7	

$$43 \cdot 67 = (40 + 3) \cdot (60 + 7)$$
$$= 2{,}400 + 280 + 180 + 21$$
$$= 2{,}881$$

1 ¿Cuáles son las semejanzas de los tres métodos?

____

____

© Houghton Mifflin Harcourt Publishing Company

Otras maneras de anotar la multiplicación

Comenta cómo las anotaciones de los siguientes métodos muestran los productos parciales de diferente manera.

Método que muestra productos parciales

$$\begin{array}{rl} 67 & \\ \times\ 43 & \\ \hline 21 & 3 \times 7 \\ 180 & 3 \times 6 \text{ decenas} \\ 280 & 4 \text{ decenas} \times 7 \\ +\ 2{,}400 & 4 \text{ decenas} \times 6 \text{ decenas} \\ \hline 2{,}881 & \end{array}$$

Método que muestra grupos nuevos

$$\begin{array}{r} 67 \\ \times\ 43 \\ \hline {}^{1\,2}\ \ \\ 81 \\ {}^{2\,2}\ \ \\ +\ 480 \\ \hline 2{,}881 \end{array}$$

(3 × 7 and 3 × 6 decenas → 81; 4 decenas × 7 and 4 decenas × 6 decenas → 480)

Método del atajo

Grupos nuevos arriba

Paso 1	Paso 2	Paso 3	Paso 4	Paso 5
$\begin{array}{r} {}^{2} \\ 67 \\ \times\ 43 \\ \hline 1 \end{array}$	$\begin{array}{r} {}^{2} \\ 67 \\ \times\ 43 \\ \hline 201 \end{array}$	$\begin{array}{r} {}^{2} \\ {}^{2} \\ 67 \\ \times\ 43 \\ \hline 201 \\ 8 \end{array}$	$\begin{array}{r} {}^{2} \\ {}^{2} \\ 67 \\ \times\ 43 \\ \hline 201 \\ 268 \end{array}$	$\begin{array}{r} {}^{2} \\ {}^{2} \\ 67 \\ \times\ 43 \\ \hline 201 \\ +\ 268 \\ \hline 2{,}881 \end{array}$

Grupos nuevos abajo

$$\begin{array}{r} 67 \\ \times\ 43 \\ \hline {}^{2\,2}\ \ \\ 201 \\ +\ 268 \\ \hline 2{,}881 \end{array}$$

Comenta cómo este dibujo de área se relaciona con el método del atajo.

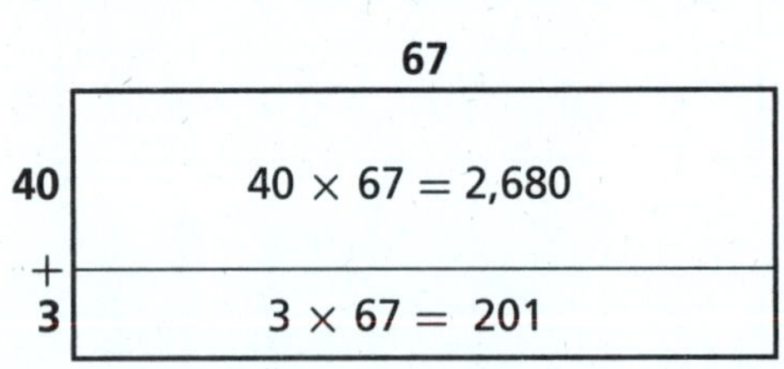

Comprobar la comprensión

Explica cómo usar cualquier método para multiplicar 36 × 74.

© Houghton Mifflin Harcourt Publishing Company

Nombre ______________________________

Estimar productos

Los productos de factores de dos dígitos se pueden estimar redondeando cada factor a la decena más cercana.

Estima y luego resuelve.

1. 28 × 74 ____________
2. 84 × 27 ____________
3. 93 × 57 ____________
4. 87 × 54 ____________
5. 38 × 62 ____________
6. 65 × 39 ____________
7. 26 × 43 ____________
8. 59 × 96 ____________
9. 53 × 74 ____________
10. Escribe un problema de multiplicación en palabras. Estima el producto y luego resuelve.

    ____

    ____

    ____

    ____

    ____

11. ¿Usar una estimación sería problemático en la situación que escribiste en el Ejercicio 10? Explica por qué.

    ____

    ____

    ____

© Houghton Mifflin Harcourt Publishing Company

¿Cuál es el error?

Estimados estudiantes de matemáticas:

Mis amigos y yo vamos a construir 42 maceteros. Los planos de construcción indican que cada macetero necesita 13 clavos. Redondeé para estimar cuántos clavos necesitaremos. Dado que 40 x 10 = 400, compré una caja de 400 clavos.

Mis amigos dicen que no tendremos suficientes clavos. ¿Cometí un error? ¿Puedes ayudarme a estimar cuántos clavos necesitaremos?

Tu amigo,
El Pingüino Confundido

12. Escribe una respuesta para el Pingüino Confundido.

Estima y luego resuelve. Explica si en cada situación la estimación es problemática.

13. Sally contrata a un cuidador de perro durante su viaje de 18 días. Un cuidador de perro cobra $14 por día. ¿Cuánto dinero necesitará Sally para pagar al cuidador de perro?

14. Un artista dibuja un plano para un patrón de mosaico que tiene 21 filas de baldosas con 47 baldosas en cada fila. ¿Cuántas baldosas necesita comprar el artista?

© Houghton Mifflin Harcourt Publishing Company

Comprobar la comprensión
Describe las estrategias que usas para estimar productos.

 Nombre ____________________

Practicar métodos de multiplicación

1 Multiplica 38 × 59.

Método corto de notación desarrollada

$$\begin{array}{r} 38 \\ \times\ 59 \\ \hline \end{array}$$

Método del atajo

$$\begin{array}{r} 38 \\ \times\ 59 \\ \hline \end{array}$$

Resuelve usando cualquier método y muestra tu trabajo. Verifica tu trabajo con estimación.

2 43 × 22

____

3 25 × 25

____

4 31 × 62

____

5 54 × 72

____

6 81 × 33

____

7 49 × 62

____

© Houghton Mifflin Harcourt Publishing Company

Practicar la multiplicación

Con práctica, serás capaz de resolver un problema de multiplicación usando la menor cantidad de pasos escritos.

Resuelve.

Muestra tu trabajo.

8. Entre su noveno y décimo cumpleaños, Jimmy lee 1 libro cada semana. En un año hay 52 semanas. Si cada libro tenía 95 páginas, ¿aproximadamente cuántas páginas leyó Jimmy durante el año?

____

9. El padre de Sam construyó una pared de piedra en su patio trasero. La pared tenía 14 piedras de alto y 79 piedras de largo. ¿Cuántas piedras usó para construir la pared?

____

10. Globos Bonanza vende globos para fiesta en paquetes de 25 globos. En la tienda hay 48 paquetes, ¿cuántos globos hay en los 48 paquetes?

____

11. Brian compra camisetas para la banda de música. Sabe que en los desfiles la banda forma 24 filas y que cada fila tiene 13 estudiantes. Si las camisetas vienen en cajas de 100, ¿cuántas cajas de camisetas debe comprar Brian?

____

© Houghton Mifflin Harcourt Publishing Company

Comprobar la comprensión

Calcula el producto de 35×56 usando cualquier método.

____

Prueba rápida 3 de la Unidad 2

Nombre ____________________ Fecha ____________

Multiplica usando cualquier método. Muestra tu trabajo.

1. 48×29

2. 64×37

Estima y luego resuelve.

3. 68×97

4. 58×86

5. Dibuja un modelo de área para 42×56.

   Luego calcula el producto.

© Houghton Mifflin Harcourt Publishing Company

Comprobar el conocimiento 6

Nombre ______________________ Fecha ______________

Camino al conocimiento

Suma o resta.

1. $\begin{array}{r} 959{,}896 \\ -\ 78{,}929 \\ \hline \end{array}$

2. $\begin{array}{r} 361 \\ +\ 728 \\ \hline \end{array}$

3. $\begin{array}{r} 196 \\ -\ 154 \\ \hline \end{array}$

4. $\begin{array}{r} 7{,}718 \\ -\ 3{,}683 \\ \hline \end{array}$

5. $\begin{array}{r} 461{,}727 \\ +\ 88{,}866 \\ \hline \end{array}$

6. $\begin{array}{r} 821 \\ +\ 107 \\ \hline \end{array}$

7. $\begin{array}{r} 315{,}944 \\ -\ 257{,}061 \\ \hline \end{array}$

8. $\begin{array}{r} 71{,}656 \\ -\ 1{,}966 \\ \hline \end{array}$

9. $\begin{array}{r} 99{,}181 \\ +\ 1{,}876 \\ \hline \end{array}$

10. $\begin{array}{r} 1{,}951 \\ -\ 1{,}311 \\ \hline \end{array}$

11. $\begin{array}{r} 815 \\ -\ 673 \\ \hline \end{array}$

12. $\begin{array}{r} 22{,}688 \\ +\ 98{,}205 \\ \hline \end{array}$

13. $\begin{array}{r} 44{,}827 \\ -\ 28{,}399 \\ \hline \end{array}$

14. $\begin{array}{r} 1{,}236 \\ +\ 9{,}535 \\ \hline \end{array}$

15. $\begin{array}{r} 8{,}318 \\ +\ 227 \\ \hline \end{array}$

© Houghton Mifflin Harcourt Publishing Company

Nombre ______________________________

Usar rectángulos para multiplicar millares

Puedes usar un modelo para multiplicar números más grandes. Observa que en este modelo cada uno de los rectángulos pequeños representa un millar. Cada una de las columnas representa siete millares o 7,000.

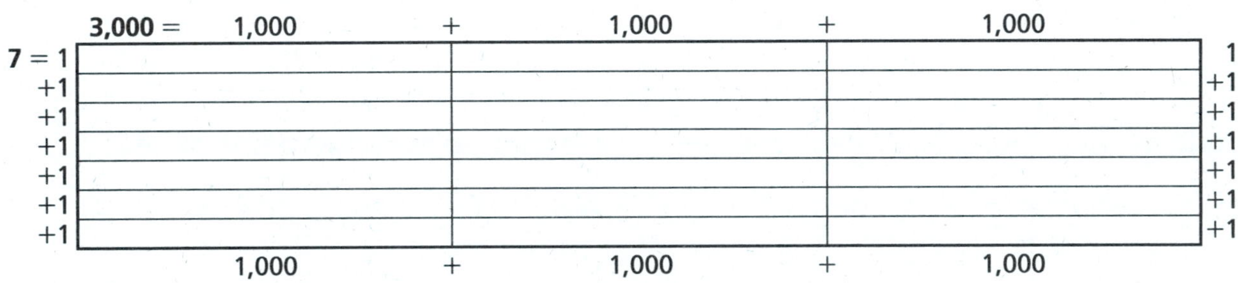

$$7 \times 3{,}000 = 7 \times (3 \times 1{,}000) = (7 \times 3) \times 1{,}000$$
$$= 21 \times 1{,}000$$
$$= 21{,}000$$

1. Cuando multiplicas por millares, ¿cuántos ceros esperas obtener en el producto?

____

2. ¿Cómo piensas que 3,000 expresado como 3 × 1,000 te puede ayudar a multiplicar 7 × 3,000?

____

____

____

____

3. Dibuja un modelo para 4 × 8,000. Luego, calcula el producto.

____

© Houghton Mifflin Harcourt Publishing Company

Comparar métodos de multiplicación

Puedes usar los métodos de multiplicación que has aprendido para multiplicar un número de un dígito por un número de cuatro dígitos.

Calcula 8 × 3,248.

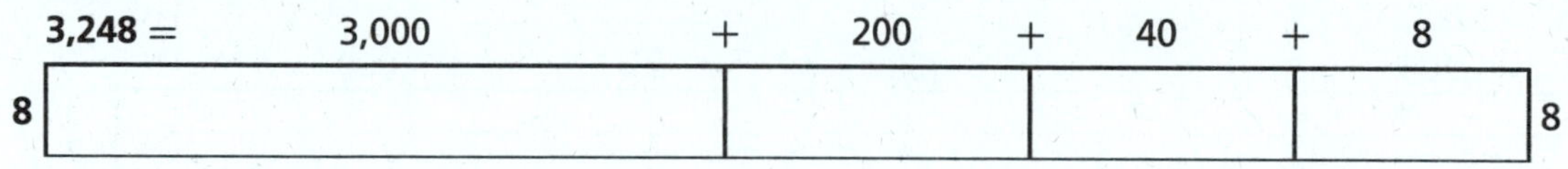

Método de valor posicional por secciones

$$\begin{array}{r} 8 \times 3{,}000 = 24{,}000 \\ 8 \times 200 = 1{,}600 \\ 8 \times 40 = 320 \\ 8 \times 8 = 64 \\ \hline 25{,}984 \end{array}$$

Método de notación desarrollada

$$\begin{array}{r} 3{,}248 = 3{,}000 + 200 + 40 + 8 \\ \times \quad 8 = \qquad\qquad\qquad\qquad 8 \\ \hline 8 \times 3{,}000 = 24{,}000 \\ 8 \times 200 = 1{,}600 \\ 8 \times 40 = 320 \\ 8 \times 8 = 64 \\ \hline 25{,}984 \end{array}$$

Método de notación algebraica

$$\begin{aligned} 8 \times 3{,}248 &= 8 \times (3{,}000 + 200 + 40 + 8) \\ &= (8 \times 3{,}000) + (8 \times 200) + (8 \times 40) + (8 \times 8) \\ &= 24{,}000 + 1{,}600 + 320 + 64 \\ &= 25{,}984 \end{aligned}$$

En tu MathBoard, dibuja un rectángulo para cada problema. Luego, resuelve el problema usando el método de tu elección.

4. 3 × 8,153 = ________
5. 4 × 2,961 = ________
6. 6 × 5,287 = ________
7. 7 × 1,733 = ________

Comprobar la comprensión

Dibuja un modelo para 9 × 5,432. Luego, calcula el producto usando el método de tu elección.

© Houghton Mifflin Harcourt Publishing Company

Nombre ______________________________

Comparar métodos de multiplicación

Observa el dibujo y las seis soluciones numéricas para 4 × 2,237.

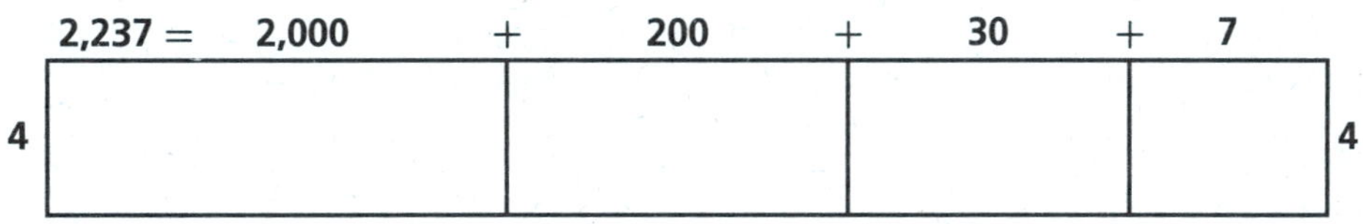

Método A	Método B	Método C	Método D	Método E	Método F
2,237 = 2,000 + 200 + 30 + 7	2,237 = 2,000 + 200 + 30 + 7	2,237	2,237	1 2 2,237	2,237
× 4 = 4	× 4 = 4	× 4	× 4	× 4	× 4 1 2
4 × 2,000 = 8,000	8,000	8,000	28	8,948	8,948
4 × 200 = 800	800	800	120		
4 × 30 = 120	120	120	800		
4 × 7 = 28	28	28	8,000		
8,948	8,948	8,948	8,948		

1. ¿En qué se parecen las soluciones? Haz una lista con al menos dos maneras.

____

____

____

2. ¿En qué se diferencian las soluciones? Haz una lista con al menos tres comparaciones entre los métodos.

____

____

____

____

____

3. ¿Cómo se relacionan los métodos del A al D con el dibujo? Haz una lista con al menos dos maneras.

____

____

____

© Houghton Mifflin Harcourt Publishing Company

Analizar el método del atajo

Para el Método E y el Método F, observa esta separación de la solución en pasos.

Método E

Paso 1	Paso 2	Paso 3	Paso 4
$\begin{array}{r} 2 \\ 2{,}237 \\ \times\quad 4 \\ \hline 8 \end{array}$	$\begin{array}{r} 1\,2 \\ 2{,}237 \\ \times\quad 4 \\ \hline 48 \end{array}$	$\begin{array}{r} 1\,2 \\ 2{,}237 \\ \times\quad 4 \\ \hline 948 \end{array}$	$\begin{array}{r} 1\,2 \\ 2{,}237 \\ \times\quad 4 \\ \hline 8{,}948 \end{array}$

Método F

Paso 1	Paso 2	Paso 3	Paso 4
$\begin{array}{r} 2{,}237 \\ \times\quad 4 \\ \hline {}_{2} \\ 8 \end{array}$	$\begin{array}{r} 2{,}237 \\ \times\quad 4 \\ \hline {}_{1\,2} \\ 48 \end{array}$	$\begin{array}{r} 2{,}237 \\ \times\quad 4 \\ \hline {}_{1\,2} \\ 948 \end{array}$	$\begin{array}{r} 2{,}237 \\ \times\quad 4 \\ \hline {}_{1\,2} \\ 8{,}948 \end{array}$

4. Describe qué sucede en el paso 1.

____

____

____

5. Describe qué sucede en el paso 2.

____

____

____

____

6. Describe qué sucede en el paso 3.

____

____

____

____

7. Describe qué sucede en el paso 4.

____

____

____

© Houghton Mifflin Harcourt Publishing Company

Nombre ______________________

Redondear y estimar con millares y centenas

Puedes usar lo que sabes acerca del redondeo y la multiplicación con millares para estimar el producto de $4 \times 3{,}692$.

8 Calcula el producto si redondeas hacia arriba: $4 \times 4{,}000 =$ __________

9 Calcula el producto si redondeas hacia abajo: $4 \times 3{,}000 =$ __________

10 ¿Cuál de las dos estimaciones estará más cerca de la solución real? ¿Por qué?

____

11 Calcula la solución real. __________

12 Explica por qué ninguna de las estimaciones está muy cerca de la solución real.

____

____

13 ¿Cuál sería la estimación si sumas 4×600 a $4 \times 3{,}000$; $(4 \times 3{,}000) + (4 \times 600)$? __________

14 ¿Cuál sería la estimación si sumas 4×700 a $4 \times 3{,}000$; $(4 \times 3{,}000) + (4 \times 700)$? __________

15 Estima $4 \times 7{,}821$ redondeando 7,821 al millar más cercano.

____

16 Calcula el producto real. __________

17 Calcula una mejor estimación para $4 \times 7{,}821$. Muestra tu trabajo.

____

____

Redondea, estima y corrige la estimación cuando sea necesario.

18 $6 \times 3{,}095$

____

____

19 $7 \times 2{,}784$

____

____

© Houghton Mifflin Harcourt Publishing Company

Estimar productos

Resuelve y luego estima para verificar si tu respuesta es razonable. Muestra tu estimación.

20 $5 \times 3,487 =$ ______

21 $7 \times 8,894 =$ ______

22 $4 \times 7,812 =$ ______

23 $3 \times 4,109 =$ ______

¿Cuál es el error?

Estimados estudiantes de matemáticas:

Mi escuela recolectó hoy 2,468 cartones de leche vacíos. Si la escuela recolecta aproximadamente la misma cantidad de cartones cada día durante 5 días, estimo que la escuela recolectará 17,500 cartones.

$$(5 \times 3,000) + (5 \times 500) = 17,500$$

¿Puedes ayudarme a decidir si esta es una estimación razonable?

Tu amigo,
El Pingüino Confundido

24 Escribe una respuesta para el Pingüino Confundido.

Comprobar la comprensión

Multiplica $6 \times 5,283$ usando el método del atajo. ______
Redondea y estima para verificar tu trabajo.

© Houghton Mifflin Harcourt Publishing Company

Nombre ____________________

Practicar la multiplicación mixta

Resuelve usando cualquier método y muestra tu trabajo. Verifica tu trabajo con una estimación.

1. 35×9 ________
2. 56×17 ________
3. 228×2 ________
4. 23×7
5. 77×9
6. 59×3
7. 92×84
8. 49×12
9. 61×36
10. 459×4
11. 588×6
12. 216×7
13. $3{,}473 \times 5$
14. $1{,}156 \times 8$
15. $2{,}937 \times 3$

© Houghton Mifflin Harcourt Publishing Company

Practicar con problemas en palabras

Resuelve usando cualquier método y muestra tu trabajo. Verifica tu trabajo con una estimación.

Muestra tu trabajo.

16. Una cancha de tenis para parejas mide 78 pies de largo y 36 pies de ancho. Una cancha de tenis para individuales mide 78 pies de largo y 27 pies de ancho. ¿Cuál es la diferencia entre las áreas de una cancha de tenis para parejas y una cancha de tenis para individuales?

____

17. Un complejo de salas de cine tiene 8 salas y cada sala tiene 287 asientos. En el cine trabajan 13 personas. ¿Cuántos asientos hay en total?

____

18. Jenny asiste 3 días a la semana a una clase de baile de 55 minutos de duración. Faltan 9 semanas para el recital de la clase. ¿Cuántos minutos de clase de baile hay hasta el recital?

____

19. Alex compra ropa para ir a la escuela. Compra 4 camisas por $12 cada una y también compra 3 pares de shorts por $17 cada par. ¿Cuánto gasta Alex en total en ropa?

____

20. Casey dibuja una matriz rectangular que mide 1,167 unidades de largo y 7 unidades de ancho. ¿Cuál es el área de la matriz de Casey?

____

© Houghton Mifflin Harcourt Publishing Company

Comprobar la comprensión

Multiplica 4 × 6,689 usando cualquier método. _______________
Verifica tu trabajo con una estimación.

Nombre ______________________________

Matemáticas y juegos

Este es un juego que se llama *Construye la gran ciudad.* El objetivo del juego es diseñar y construir una ciudad exitosa con un presupuesto determinado. Para ganar el juego, la ciudad debe tener todas las características de una ciudad de la vida real como apartamentos, escuelas, parques y tiendas, de manera que sus residentes sean felices.

1. Cada ciudad en *Construye la gran ciudad* requiere una estación de bomberos, una estación de policía y una oficina de correos. El mantenimiento por año de cada una de estas cuesta $2,657 en impuestos. ¿Cuánto cuesta mantener la estación de bomberos, la estación de policía y la oficina de correos durante un año?

   ____

2. En *Construye la gran ciudad,* las calles son vías comunes de dos canales. El ancho total de la calle es 9 metros. Si cada cuadra tiene 82 metros de largo, ¿cuál es el área, en metros cuadrados de una cuadra de una calle de la ciudad?

   ____

© Houghton Mifflin Harcourt Publishing Company

Construir la gran ciudad

La tabla muestra el costo de diferentes características en el juego *Construye la gran ciudad.* A continuación está el diseño de Scott, hasta ahora, para su ciudad en *Construye la gran ciudad*.

Objeto	Costo
Árbol	$83 por Árbol
Arbusto	$54 por Arbusto
Lago	$198 por unidad cuadrada
Calle	$288 por unidad cuadrada
Edificio de apartamentos	$9,179 por edificio
Cualquier otro edificio	$892 por unidad cuadrada

Actualmente, Scott tiene $156,324 de dinero de *Construye la gran ciudad* para crear su ciudad.

3 Scott compra 42 árboles para colocarlos en el parque. Los árboles cuestan $83 cada uno. ¿Cuánto dinero paga Scott por los árboles?

____

4 En cada edificio de apartamentos hay 59 apartamentos. En su ciudad, Scott tiene 4 edificios de apartamentos. ¿Cuántos apartamentos tiene la ciudad de Scott?

____

5 Si la ciudad de Scott mide 27 unidades de largo y 19 unidades de ancho, ¿cuál es el área de la ciudad de Scott en unidades cuadradas?

____

© Houghton Mifflin Harcourt Publishing Company

Prueba rápida 4 de la Unidad 2

Nombre ______________________ Fecha __________

Multiplica usando cualquier método. Muestra tu trabajo.

1. $4 \times 3{,}819$

2. $6{,}423 \times 7$

Multiplica y luego estima para verificar si tu respuesta es razonable.

3. $3 \times 4{,}756$

4. $6 \times 5{,}939$

Resuelve.

Muestra tu trabajo.

5. **Construir cada edificio de apartamentos en el juego *Construye la gran ciudad* cuesta $9,179. ¿Cuál es el costo de construir 6 edificios de apartamentos?**

____

© Houghton Mifflin Harcourt Publishing Company

Comprobar el conocimiento 7

Nombre ______________________ Fecha ____________

Camino al conocimiento

Suma o resta.

1. $\begin{array}{r} 37{,}796 \\ +\ 68{,}121 \\ \hline \end{array}$

2. $\begin{array}{r} 8{,}990 \\ +\ 8{,}501 \\ \hline \end{array}$

3. $\begin{array}{r} 638 \\ +\ 127 \\ \hline \end{array}$

4. $\begin{array}{r} 22{,}274 \\ -\ 16{,}139 \\ \hline \end{array}$

5. $\begin{array}{r} 20{,}056 \\ -\ 4{,}315 \\ \hline \end{array}$

6. $\begin{array}{r} 565 \\ +\ 234 \\ \hline \end{array}$

7. $\begin{array}{r} 920{,}443 \\ -\ 36{,}071 \\ \hline \end{array}$

8. $\begin{array}{r} 118{,}242 \\ +\ 893{,}915 \\ \hline \end{array}$

9. $\begin{array}{r} 324 \\ -\ 203 \\ \hline \end{array}$

10. $\begin{array}{r} 211{,}549 \\ -\ 144{,}096 \\ \hline \end{array}$

11. $\begin{array}{r} 4{,}759 \\ -\ 3{,}392 \\ \hline \end{array}$

12. $\begin{array}{r} 1{,}010 \\ +\ 993 \\ \hline \end{array}$

13. $\begin{array}{r} 55{,}825 \\ +\ 7{,}115 \\ \hline \end{array}$

14. $\begin{array}{r} 5{,}898 \\ +\ 3{,}251 \\ \hline \end{array}$

15. $\begin{array}{r} 842 \\ -\ 739 \\ \hline \end{array}$

© Houghton Mifflin Harcourt Publishing Company

Nombre ____________________ **Fecha** ____________

1. Para calcular 20×40, usa los números que están en las fichas y completa los pasos escribiendo las decenas como factor.

2	4	6
8	10	20
600	800	

$20 \times 40 = (\square \times 10) \times (\square \times 10)$

$= (2 \times 4) \times (\square \times \square)$

$= \square \times 100$

$= \square$

2. Selecciona la expresión que sea equivalente a 36×25. Marca todas las apropiadas.

Ⓐ $30 \times 6 + 20 \times 5$

Ⓑ $(30 \times 20) + (30 \times 5) + (6 \times 20) + (6 \times 5)$

Ⓒ $(5 \times 6) + (5 \times 3$ decenas$) + (2$ decenas $\times 6) + (2$ decenas $\times 3$ decenas$)$

Ⓓ $30 \times (20 + 5) + 6 \times (20 + 5)$

Ⓔ $30 + 15 + 12 + 6$

3. En una caja hay 24 lápices. Si hay 90 cajas, ¿cuántos lápices hay?

_______ lápices

4. Un payaso compró 18 bolsas de globos redondos con 20 globos en cada bolsa. También compró 26 bolsas de globos alargados con 35 globos en cada bolsa. ¿Cuántos globos alargados más que redondos compró el payaso? Muestra tu trabajo.

© Houghton Mifflin Harcourt Publishing Company

Nombre Fecha

5 Dibuja un modelo de área para 7×682.

Explica cómo usaste el modelo para calcular el producto.

6 En los Ejercicios 6a al 6d, elige Sí o No para indicar si la ecuación es verdadera.

6a. $8 \times 4 = 32$	○ Sí	○ No
6b. $8 \times 400 = 32{,}000$	○ Sí	○ No
6c. $80 \times 40 = 3{,}200$	○ Sí	○ No
6d. $8 \times 4{,}000 = 32{,}000$	○ Sí	○ No

7 Calcula el producto de 4×52.

© Houghton Mifflin Harcourt Publishing Company

Nombre ______________________ Fecha ______________

8 Para calcular 29 × 48, usa los números que están en las fichas y completa el modelo de área.

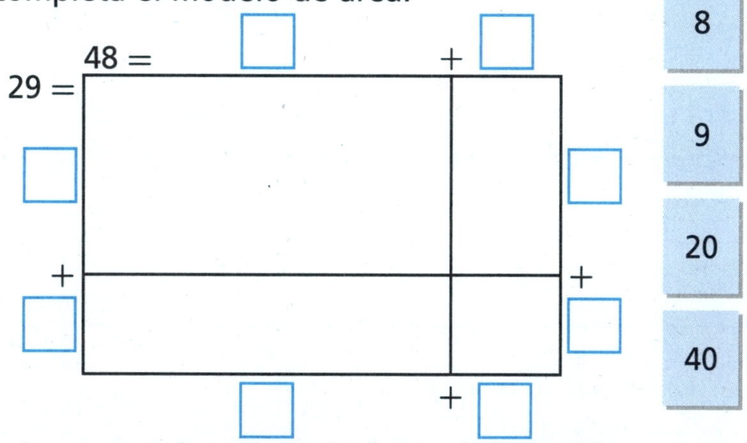

Muestra cómo usar el modelo de área y la notación desarrollada para calcular 29 × 48.

9 Estima 15 × 34 redondeando cada número a la decena más cercana.

10 En los Ejercicios 10a al 10d, elige Verdadero o Falso para describir el enunciado.

10a. 8 × 93 es mayor que 8 × 90. ○ Verdadero ○ Falso

10b. Una estimación de 8 × 93 es 2,700. ○ Verdadero ○ Falso

10c. 8 × 93 = (8 × 9) + (8 × 3) ○ Verdadero ○ Falso

10d. 8 × 93 es menor que 800. ○ Verdadero ○ Falso

© Houghton Mifflin Harcourt Publishing Company

Nombre ______________________ Fecha ______________________

11 Calcula 4 × 7,342.

Usa una estimación para explicar por qué tu respuesta es razonable.

12 En los Ejercicios 12a al 12d, elige Sí o No para indicar si la ecuación es verdadera.

12a. 5 × 60 = 30 ○ Sí ○ No

12b. 500 × 6 = 30,000 ○ Sí ○ No

12c. 50 × 60 = 3,000 ○ Sí ○ No

12d. 5 × 6,000 = 30,000 ○ Sí ○ No

13 La mejor estimación para 78 × 50 es que debe ser mayor que __?__ pero menor que __?__.

Elige un número de cada columna para que el enunciado sea verdadero.

Mayor que	Menor que
○ 3,200	○ 3,200
○ 3,500	○ 3,500
○ 4,000	○ 4,000
○ 4,200	○ 4,200

14 Elige un número del recuadro para completar el enunciado.

El producto de 39 y 22 es cercano a [300 / 400 / 800 / 8,000].

© Houghton Mifflin Harcourt Publishing Company

Nombre Fecha

15 Un autobús turístico en Nueva York cuesta $48 por persona. Un grupo de 7 personas va en ese tour. ¿Cuál es el costo para el grupo? Explica cómo calculaste tu respuesta.

16 En la biblioteca hay una venta de libros. El precio de cada libro es $4. Si se vendieron 239 libros, ¿cuánto dinero se obtendrá en la venta?

Ⓐ $235

Ⓑ $243

Ⓒ $826

Ⓓ $956

17 En un refugio de animales se necesitan voluntarios. Si 245 niños y 304 niñas trabajan cada uno como voluntario durante 3 horas, ¿cuántas horas de voluntariado se realizaron?

Parte A

Identifica cualquier información excesiva que se da en el problema. Explica tu razonamiento.

Parte B

Resuelve el problema. Muestra tu trabajo.

© Houghton Mifflin Harcourt Publishing Company

 Nombre ______ Fecha ______

18 Elige una expresión que sea equivalente a 7×800. Marca todas las que correspondan.

Ⓐ $8 + (100 \times 7) + 10$

Ⓑ $(8 \times 7) \times (100 \times 1)$

Ⓒ $(7 \times 80) \times 10$

Ⓓ $(8 + 7) \times (100 + 1)$

19 Joe fabrica cinturones. Tiene 9 hebillas. Usa 12 remaches en cada uno de 4 cinturones y en otros 2 cinturones usa 15 remaches en cada uno. Le sobraron 22 remaches. ¿Cuántos remaches hay en los cinturones?

Parte A

Identifica cualquier información excesiva que se da en el problema.

Parte B

Resuelve el problema. Muestra tu trabajo.

20 Dibuja un modelo de área para $7 \times 5{,}432$. Luego, escribe una ecuación que se relacione con tu modelo.

Ecuación: ______ × ______ = ______

21 Para calcular 4×65, usa los números de las fichas y completa los pasos.

$4 \times 65 =$ ______ $\times (60 +$ ______$)$

$= (4 \times$ ______$) + (4 \times$ ______$)$

$=$ ______ $+ 20$

$=$ ______

4	5	9
60	64	84
240	260	

© Houghton Mifflin Harcourt Publishing Company

 Nombre Fecha

Comprar para una recolecta de ropa

La Sra. Liston y 9 de sus amigas compran ropa para donarla a una recolecta de ropa de invierno. La tienda vende diversos artículos de ropa. La tabla muestra los artículos que la Sra. Liston y sus amigas pueden comprar y el precio de cada uno de ellos.

Venta de Ropa

Artículo	Precio
Precio	$15
Camisa	$25
Jeans	$45
Suéter	$75
Abrigo	$99

1. La Sra. Liston tiene $259. ¿Es posible que gaste todo su dinero si compra un solo tipo de artículo en la tienda? ¿Cómo lo sabes?

2. ¿Cuáles son las 2 maneras diferentes en las que la Sra. Liston puede gastar $259 en la tienda?

3. Si la Sra. Liston y sus amigas gastan cada una $259 en la tienda, ¿cuánto dinero gastan en total? ¿Cómo lo sabes?

4. La Sra. Liston recolectó $1800 para la colecta de ropa. Compra 24 jeans y 24 suéteres. ¿Qué podría comprar con el dinero que le sobró? ¿Cómo lo sabes?

© Houghton Mifflin Harcourt Publishing Company

 Nombre ____ Fecha ____

La tienda coloca en oferta algunos artículos, como se muestra en la tabla.

Venta de ropa

Artículo	Precio original	Precio de oferta
Camisa	$15	$12
Jeans	$25	
Suéter	$45	$42
Botas	$75	$56
Abrigo	$99	

5. ¿Cómo influirían estos precios de oferta en lo que pudo haber comprado la Sra. Liston con $1,800? Explica.

6. A la Sra. Liston y sus amigas les gustaría comprar una camisa, un jean y un suéter para 32 personas. Organizarán una cena para recaudar el dinero que necesitan para comprar estos artículos en oferta. Planifican estimar el dinero que necesitan. ¿Les ayudará esto a tener una meta apropiada para su cena? Explica tu decisión.

7. Explica cómo escribir un problema en palabras que requiera multiplicación y suma y que se pueda resolver usando la información de la tabla. Plantea un problema en tu explicación.

© Houghton Mifflin Harcourt Publishing Company

Dear Family:

Your child is familiar with multiplication from earlier units. Unit 3 of *Math Expressions* extends the concepts used in multiplication to teach your child division. The main goals of this unit are to:

- Learn methods for dividing whole numbers up to four digits by one-digit divisors and up to three digits by two-digit divisors.
- Use estimates to check the reasonableness of answers.
- Solve problems involving division and remainders.

Your child will learn and practice techniques such as the Place Value Sections, Expanded Notation, and Digit-by-Digit methods to gain speed and accuracy in division.

Examples of Division Methods:

Place Value Sections Method

$60 + 6 = 66$

	60	6
5	330	30
	− 300	− 30
	30	0

Expanded Notation Method

$$\begin{array}{r} 6 \\ 60 \\ 5\overline{)330} \\ -300 \\ \hline 30 \\ -30 \\ \hline 0 \end{array} \quad \Big] \; 66$$

Digit-by-Digit Method

$$\begin{array}{r} 66 \\ 5\overline{)330} \\ -30 \\ \hline 30 \\ -30 \\ \hline 0 \end{array}$$

Your child may use whatever method he or she chooses as long as he or she can explain it. Some children like to use different methods.

Your child will also learn to interpret remainders in the context of the problem being solved; for example, when the remainder alone is the answer to a word problem.

Your child will apply this knowledge to solve mixed problems with one or more steps and using all four operations.

If you have questions or problems, please contact me.

Sincerely,
Your child's teacher

© Houghton Mifflin Harcourt Publishing Company

Estimada familia:

En unidades anteriores su niño se ha familiarizado con la multiplicación. La Unidad 3 de *Math Expressions* amplía los conceptos usados en la multiplicación para que su niño aprenda la división. Los objetivos principales de esta unidad son:

- aprender métodos para dividir números enteros de hasta cuatro dígitos por divisores de un dígito y hasta tres dígitos por divisores de dos dígitos.
- usar la estimación para comprobar si las respuestas son razonables.
- resolver problemas que requieran división y residuos.

Su niño aprenderá y practicará técnicas tales como las de Secciones de valor posicional, Notación extendida y Dígito por dígito, para adquirir rapidez y precisión en la división.

Ejemplos de métodos de división:

Secciones de valor posicional

```
      60 +    6 = 66
5 |  330  |  30  |
  | - 300 | - 30 |
     30       0
```

Notación extendida

```
    6 ┐
   60 ┘ 66
5)330
 -300
   30
  -30
    0
```

Dígito por dígito

```
   66
5)330
 - 30
   30
 - 30
    0
```

Su niño puede usar el método que elija siempre y cuando pueda explicarlo. A algunos niños les gusta usar métodos diferentes.

Su niño también aprenderá a interpretar los residuos en el contexto del problema que se esté resolviendo; por ejemplo, cuando solamente el residuo es la respuesta a un problema.

Su niño aplicará este conocimiento para resolver problemas mixtos de uno o más pasos, usando las cuatro operaciones.

Si tiene alguna pregunta o comentario, por favor comuníquese conmigo.

Atentamente,
El maestro de su niño

© Houghton Mifflin Harcourt Publishing Company

números compatibles	**sobrestimar**
dividendo	**cociente**
divisor	**residuo**

© Houghton Mifflin Harcourt Publishing Company

Hacer una estimación que es demasiado grande.

Números fáciles de calcular mentalmente.

Ejemplo:

$9\overline{)5{,}841}$ Algunos números compatibles para el divisor y el dividendo son 9 y 5,400 y 9 y 6,300.

Respuesta a un problema de división.

Ejemplo:

$\begin{array}{r} 7 \\ 9\overline{)63} \end{array}$

7 es el cociente.

Número que se divide en la división.

Ejemplo:

$\begin{array}{r} 7 \\ 9\overline{)63} \end{array}$

63 es el dividendo.

Número que sobra después de dividir dos números que no se dividen exactamente.

Ejemplo:

$\begin{array}{r} 8 \text{ R3} \\ 5\overline{)43} \end{array}$

El residuo es 3.

Número entre el cual se divide en la división.

Ejemplo:

$\begin{array}{r} 7 \\ 9\overline{)63} \end{array}$

9 es el divisor.

© Houghton Mifflin Harcourt Publishing Company

subestimar

© Houghton Mifflin Harcourt Publishing Company

Hacer una estimación que es muy pequeña.

© Houghton Mifflin Harcourt Publishing Company

Nombre ____________________

VOCABULARIO
divisor
cociente
dividendo
residuo

Vocabulario de la división y modelos

Aunque la multiplicación y la división son operaciones inversas, cada operación tiene su propio lenguaje.

Palabras de la multiplicación

3 ← Factor
× 4 ← Factor
12 ← Producto

Factor → 3
4)12 ← Producto
− 12
0

Palabras de la división

Divisor → 4
3 ← Cociente
4)12 ← Dividendo
− 12
0

Los modelos para la multiplicación y la división son los mismos modelos.

matriz

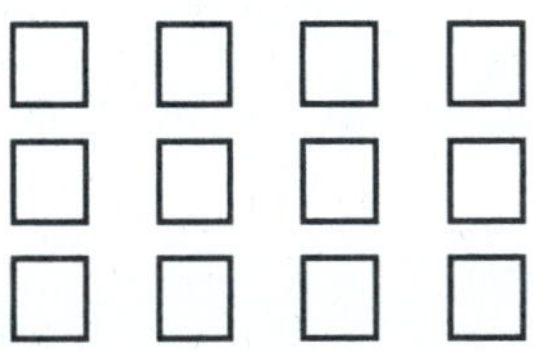

12 botellas sobre una mesa

$12 \div 3 =$ ______

$3 \times$ ______ $= 12$

filas y columnas

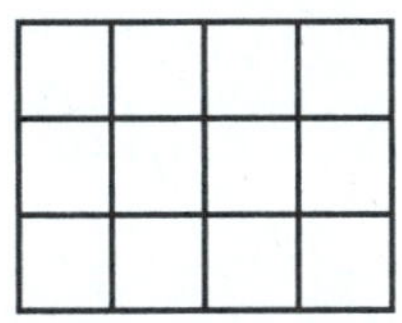

12 baldosas sobre una pared

$12 \div 3 =$ ______

$3 \times$ ______ $= 12$

modelo de área

___ pies

3 pies | 12 pies cuadrados

12 pies cuadrados de alfombra

$12 \div 3 =$ ______

$3 \times$ ______ $= 12$

Comentar los residuos

Algunas veces cuando divides, algunos sobran. La cantidad sobrante se llama el **residuo**.

Si tienes 14 cajas de jugos ordenados en grupos de 3, ¿cuántas cajas de jugos sobrarán?

4 R2
3)14
− 12
2 ← 2 sobran. 2 es el residuo.

Compara el divisor y el residuo. El residuo debe ser menor que el divisor.

$2 < 3$, así que el residuo es correcto.

Multiplica para verificar la división. Suma el residuo.

$4 \times 3 = 12$

$12 + 2 = 14$

© Houghton Mifflin Harcourt Publishing Company

Dividir con residuos

El residuo debe ser menor que el divisor.
Si no lo es, aumenta el cociente.

$$\begin{array}{r} 3 \\ 5\overline{)23} \\ \underline{-15} \\ 8 \text{ no} \end{array} \longrightarrow \begin{array}{r} 4 \text{ R3} \\ 5\overline{)23} \\ \underline{-20} \\ 3 \text{ sí} \end{array}$$

$8 > 5$ $3 < 5$

$$\begin{array}{r} 8 \\ 9\overline{)87} \\ \underline{-72} \\ 15 \text{ no} \end{array} \longrightarrow \begin{array}{r} 9 \text{ R6} \\ 9\overline{)87} \\ \underline{-81} \\ 6 \text{ sí} \end{array}$$

$15 > 9$ $6 < 9$

Divide con residuos.

1. $2\overline{)19}$
2. $7\overline{)50}$
3. $9\overline{)48}$

Divide. Multiplica para verificar el último problema en cada fila.

4. $6\overline{)27}$
5. $4\overline{)30}$
6. $\begin{array}{r} 5 \text{ R4} \\ 7\overline{)39} \\ \underline{-35} \\ 4 \end{array}$ $7 \cdot 5 + 4 =$ $35 + 4 = 39$
7. $8\overline{)43}$
8. $5\overline{)26}$
9. $9\overline{)41}$
10. $5\overline{)32}$
11. $4\overline{)21}$
12. $3\overline{)22}$

© Houghton Mifflin Harcourt Publishing Company

Nombre ______________________________

Multiplicar y dividir con ceros

Cuando multiplicas o divides con ceros, puedes ver un patrón.

$4 \times 1 = 4$ $4 \times 10 = 40$ $4 \times 100 = 400$ $4 \times 1{,}000 = 4{,}000$	$4 \div 4 = 1$ $40 \div 4 = 10$ $400 \div 4 = 100$ $4{,}000 \div 4 = 1{,}000$

$7 \times 5 = 35$ $7 \times 50 = 350$ $7 \times 500 = 3{,}500$ $7 \times 5{,}000 = 35{,}000$	$35 \div 7 = 5$ $350 \div 7 = 50$ $3{,}500 \div 7 = 500$ $35{,}000 \div 7 = 5{,}000$

13 ¿Qué patrón observas cuando multiplicas con ceros?

____

____

14 ¿Qué patrón observas cuando divides con ceros?

____

____

Calcula el factor desconocido. Multiplica para verificar la división.

15 $4\overline{)320}$ 4 • ______ = 320

16 $6\overline{)420}$ 6 • ______ = 420

17 $7\overline{)49}$ 7 • ______ = 49

18 $3\overline{)1{,}800}$ 3 • ______ = 1,800

19 $5\overline{)4{,}500}$ 5 • ______ = 4,500

20 $9\overline{)3{,}600}$ 9 • ______ = 3,600

21 $6\overline{)3{,}000}$ 6 • ______ = 3,000

22 $5\overline{)4{,}000}$ 5 • ______ = 4,000

© Houghton Mifflin Harcourt Publishing Company

Dividir con ceros y residuos

Divide. Multiplica para verificar tu respuesta.

23. $\begin{array}{r} 300 \text{ R}6 \\ 7\overline{)2{,}106} \\ -2{,}100 \\ \hline 6 \end{array}$

24. $8\overline{)643}$

25. $9\overline{)275}$

26. $2\overline{)1{,}601}$

27. $3\overline{)1{,}802}$

28. $4\overline{)2{,}803}$

29. $5\overline{)4{,}503}$

30. $6\overline{)4{,}205}$

© Houghton Mifflin Harcourt Publishing Company

Comprobar la comprensión

Haz un dibujo para mostrar $4\overline{)14}$. Tu dibujo debe mostrar una matriz y un residuo.

Nombre ______________________________

Multiplicar y dividir

Completa los pasos.

1 Sam divide 7378 entre 6. Él usa el método de valor posicional por secciones y el método de notación desarrollada.

a. Sam piensa: Dibujaré las secciones de valor posicional que conozco de la multiplicación. Para dividir, necesito calcular cuántas centenas, decenas y unidades se necesitan para calcular el factor desconocido.

Método de valor posicional por secciones **Método de notación desarrollada**

__centenas + __decenas + __unidades

	__00	__0	__
6	738		

6)738

b. 6 × 100 = 600 cabrá. 6 × 200 = 1,200 es demasiado grande.

	__00 +	__0 +	__
6	738		

6)738

c. Tengo 138 sobrantes de otras secciones.
6 × 20 = 120 cabrá. 6 × 30 = 180 es demasiado grande.

	100 +	__0 +	__
6	738 −600 138 →	138	

```
   100
6 )738
 − 600
   138
```

d. 6 × 3 = 18

	100 +	20 +	__ = ______
6	738 −600 138 →	138 −120 18 →	18 0

```
    20 ]
   100 ]
6 )738
 − 600
   138
 − 120
    18
```

© Houghton Mifflin Harcourt Publishing Company

Practicar con el método de secciones de valor posicional

Resuelve. Usa el método de valor posicional por secciones para la división.

El área de una acera rectangular nueva en el centro comercial será de 3,915 pies cuadrados. Ésta será de 9 pies de ancho. ¿Cuánto medirá de largo? 435 pies

400 + 30 + 5 = 435

9 ft	3,915 −3,600	315 −270	45 −45
	315	45	0

2. La acera rectangular en el teatro tendrá un área de 2,748 pies cuadrados. Ésta será de 6 pies de ancho. ¿Cuánto medirá de largo? ______

_00 + _0 + _ = ____

3. Unos bolígrafos son empaquetados en cajas de 8. La tienda recibió un envío de 4,576 bolígrafos. ¿Cuántas cajas de bolígrafos recibieron? ______

_00 + _0 + _ = ____

4. Una fábrica tiene 2,160 borradores. Los empaquetan en grupos de 5. ¿Cuántos paquetes de borradores tiene la fábrica? ______

__ + __ + _ = ____

5. Una planificadora de eventos tiene 834 flores pequeñas para hacer recuerdos de fiesta. Pondrá 3 flores en cada favor de fiesta. ¿Cuántos recuerdos de fiesta puede hacer? ______

__ + __ + _ = ____

6. Un artista tiene 956 mosaicos para usar en un diseño. Piensa ordenar los mosaicos en grupos de 4 mosaicos. ¿Cuántos grupos de 4 mosaicos puede hacer? ______

__ + __ + _ = ____

© Houghton Mifflin Harcourt Publishing Company

Nombre ______________________________

Resolución de problemas con cocientes de tres dígitos

Resuelve usando el método de notación desarrollada para la división.

7. Una compañía de juguetes tiene 740 juegos para donar a diferentes escuelas. Cada escuela recibirá 4 juegos. ¿Cuántas escuelas recibirán juegos? ____________

8. Un paisajista diseña un jardín rectangular de 1,232 pies cuadrados. Éste mide 8 pies de ancho. ¿Cuánto mide el jardín de largo? ____________

9. El centro de convenciones espera 1,434 personas para un evento. Sabiendo que en cada mesa se pueden sentar 6 personas, ¿cuántas mesas necesitará arreglar el centro de convenciones?

____

10. Un león adulto pesa 375 libras. Un león cachorro pesa 3 libras. ¿Cuántas veces el peso de un león cachorro es el peso de un león adulto?

____

© Houghton Mifflin Harcourt Publishing Company

Practicar con el método de notación desarrollada

Resuelve usando el método de notación desarrollada para la división.

11 $3\overline{)552}$

12 $7\overline{)851}$

13 $2\overline{)978}$

14 $4\overline{)979}$

15 $3\overline{)1{,}098}$

16 $5\overline{)2{,}945}$

17 $7\overline{)1{,}652}$

18 $6\overline{)3{,}938}$

Comprobar la comprensión
Explica cómo relacionar la multiplicación con la división usando el método de valor posicional por secciones y el método de notación desarrollada.

© Houghton Mifflin Harcourt Publishing Company

Nombre ______________________________

Cocientes de dos dígitos y cuatro dígitos

Resuelve. Usa los métodos de valor posicional por secciones y de notación desarrollada para la división.

1

20 + 8 = 28

9	252 − 180	72 − 72
	72	0

9)252

2

_0 + _ = __

6	162	

6)162

3

_,000 + _00 + _0 + _ = ____

8	8,984			

8)8,984

4

_,000 + _00 + _0 + _ = ____

3	7,722			

3)7,722

© Houghton Mifflin Harcourt Publishing Company

Calcular el tamaño del grupo

5 Un distribuidor de frutas tiene 516 manzanas listas para entregar. Cada uno de los 4 cajones tiene el mismo número de manzanas. ¿Cuántas manzanas hay en cada cajón?

$516 \div 4 = ?$

$4\overline{)516}$

Divide 5 centenas, 1 decena y 6 unidades igualmente entre los 4 grupos.

Completa los pasos.

Paso 1

4 grupos

1 centena
1 centena
1 centena
1 centena

5 centenas ÷ 4

Cada grupo obtiene 1 centena. Sobra 1 centena.

$$\begin{array}{r} 1 \\ 4\overline{)516} \\ -\ 4 \\ \hline 1 \end{array}$$

Reagrupa 1 centena.

10 decenas + 1 decena =

11 ________

$$\begin{array}{r} 1 \\ 4\overline{)516} \\ -\ 4 \\ \hline 11 \end{array}$$

Paso 2

4 grupos

1 centena + 2 decenas
1 centena + 2 decenas
1 centena + 2 decenas
1 centena + 2 decenas

11 decenas ÷ 4

Cada grupo obtiene 2 decenas. Sobran 3 ________.

$$\begin{array}{r} 12 \\ 4\overline{)516} \\ -\ 4 \\ \hline 11 \\ -\ 8 \\ \hline 3 \end{array}$$

Reagrupa 3 decenas.

30 unidades + 6 unidades

= ________ unidades

$$\begin{array}{r} 12 \\ 4\overline{)516} \\ -\ 4 \\ \hline 11 \\ -\ 8 \\ \hline 36 \end{array}$$

Paso 3

4 grupos

1 centena + 2 decenas + 9
1 centena + 2 decenas + 9
1 centena + 2 decenas + 9
1 centena + 2 decenas + 9

36 unidades ÷ 4

Cada grupo obtiene 9 unidades. Sobran ________ unidades.

$$\begin{array}{r} 129 \\ 4\overline{)516} \\ -\ 4 \\ \hline 11 \\ -\ 8 \\ \hline 36 \\ -\ 36 \\ \hline 0 \end{array}$$

Hay ________ manzanas en cada cajón.

© Houghton Mifflin Harcourt Publishing Company

Nombre ______________________________

Practicar

Divide.

6. $4\overline{)868}$

7. $6\overline{)5,142}$

8. $3\overline{)4,395}$

9. $4\overline{)332}$

10. $7\overline{)1,617}$

11. $7\overline{)939}$

12. $2\overline{)4,276}$

13. $6\overline{)2,576}$

14. $7\overline{)441}$

15. $9\overline{)3,735}$

16. $7\overline{)406}$

17. $3\overline{)9,954}$

© Houghton Mifflin Harcourt Publishing Company

Problemas de división

Resuelve.

Muestra tu trabajo.

18 ¿Cuál es la longitud de un rectángulo con un área de 756 centímetros cuadrados y un ancho de 4 centímetros?

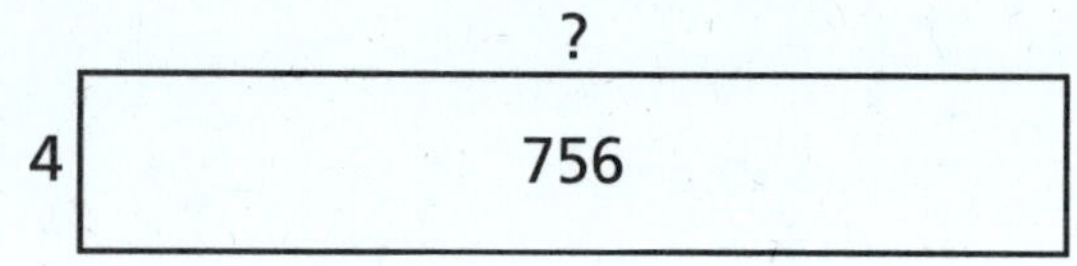

____

19 En una feria de campo, hay 7 puestos que venden boletos de rifas. En un día, se vendieron 4,592 boletos. Cada puesto vendió el mismo número de boletos. ¿Cuántos boletos vendió cada puesto?

____

20 Una parte de un estadio de fútbol de la ciudad tiene 5,688 asientos. Los asientos están ordenados en 9 secciones. Cada sección tiene el mismo número de asientos. ¿Cuántos asientos hay en cada sección?

____

21 Un museo de arte tiene un total de 475 pinturas colgando en 5 salas de exposición diferentes. Si cada cuarto tiene un mismo número de pinturas, ¿cuántas pinturas hay en cada cuarto?

____

22 Un aparcamiento tiene capacidad para 762 carros. El mismo número de carros puede aparcar en cada piso. Hay 6 pisos. ¿Cuántos carros pueden aparcar en cada piso?

____

© Houghton Mifflin Harcourt Publishing Company

Comprobar la comprensión

Para el Problema 22, dibuja un modelo como el de tres pasos que se muestra en la página 146.

Nombre ______________________________

El método dígito por dígito

1 Supón que Judith quiere dividir 948 entre 4. Sabe cómo usar el método de valor posicional por secciones y el método de notación desarrollada, pero no quiere escribir todos los ceros.

Método de valor posicional por secciones

	200 +	30 +	7 = 237
4	948 − 800	148 − 120	28 − 28
	148	28	0

Método de notación desarrollada

$$\begin{array}{r} 7\\ 30\\ 200 \end{array} \Big] \; 237$$

$$\begin{array}{r} 4\overline{)948}\\ -800\\ \hline 148\\ -120\\ \hline 28\\ -28\\ \hline 0 \end{array}$$

Judith piensa: Veré los valores posicionales en orden descendiente. Imaginaré ceros en las otras posiciones, pero no necesito pensar en ellos hasta que esté lista para dividir en esa posición.

Paso 1: Observa el mayor valor posicional primero. Divide las centenas. Luego resta.

9 centenas ÷ 4 = 2 centenas + sobra 1 centena

$$\begin{array}{r} 2\\ 4\overline{)948}\\ -8\\ \hline 1 \end{array}$$

Paso 2: Baja el 4. Divide las decenas. Luego resta.

14 decenas ÷ 4 = 3 decenas + sobran 2 decenas

$$\begin{array}{r} 23\\ 4\overline{)948}\\ -8\downarrow\\ \hline 14\\ -12\\ \hline 2 \end{array}$$

Paso 3: Baja el 8. Divide las unidades. Luego resta.

28 unidades ÷ 4 = 7 unidades

$$\begin{array}{r} 237\\ 4\overline{)948}\\ -8\\ \hline 14\\ -12\downarrow\\ \hline 28\\ -28\\ \hline 0 \end{array}$$

© Houghton Mifflin Harcourt Publishing Company

¿Cuál es el error?

Queridos estudiantes de matemáticas,

Aquí está un problema de división que traté de resolver.

$$\begin{array}{r} 5{,}796 \\ 3\overline{)1{,}738} \\ -15 \\ \hline 23 \\ -21 \\ \hline 28 \\ -27 \\ \hline 18 \\ -18 \\ \hline 0 \end{array}$$

¿Es correcta mi respuesta? Si no es así, por favor ayúdenme a entender por qué es incorrecta.

Gracias,
Pingüino Confundido

2 Escribe una respuesta al Pingüino Confundido.

____

____

____

Resuelve. Usa el método de dígito por dígito.

3 $4\overline{)3{,}036}$

4 $7\overline{)5{,}292}$

5 $6\overline{)853}$

© Houghton Mifflin Harcourt Publishing Company

Nombre ____________________

Practicar

Divide.

6. $5\overline{)965}$

7. $8\overline{)128}$

8. $8\overline{)928}$

9. $3\overline{)716}$

10. $4\overline{)4{,}596}$

11. $4\overline{)982}$

12. $3\overline{)6{,}342}$

13. $8\overline{)578}$

14. $5\overline{)1{,}155}$

15. $6\overline{)3{,}336}$

16. $7\overline{)672}$

17. $3\overline{)4{,}152}$

© Houghton Mifflin Harcourt Publishing Company

Resolver problemas de división

Escribe una ecuación para representar el problema. Luego, resuelve.

Muestra tu trabajo.

18 ¿Cuál es la longitud de un rectángulo con un área de 528 centímetros cuadrados y un ancho de 6 centímetros?

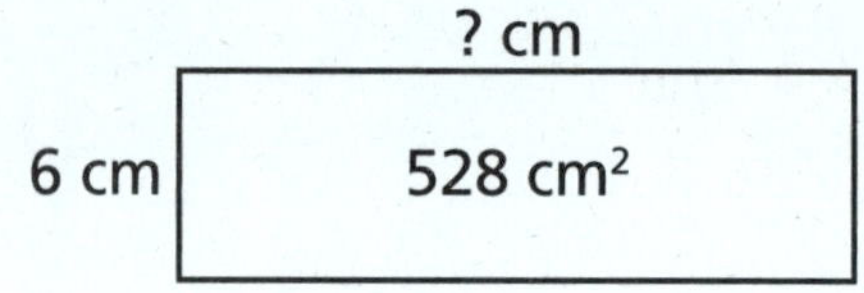

____

19 Un libro de cocina tiene 414 recetas. Hay 3 recetas en cada página. ¿Cuántas páginas hay en el libro de cocina?

____

20 Un autobús viaja en la misma ruta una vez al día por 5 días. Al terminar el quinto día, el autobús ha viajado 435 millas. ¿Cuántas millas viajó el autobús cada día?

____

21 La señorita Tyler coloca un recipiente de canicas en cada mesa de 6 estudiantes. Los estudiantes deben compartir las canicas igualmente con los estudiantes de sus mesas. Si hay 714 canicas en el recipiente, ¿cuántas canicas debe recibir cada estudiante?

____

22 La librería de libros usados de Sam organiza sus libros en estantes de exposición. Tienen 976 libros y quieren mostrar 8 libros en cada estante. ¿Cuántos estantes llenarán los libros?

____

© Houghton Mifflin Harcourt Publishing Company

Comprobar la comprensión

Describe cómo resolver un problema de división usando el método de dígito por dígito.

Nombre ______________________________

Comparar métodos

Ellie, José y Wanda usan cada uno su método favorito para resolver 1,194 ÷ 5. Comenta los métodos.

El método de valor posicional por secciones de Ellie

200 + 30 + 8 = 238 R4

5	1,194	194	44
	−1,000	−150	−40
	194	44	4

El método de notación desarrollada de José

```
  8 ┐
 30 │ 238 R4
200 ┘
5)1,194
 − 1,000
     194
   − 150
      44
    − 40
       4
```

El método de dígito por dígito de Wanda

```
  238 R4
5)1,194
 − 1 0
    19
  − 15
    44
  − 40
     4
```

Usa cualquier método para resolver.

1. 3,248 ÷ 5 = ____________

2. 5,847 ÷ 6 = ____________

Resuelve. Usa cualquier método.

3. 5)8,435

4. 3)2,604

5. 4)6,738

6. 5)9,714

© Houghton Mifflin Harcourt Publishing Company

Practicar la división

Usa cualquier método para resolver.

7. $6\overline{)2{,}238}$
8. $5\overline{)2{,}431}$
9. $7\overline{)2{,}198}$
10. $8\overline{)2{,}512}$
11. $4\overline{)5{,}027}$
12. $5\overline{)5{,}624}$
13. $9\overline{)3{,}631}$
14. $6\overline{)6{,}305}$

¿Cuál es el error?

Queridos estudiantes de matemática,

Este es un problema de mi tarea de matemática. Mi maestro dice que mi respuesta no es correcta, pero no puedo encontrar qué hice mal. ¿Pueden ayudarme a encontrar y corregir mi error?

Tu amigo,
Pingüino Confundido

$$\begin{array}{r} 7{,}069 \text{ R2} \\ 5\overline{)3{,}847} \\ -\,35 \\ \hline 34 \\ -\,30 \\ \hline 47 \\ -\,45 \\ \hline 2 \end{array}$$

15. Escribe una respuesta al Pingüino Confundido.

© Houghton Mifflin Harcourt Publishing Company

Comprobar la comprensión

Describe las ventajas y desventajas de los tres métodos de división usados en esta lección.

Nombre ______________________________

Practicar la división

Usa cualquier método para resolver.

1. $8\overline{)960}$
2. $4\overline{)632}$
3. $7\overline{)809}$
4. $5\overline{)736}$
5. $4\overline{)3{,}068}$
6. $3\overline{)6{,}206}$
7. $2\overline{)6{,}476}$
8. $6\overline{)8{,}825}$

Resolver problemas de división

9. Un ayudante en la tienda de la escuela sugiere vender cuadernos en paquetes de 4. ¿Cuántos paquetes de 4 pueden hacerse con 192 cuadernos?

____

10. Otro ayudante sugiere vender cuadernos en paquetes de 6. ¿Cuántos paquetes de 6 pueden hacerse con 192 cuadernos?

____

11. La tienda venderá cada paquete de cuadernos por $3.00.

   a. ¿Cuál sería un mejor negocio para los estudiantes, paquetes de 4 o paquetes de 6?

   ____

   ____

   b. ¿Cuál tamaño de paquete haría más dinero para la tienda?

   ____

   ____

© Houghton Mifflin Harcourt Publishing Company

Resolver problemas de división (continuación)

Otro ayudante en la tienda de la escuela sugiere hacer paquetes de 7 u 8 cuadernos.

Muestra tu trabajo.

12. ¿Cuántos paquetes de 7 cuadernos pueden hacerse con 896 cuadernos? ____________________

13. ¿Cuántos paquetes de 8 cuadernos pueden hacerse con 896 cuadernos? ____________________

14. La tienda venderá cada paquete de cuadernos por $6.00.

    a. ¿Preferirías comprar un paquete de 7 cuadernos o un paquete de 8 cuadernos? Explica.

    ____

    ____

    b. ¿Cuáles paquetes ganarían más dinero para la tienda, los de 7 cuadernos o los de 8 cuadernos? Explica.

    ____

    ____

15. Los estudiantes en la Walnut Street School recolectaron 2,790 latas para un centro de reciclaje. Cada estudiante aportó 5 latas. ¿Cuántos estudiantes van a la escuela?

    ____

16. Un cubo puede hacerse de 6 tarjetas cuadradas del mismo tamaño. ¿Cuántos cubos pueden hacerse de 7,254 tarjetas?

    ____

17. En una fábrica hay 5,896 cuentas en un barril. Estas cuentas serán vendidas en paquetes de 4. ¿Cuántos paquetes completos pueden hacerse de las cuentas en el barril?

    ____

© Houghton Mifflin Harcourt Publishing Company

Comprobar la comprensión

Resuelve el problema 6,584 ÷ 8 usando cualesquiera de los métodos comentados en esta lección. Explica tus pasos. ______

Prueba rápida 1 de la Unidad 3

Nombre ______________________ Fecha ______________

Usa cualquier método para resolver.

1. $3\overline{)684}$

2. $7\overline{)926}$

3. $6\overline{)7{,}281}$

Resuelve.

Muestra tu trabajo.

4. Khalil llenó un álbum con 104 postales. Si hay 4 postales en cada página, ¿cuántas páginas hay en el álbum?

____

5. Los silbatos están en paquetes de 8 en una tienda de deportes. ¿Cuántos paquetes pueden hacerse con 336 silbatos?

____

© Houghton Mifflin Harcourt Publishing Company

Nombre ______________________ Fecha ______________

Camino al conocimiento

Suma o resta.

1.
$$\begin{array}{r} 909 \\ -\ 747 \\ \hline \end{array}$$

2.
$$\begin{array}{r} 488,927 \\ -\ 99,274 \\ \hline \end{array}$$

3.
$$\begin{array}{r} 33,876 \\ +\ 15,788 \\ \hline \end{array}$$

4.
$$\begin{array}{r} 631 \\ -\ 400 \\ \hline \end{array}$$

5.
$$\begin{array}{r} 90,639 \\ -\ 87,392 \\ \hline \end{array}$$

6.
$$\begin{array}{r} 400,672 \\ -\ 272,115 \\ \hline \end{array}$$

7.
$$\begin{array}{r} 134,919 \\ +\ 92,683 \\ \hline \end{array}$$

8.
$$\begin{array}{r} 7,891 \\ +\ 1,423 \\ \hline \end{array}$$

9.
$$\begin{array}{r} 9,152 \\ -\ 6,001 \\ \hline \end{array}$$

10.
$$\begin{array}{r} 79,153 \\ -\ 6,881 \\ \hline \end{array}$$

11.
$$\begin{array}{r} 5,634 \\ +\ 625 \\ \hline \end{array}$$

12.
$$\begin{array}{r} 493 \\ +\ 406 \\ \hline \end{array}$$

13.
$$\begin{array}{r} 64,822 \\ +\ 6,342 \\ \hline \end{array}$$

14.
$$\begin{array}{r} 2,716 \\ -\ 1,391 \\ \hline \end{array}$$

15.
$$\begin{array}{r} 338 \\ +\ 491 \\ \hline \end{array}$$

© Houghton Mifflin Harcourt Publishing Company

Nombre ____________________

¿Cuál es el error?

Queridos estudiantes de matemática,

Comencé a resolver este problema de división y me di cuenta que había un problema. Algunos amigos sugirieron diferentes maneras de corregirlo.

Tu amigo,
Pingüino Confundido

```
     7
 4)3,476
  −2 8
     6
```

Jacob sugirió que el Pingüino Confundido borre el 7 y escriba 8 en su lugar. El Pingüino confundido también necesitaría borrar los cálculos y hacerlos de nuevo.

```
     8
 4)3,476
  −3 2
     2
```

Fred le dijo al Pingüino Confundido que tachara el 7 y escribiera 8 sobre él. El siguiente paso sería restar un 4 más.

```
     8
     7̶
 4)3,476
  −2 8
     6
   − 4
```

Amad le mostró al Pingüino Confundido cómo usar el método de notación desarrollada y simplemente continuar.

```
     100
     700
 4)3,476
  −2,800
     676
   − 400
     276
```

Kris le mostró al Pingüino Confundido cómo, con el método de secciones de valores posicionales, puede sumarse otra sección.

	700 +	100
4	3,476 −2,800	676 −400
	676	276

1 ¿Cuál era el problema del Pingüino Confundido?

____

2 Comenta las soluciones anteriores. ¿Qué amigo estuvo en lo correcto?

____

© Houghton Mifflin Harcourt Publishing Company

Ceros en los cocientes

3 $6\overline{)1,842}$ 4 $8\overline{)5,125}$ 5 $4\overline{)4,152}$ 6 $5\overline{)9,522}$

7 $3\overline{)7,531}$ 8 $2\overline{)4,018}$ 9 $4\overline{)8,200}$ 10 $7\overline{)9,102}$

11 Cameron tiene una colección de 436 carros de miniatura que expone sobre 4 estantes en una biblioteca. Si los carros son divididos igualmente entre los estantes, ¿cuántos carros hay en cada estante?

Muestra tu trabajo.

____

12 La compañía Tropical Tour tiene 2,380 folletos para distribuir igualmente entre sus 7 hoteles turísticos. ¿Cuántos folletos recibirá cada hotel?

____

13 Una fábrica empaqueta 8,440 botellas de agua en cajas cada día. Si cada caja contiene 8 botellas, ¿cuántas cajas llenas de agua puede empaquetar la fábrica en un día?

____

© Houghton Mifflin Harcourt Publishing Company

Comprobar la comprensión

Describe cómo ajustarías un cociente cuando un dígito estimado es muy pequeño.

Nombre ______________________

Verificar cocientes con el redondeo y la estimación

El redondeo y la estimación pueden ser usados para verificar respuestas. Repasa tus destrezas para redondear y luego aplica lo que sabes en los problemas de división.

Usa el redondeo y la estimación para decidir en qué caso el cociente tiene sentido.

1. $\begin{array}{r} 18\text{ R2} \\ 3\overline{)56} \end{array}$

2. $\begin{array}{r} 92\text{ R3} \\ 5\overline{)463} \end{array}$

3. $\begin{array}{r} 928 \\ 6\overline{)5{,}568} \end{array}$

4. $\begin{array}{r} 129\text{ R4} \\ 7\overline{)907} \end{array}$

Practicar dividiendo y estimando

Resuelve usando cualquier método. Luego verifica tu respuesta redondeando y estimando.

5. $7\overline{)59}$

6. $3\overline{)72}$

7. $6\overline{)83}$

8. $7\overline{)628}$

9. $7\overline{)805}$

10. $8\overline{)869}$

11. $2\overline{)2{,}986}$

12. $6\overline{)4{,}652}$

13. $7\overline{)7{,}310}$

© Houghton Mifflin Harcourt Publishing Company

Estimación o respuesta exacta

Algunos problemas requieren una respuesta exacta.
Otros requieren sólo una estimación.

Respuesta exacta Si un problema pide una respuesta exacta, entonces tendrás que hacer los cálculos. **Ejemplo:** La cafetería de la escuela prepara 3,210 almuerzos cada semana. El mismo número de almuerzos son preparados 5 días cada semana. ¿Cuántos almuerzos se preparan cada día? Comenta por qué piensas que este problema requiere una respuesta exacta.	**Estimación** Si un problema pide una respuesta cercana y usa *alrededor de, aproximadamente, casi, o cerca de*, entonces puedes estimar. **Ejemplo:** Milo tiene que leer un libro de 229 páginas. Tiene 8 días para terminarlo. ¿Alrededor de cuántas páginas debe leer cada día? Comenta por qué una estimación y no una respuesta exacta es apropiada.

Decide en qué caso necesitas una respuesta exacta o una estimación. Luego calcula la respuesta.

14 Sam compró una tabla de 72 pulgadas de largo para hacer estantes de libros. Quiere cortar la tabla en tres piezas iguales y usar cada una para un estante. ¿Cuánto medirá de largo cada estante?

____

15 La madre de Carl horneó 62 panecillos para la clase de Carl. Hay 18 personas en la clase, incluyendo el maestro. ¿Alrededor de cuántos panecillos debe recibir cada persona?

____

16 Cada estante de 24 pulgadas puede sostener alrededor de 10 libros. ¿Aproximadamente de cuántas pulgadas de ancho es cada libro?

____

17 Malcom quiere comprar 3 boletos de tren. Cada boleto cuesta $45. ¿Cuánto dinero necesitará?

____

© Houghton Mifflin Harcourt Publishing Company

Comprobar la comprensión
Describe un método de redondeo que usaste para estimar respuestas en esta lección.

Nombre ______________________

Diferentes tipos de residuos

Los residuos en la división tienen diferentes significados, según el tipo de problema que resuelves.

$$\begin{array}{r} 2\text{ R1} \\ 4\overline{)9} \\ -\,8 \\ \hline 1 \end{array}$$

La misma solución numérica que se muestra a la derecha funciona para los siguientes cinco problemas. Describe por qué el residuo significa algo diferente en cada problema.

A. **El residuo no es parte de la pregunta.** Thomas tiene una tabla de pino de 9 pies. Necesita hacer 4 estantes de 4 pies para sus libros. ¿Cuántos estantes puede cortar?

B. **El residuo hace que la respuesta se redondee hacia arriba.** Nueve estudiantes van a un viaje de campo. Los padres se ofrecieron para manejar. Si cada padre puede llevar 4 estudiantes, ¿cuántos padres necesitan manejar?

C. **El residuo es una parte fraccional de la respuesta.** El lunes Kim llevó 9 manzanas a la escuela. Las compartió igualmente entre 3 amigos y ella. ¿Cuántas manzanas se lleva cada persona?

D. **El residuo es una parte decimal de la respuesta.** Raul compró 4 carros de juguete por $9.00. Cada carro cuesta el mismo precio. ¿Cuánto costó cada carro?

E. **El residuo es la única parte necesaria para responder la pregunta.** Nueve estudiantes se inscribieron para correr una carrera de relevos. Si cada equipo de relevo puede tener 4 corredores, ¿cuántos estudiantes no pueden correr en la carrera?

© Houghton Mifflin Harcourt Publishing Company

Comentar problemas reales de división

Resuelve. Luego comenta el significado del residuo.

1. Maddie trató de dividir 160 etiquetas engomadas igualmente entre 5 amigos y ella. Hubo algunas etiquetas engomadas que sobraron y se las llevó. ¿Cuántas etiquetas engomadas se llevó Maddie?

2. Kendra compró una bolsa de 200 galletas para su clase. Si cada estudiante se llevó 7 galletas, ¿cuántos estudiantes hay? ¿Cuántas galletas sobran?

3. Jerry compró estantes para sostener los 132 DVD en su colección. En cada estante caben 8 DVD. ¿Cuántos estantes llenos tendrá Jerry?

4. Racheed tenía 87 monedas de 1¢. Los dividió igualmente entre sus 4 hermanas. ¿Cuántas monedas de 1¢ le sobraron a Racheed después de compartir con sus hermanas?

5. Mara quiere comprar algunas cajas de lápices nuevos para su colección de lápices. Tiene 47 lápices. Si cada caja de lápices contiene 9 lápices, ¿cuántas cajas de lápices necesita comprar Mara?

6. La alcancía de Henry tiene solo monedas de cinco centavos. Henry lleva $4.42 al banco para cambiarlos solo por monedas de cinco centavos. ¿Cuántas monedas de cinco centavos se llevará del banco?

© Houghton Mifflin Harcourt Publishing Company

Comprobar la comprensión

¿Cómo sabes qué hacer con el residuo cuando divides?

Nombre ____________________

Problemas mixtos de un paso

Las clases de cuarto y quinto grado de la escuela elemental Jackson asistieron a una feria de invierno divertida. Todos los estudiantes en la escuela fueron invitados.

Decide qué operación necesitas usar para resolver cada problema. Luego resuelve el problema.

1. Dos estudiantes de cada clase de cuarto y quinto grado estuvieron en el comité organizador. Si hubo un total de 14 clases para los dos grados, ¿cuántos estudiantes planificaron el carnaval?

   ____

   ____

2. Para promocionar el carnaval, los estudiantes decoraron 4 carteleras de los pasillos. Comenzaron con 2,025 hojas de papel coloreadas. Cuando terminaron, les quedaron 9 hojas. ¿Cuántas hojas de papel usaron?

   ____

   ____

3. Los padres ordenaron pizzas para servir en el carnaval. Cada pizza fue cortada en 8 pedazos. ¿Cuántas pizzas hubo que ordenar para que 1,319 personas pudieran comer un pedazo?

   ____

   ____

4. Hubo 822 estudiantes que se inscribieron para correr en carreras de tiempo. Si exactamente 6 estudiantes corrieron en cada carrera, ¿cuántas carreras hubo?

   ____

   ____

5. En el puesto de la rifa, cada uno de los 364 estudiantes de cuarto grado compró un boleto para ganar un kit de artículos escolares nuevo. Solo 8 estudiantes de quinto grado compró cada uno un boleto. ¿Cuántos estudiantes compraron boletos de rifas en total?

   ____

   ____

6. En total, 1,263 estudiantes fueron inscritos desde el primero hasta el quinto grado en la escuela Jackson. En el día del carnaval, 9 estudiantes faltaron. ¿Cuántos estudiantes pudieron haber participado en las actividades del carnaval?

   ____

   ____

© Houghton Mifflin Harcourt Publishing Company

Problemas mixtos de varios pasos

Resuelve estos problemas sobre los días de juego de la escuela Pine Street.

7. Al comienzo de los juegos, 193 estudiantes de cuarto grado se inscribieron para jugar en tres eventos. Ochenta y siete participaron en el primer evento. El resto de los estudiantes fueron equitativamente divididos entre el segundo y el tercer evento. ¿Cuántos estudiantes participaron en el tercer evento?

8. Tres equipos apilaron vasos de papel en pirámides. Cada equipo tenía 176 vasos para usar. El equipo 1 usó exactamente la mitad de los vasos. El equipo 2 usó cuatro veces los que usó el equipo 3. El equipo 3 usó 32 vasos. ¿Cuál equipo apiló más vasos?

9. Un equipo de cada escuela tuvo 250 pelotas de espuma y un balde. El equipo de Jackson hundió 6 pelotas menos que el equipo de Pine Street. El equipo de Pine Street hundió todas sus pelotas menos 8. ¿Cuántas pelotas hundieron los dos equipos en total?

10. Cuando terminó el día, todos ganaron por lo menos una medalla y 32 estudiantes se llevaron 2 medallas cada uno. En total se entregaron 194 medallas, tanto de oro, como de plata y bronce. ¿Cuántos estudiantes participaron en los juegos?

© Houghton Mifflin Harcourt Publishing Company

✓ Comprobar la comprensión

En el Problema 8, calcula qué equipo apiló la mayor cantidad de vasos si cada equipo tenía 260 vasos para usar.

Nombre ______________________________

La división y los parques de diversiones

Hay muchas cosas que hacer en un parque de diversiones: subirse a las montañas rusas, participar en varios juegos, probar nuevas comidas. A muchas personas les gusta montarse en las montañas rusas cuando van al parque de diversiones.

Las tres montañas rusas más altas del mundo están en los Estados Unidos. Una de las montañas rusas más altas mide 456 pies de alto y está ubicada en Jackson, New Jersey.

© Houghton Mifflin Harcourt Publishing Company • Image Credits: ©Marcio Jose Bastos Silva/Shutterstock

Las clases de cuarto y quinto grado fueron en un viaje de estudio al parque de diversiones.

Muestra tu trabajo.

1. Hay 58 estudiantes de cuarto grado que están en fila para la montaña rusa Loop-the-Loop. En cada carro de la montaña rusa caben 4 personas. ¿Cuántos carros de la montaña rusa son necesarios para que todos ellos puedan montarse al mismo tiempo?

   ____

2. Cuarenta y un personas están montados en la montaña rusa de madera Mile Long. En cada carro de la montaña rusa caben 6 personas. Todos los carros están llenos excepto el último carro. ¿Cuántas personas están en el último carro?

   ____

Más entretenimiento en el parque de diversiones

Después de montarse en las montañas rusas, las clases de cuarto y quinto grado pasan el resto del día almorzando, de compras y montándose en el resto de las atracciones del parque de diversiones.

Resuelve.

Muestra tu trabajo.

3 Hay 27 estudiantes en el grupo de Evan. Cada estudiante decide pedir un almuerzo especial en el kiosco de comida. Si cada almuerzo especial cuesta $7, ¿cuánto gastaron los estudiantes para el almuerzo en total?

____

4 Treinta y un estudiantes están en la fila para montarse en la noria gigante. Se necesitan cuatro estudiantes para llenar cada carro. ¿Cuántos carros de la noria gigante se llenarán?

____

5 En la tienda de recuerdos, un trabajador abre una caja de afiches. Los afiches en la caja están atados en grupos de 8. Hay un total de 2,864 afiches en una caja. ¿Cuántos atados de afiches hay en la caja?

____

© Houghton Mifflin Harcourt Publishing Company • Image Credits: ©Donald Nausbaum/Alamy Images

Prueba rápida 2 de la Unidad 3

Nombre ______________________ Fecha ______________

Usa el redondeo y la estimación para decidir en qué caso el cociente tiene sentido.

1. $\begin{array}{r} 52 \text{ R4} \\ 7\overline{)368} \end{array}$

____

____

Usa cualquier método para dividir.

2. $4\overline{)8{,}392}$

3. $5\overline{)6{,}037}$

Resuelve.

Muestra tu trabajo.

4. Para montarse en la noria gigante se necesitan 9 boletos. Luis tiene 158 boletos. ¿Cuántas veces puede montarse Luis?

____

5. Los rompecabezas están empaquetados en grupos de 3. Si la tienda tiene 183 rompecabezas de naturaleza y 165 rompecabezas de animales, ¿cuántos paquetes de rompecabezas hay?

____

____

© Houghton Mifflin Harcourt Publishing Company

Nombre ______________________ Fecha ______________

Camino al conocimiento

Suma o resta.

1. $\begin{array}{r} 333 \\ +\ 270 \\ \hline \end{array}$

2. $\begin{array}{r} 87{,}827 \\ -\ 79{,}363 \\ \hline \end{array}$

3. $\begin{array}{r} 568 \\ -\ 197 \\ \hline \end{array}$

4. $\begin{array}{r} 19{,}785 \\ +\ \ 9{,}512 \\ \hline \end{array}$

5. $\begin{array}{r} 4{,}329 \\ -\ 3{,}110 \\ \hline \end{array}$

6. $\begin{array}{r} 987 \\ -\ 162 \\ \hline \end{array}$

7. $\begin{array}{r} 48{,}096 \\ -\ \ 2{,}168 \\ \hline \end{array}$

8. $\begin{array}{r} 799{,}780 \\ +\ 993{,}903 \\ \hline \end{array}$

9. $\begin{array}{r} 941{,}259 \\ -\ 398{,}739 \\ \hline \end{array}$

10. $\begin{array}{r} 39{,}740 \\ +\ 96{,}510 \\ \hline \end{array}$

11. $\begin{array}{r} 8{,}624 \\ +\ 7{,}813 \\ \hline \end{array}$

12. $\begin{array}{r} 1{,}460 \\ +\ 4{,}541 \\ \hline \end{array}$

13. $\begin{array}{r} 342{,}824 \\ -\ \ 96{,}590 \\ \hline \end{array}$

14. $\begin{array}{r} 8{,}461 \\ +\ \ 197 \\ \hline \end{array}$

15. $\begin{array}{r} 212 \\ +\ 614 \\ \hline \end{array}$

© Houghton Mifflin Harcourt Publishing Company

Nombre ____________________

Experimentar con divisores de dos dígitos

Modelo rectangular

?
32 | 448

Milo vendió libros de cupones para una recaudación de fondos. Cada libro tenía 32 cupones. Si Milo vendió un total de 448 cupones, ¿cuántos libros de cupones vendió?

Para calcular el número de libros de cupones, divide 448 entre 32.

Comenta en qué se parecen o diferencian estos métodos de división.

Dígito por dígito

Paso 1

32) 448
(30)

Redondea el divisor.

Paso 2

1
32) 448
(30)

Estima el primer dígito:

30 se divide entre 40 alrededor de 1 vez.

Paso 3

1
32) 448
(30) − **32**
128

Multiplica y resta. Baja 8 unidades.

Paso 4

14
32) 448
(30) − 32
128
− **128**

Estima el siguiente dígito y multiplica.

Notación desarrollada

Paso 1

32) 448
(30)

Redondea el divisor.

Paso 2

10
32) 448
(30)

Estima el primer número:

30 se divide entre 400 alrededor de 10 veces.

Paso 3

10
32) 448
(30) − **320**
128

Multiplica y resta.

10 • 32 = 320

Paso 4

4
10 } **14**
32) 448
(30) − 320
128
− **128**

Estima el siguiente número y multiplica.

Valor posicional por secciones

Paso 1

	10
32 (30)	448

Redondea el divisor y estima el primer número.

Paso 2

	10
32 (30)	448 − **320**
	128

Multiplica y resta.

Paso 3

	10 +	
32 (30)	448 − 320	**128**
	128	

Cuánt una sección nueva.

Paso 4

	10 +	**4**
32 (30)	448 − 320	128 −**128**
	128	**0**

Estima el siguiente número, luego multiplica y resta.

© Houghton Mifflin Harcourt Publishing Company

Experimentar con divisores de dos dígitos (continuación)

Observa los Ejercicios 1 a 3. ¿Redondearías el divisor hacia arriba o hacia abajo para estimar el primer dígito del cociente? Completa cada ejercicio usando cualquier método que elijas.

1. $28\overline{)403}$
2. $41\overline{)861}$
3. $33\overline{)726}$

¿Siempre funciona la estimación?

Completa el Ejercicio 4 junto con la clase. ¿Te da el redondeo una estimación correcta del primer dígito? ¿Te da una correcta estimación del siguiente dígito? Comenta qué puedes hacer para terminar el problema.

4. $14\overline{)306}$

Completa y comenta cada ejercicio a continuación. Usa cualquier método que quieras.

5. $13\overline{)559}$
6. $13\overline{)209}$
7. $54\overline{)692}$

© Houghton Mifflin Harcourt Publishing Company

Comprobar la comprensión

¿Qué método de división usaste para resolver el Ejercicio 5? Explica tu razonamiento.

Nombre ____________________

Vocabulario
sobrestimar
subestimar

Subestimar

Hay dos maneras de dividir 764 ÷ 15. Comenta cada método y responde las preguntas como una clase.

```
(20)  4
15)764
  − 60
    16   ←  ¿Qué nos dice este número?
```

¿Cómo sabemos que el primer número estimado no es correcto? ¿Cuál es el siguiente número que debemos intentar? Resuelve el problema usando ese número.

```
       10   ←  ¿Qué nos dice este número?
(20)   40
15)764
  − 600
    164
```

¿Cómo sabemos que el primer número estimado no es correcto esta vez? ¿Necesitamos borrar o simplemente podemos terminar resolviendo el problema? Inténtalo.

1. Cuando estimamos con un número que es muy grande (**sobrestimar**), tenemos que borrar y cambiar el número. Cuando estimamos con un número que es muy pequeño (**subestimar**), ¿siempre tenemos que borrar? Explica tu respuesta.

____

____

____

____

Resuelve cada división. Podrías necesitar ajustar uno o ambos números estimados.

2. 28)868

3. 17)897

4. 18)798

© Houghton Mifflin Harcourt Publishing Company

¿Muy alto o muy bajo?

Piensa qué tipo de divisor es más probable que conlleve a un número estimado incorrecto. Prueba tu idea realizando el primer paso de cada problema a continuación.

5. $41\overline{)836}$

6. $34\overline{)623}$

7. $29\overline{)928}$

8. $16\overline{)351}$

9. ¿Qué tipo de divisor es más probable que conlleve a un número estimado incorrecto? ¿Cómo puedes ajustarlo en estos casos?

____

____

Práctica mixta con estimaciones ajustadas

Muestra tu trabajo.

10. Las pelotas de fútbol se venden a $19 cada una. Esta semana la tienda vendió $589 en pelotas de fútbol.

    ¿Cuántas pelotas de fútbol se vendieron? ____________

11. Daniel empaqueta 419 tomates en fanegas que pueden contener 24 tomates cada una.

    ¿Cuántas fanegas llenó Daniel? ____________

    ¿Cuántos tomates sobrarán? ____________

12. Los miembros del club de cometas tienen 310 metros de cuerda para hacer 12 cometas. Usan la misma cantidad de cuerda para cada cometa.

    ¿Cuántos metros de cuerda tendrá cada cometa? ____________

    ¿Cuántos metros de cuerda sobrarán? ____________

© Houghton Mifflin Harcourt Publishing Company

Comprobar la comprensión

Si el estimado del primer dígito de un cociente es muy bajo, debes intentar el siguiente dígito ____________________.

Nombre ____________________

Vocabulario
números compatibles

Usar números compatibles

Un boleto de avión le costó $257 a Marla. Lo multiplicó por 4 y calculó que el costo para su familia es de $1,028.

$$\begin{array}{r} \$257 \\ \times\quad 4 \\ \hline \$1,028 \end{array}$$

Para verificar que su producto es razonable, Marla usa números que sean fáciles de calcular mentalmente, o **números compatibles**.

"Sé que 4×250 es 1,000 y 4×300 es 1,200. Por lo tanto, mi respuesta 1,028 debería estar entre 1,000 y 1,200. Lo está."

Terrell tiene 6 cajas para guardar 1,470 tarjetas intercambiables. Divide y calcula que cada caja tendrá 245 tarjetas.

$$\begin{array}{r} 245 \\ 6\overline{)1,470} \end{array}$$

Para verificar que su cociente es razonable, Terrell usa números compatibles.

"Sé que $1,200 \div 6$ es 200 y $1,800 \div 6$ es 300. Porque 1,470 está entre 1,200 y 1,800, mi respuesta debería estar entre 200 y 300. Lo está".

Resuelve. Luego usa números compatibles para verificar la solución.

1. $\begin{array}{r} 764 \\ \times\ 5 \\ \hline \end{array}$

2. $\begin{array}{r} 6,789 \\ \times\quad 2 \\ \hline \end{array}$

3. $6\overline{)4,560}$

4. $8\overline{)7,136}$

5. Yuri entrega 165 diarios cada día de la semana. ¿Cuántos diarios entregó Yuri la semana pasada?

____

6. Jessica gana $1,233 al mes trabajando en la clínica veterinaria. Gana $9 por hora. ¿Cuántas horas trabaja Jessica en un mes?

____

7. Un piloto vuela la misma ruta 5 veces por un total de 1,890 millas. ¿Cuál es la longitud de la ruta?

____

© Houghton Mifflin Harcourt Publishing Company

Verificar productos y cocientes

Dion quiere comprar 11 boletos del juego que cuestan \$17 cada uno. Multiplica y calcula el costo total.

$$\$17 \times 11 = \$187$$
$$\downarrow \quad \downarrow$$
$$\$17 \times 10 = \$170$$

Luego usa cálculos mentales y decide que su producto es razonable.

Julia tiene 728 cuadrados para hacer una colcha. El diseño de la colcha tiene 26 filas de cuadrados. Divide para calcular el número de cuadrados en cada fila.

$$728 \div 26 = 28$$
$$\downarrow \quad \downarrow$$
$$750 \div 25 = 30$$

Luego usa cálculos mentales y decide que su cociente es razonable.

8 ¿Por qué piensas que Julia usó números compatibles en vez de redondear para verificar su cociente?

____

Resuelve. Luego usa números compatibles para verificar la solución.

9 $\begin{array}{r} 29 \\ \times 16 \\ \hline \end{array}$

10 $\begin{array}{r} 34 \\ \times 21 \\ \hline \end{array}$

11 $26\overline{)338}$

12 $21\overline{)441}$

13 Ming Na es dueña de una tienda de flores. Usa 494 flores para hacer 26 centros de mesa. ¿Cuántas flores usa para cada centro de mesa si tienen el mismo número de flores?

____

14 Jackson quiere comprar un juego de palos de golf por \$308. Piensa pagar por el juegp en 14 cuotas mensuales. ¿De cuánto será cada cuota?

____

Comprobar la comprensión.
Escribe un par de números compatibles que puedas usar para estimar el cociente de 8,919 ÷ 9. _______________

© Houghton Mifflin Harcourt Publishing Company

Prueba rápida 3 de la Unidad 3

Nombre ________________________________ Fecha ______________

Usa cualquier método para dividir.

1. $34\overline{)958}$

2. $18\overline{)864}$

Resuelve. Luego usa números compatibles para verificar la solución.

3. $\begin{array}{r} 459 \\ \times \quad 6 \\ \hline \end{array}$

4. $6\overline{)2{,}280}$

5. Hay 864 asientos. Hay 24 asientos en cada fila. ¿Cuántas filas de asientos hay?

____

© Houghton Mifflin Harcourt Publishing Company

Comprobar el conocimiento 10

Nombre ____________ Fecha ____________

Camino al conocimiento

Divide.

1. $3 \div 3 = \square$
2. $8 \div 2 = \square$
3. $9 \div 3 = \square$
4. $16 \div 2 = \square$
5. $25 \div 5 = \square$
6. $28 \div 4 = \square$
7. $32 \div 8 = \square$
8. $40 \div 4 = \square$
9. $48 \div 6 = \square$
10. $56 \div 7 = \square$
11. $63 \div 9 = \square$
12. $54 \div 6 = \square$
13. $64 \div 8 = \square$
14. $72 \div 8 = \square$
15. $90 \div 9 = \square$

© Houghton Mifflin Harcourt Publishing Company

Repaso/Prueba de la Unidad 3 **Nombre** ____________ **Fecha** ____________

1. Para 1a a 1d, elige Verdadero o Falso para indicar si el enunciado es correcto.

1a. $245 \div 6 = 40$ R5 ○ Verdadero ○ Falso

1b. $803 \div 2 = 400$ ○ Verdadero ○ Falso

1c. $492 \div 7 = 69$ R7 ○ Verdadero ○ Falso

1d. $355 \div 5 = 71$ ○ Verdadero ○ Falso

2. Un tren tiene un total de 216 asientos en 3 carros. Cada carro del tren tiene el mismo número de asientos. ¿Cuántos asientos hay en cada carro del tren?

____________ asientos.

3. Kayla hace cajas de regalo de frutas para vender en su puesto de frutas. Ubica exactamente 6 frutas en cada caja. Solo vende cajas completas de fruta.

Parte A

Kayla tiene 256 manzanas. ¿Cuántas cajas de fruta puede llenar? Explica cómo hallaste la respuesta.

Parte B

Kayla tiene suficientes duraznos para llenar 31 cajas de regalo. ¿Cuántas manzanas y duraznos colocó Kayla en las cajas de regalo para vender en su puesto de frutas? Muestra tu trabajo.

© Houghton Mifflin Harcourt Publishing Company

 Nombre ______________ **Fecha** ______________

4 Margaret divide 829 entre 4.

Parte A

Explica por qué Margaret necesita escribir un cero en la posición de las decenas del cociente.

Parte B

¿Cómo cambia el digito en la posición de las decenas del cociente si Margaret estuviera dividiendo 829 entre 2?

5 Un estante del almacén donde Carmen trabaja sostiene alrededor de 165 libras. El estante del almacén puede sostener 8 cajas de repuestos de carros. ¿Alrededor de cuántas libras pesa cada caja? ¿Requiere este problema una respuesta exacta o un estimado? Luego calcula la respuesta.

6 ¿Cuánto es $945 \div 45$?

Ⓐ 20
Ⓑ 21
Ⓒ 22
Ⓓ 31

© Houghton Mifflin Harcourt Publishing Company

Nombre ____________________ Fecha ____________

7 Divide 4,124 entre 2.

8 Joshua llevó 52 cargas de arena para hacer un área de juego. Cada carga pesaba 21 libras. ¿Cuántas libras de arena usa Joshua para hacer el área de juego? Usa los números y símbolos del teclado para escribir la expresión necesaria para resolver este problema. Luego resuelve el problema.

7	8	9
4	5	6
1	2	3
0	÷	×

expresión: ____________

____________ libras.

9 Hay 118 niños y 121 niñas inscritos para una liga de voleibol. Los entrenadores primero forman equipos de 9 jugadores y luego asignan algunos jugadores remanentes para formar algunos equipos de 10 jugadores.

Parte A

¿Cuántos equipos de 10 jugadores habrá? Explica.

Parte B

¿Cuántos equipos de 9 jugadores habrá? Explica.

© Houghton Mifflin Harcourt Publishing Company

 Nombre ______ **Fecha** ______

10 Una florista tiene 2,388 flores para colocar en pequeños ramos. Quiere 6 flores en cada ramo. ¿Cuántos ramos puede hacer? Completa las secciones de valor posicional para resolver.

___00 + ___0 + ___ = ______ .

11 Divide 840 entre 46. Muestra tu trabajo.

12 Para los Ejercicios 12a al 12d, elige Sí o No para mostrar si el cociente es razonable.

12a. $6\overline{)297}$ = 39 R3 ○ Sí ○ No

12b. $4\overline{)3,256}$ = 814 ○ Sí ○ No

12c. $8\overline{)4,229}$ = 228 R5 ○ Sí ○ No

12d. $8\overline{)5,136}$ = 1,007 R1 ○ Sí ○ No

© Houghton Mifflin Harcourt Publishing Company

Nombre ____________________ Fecha ____________

13 Halley encuentra 24 conchas de mar el viernes y otras 38 el sábado. Comparte el máximo de las conchas de mar que puede entre 3 amigos y ella y guarda las conchas de mar sobrantes para ella. ¿Cuántas conchas de mar se llevó Halley? Muestra tu trabajo.

14 Ethan tiene 203 geodas para colocar en cajas de muestra. Cada caja contiene 8 geodas. ¿Cuántas cajas necesita Ethan para meter todas las geodas? Explica cómo lo sabes.

15 Selecciona un número de cada columna para que la ecuación sea verdadera.

$$5{,}155 \div 3 = \square \text{ R } \square$$

Cociente	Residuo
○ 1,715	○ 1
○ 1,717	○ 2
○ 1,718	○ 3
○ 1,720	○ 4

© Houghton Mifflin Harcourt Publishing Company

Nombre ______________________ **Fecha** ______________

16 Julie dividió 2,526 entre 6 y calculó un cociente de 421. Para 16a al 16c, elige Verdadero o Falso para mostrar si el enunciado es correcto.

16a. 2,400 ÷ 6 = 400, así que 421 es razonable. ○ Verdadero ○ Falso

16b. 2,526 ÷ 6 = 421 R5 ○ Verdadero ○ Falso

16c. 421 × 6 = 2,526, así que 421 tiene sentido. ○ Verdadero ○ Falso

17 ¿Qué expresión tiene un cociente de 400? Encierra en un círculo todas las que correspondan.

1,600 ÷ 4	2,000 ÷ 5	400 ÷ 4	3,600 ÷ 9

18 Kyle escribió su primer paso dividiendo 3,325 ÷ 5 al usar el método de notación desarrollada.

$$\begin{array}{r} 500 \\ 5\overline{)3,325} \\ -2,500 \\ \hline 825 \end{array}$$

Parte A

Escribe una ecuación para calcular una estimación razonable para el cociente de 3,325 ÷ 5.

Parte B

Explica cómo el trabajo de la división de Kyle sería diferente si hubiera usado tu estimado en vez de 500 como su primer paso. Luego calcula el cociente exacto de 3,325 ÷ 5.

© Houghton Mifflin Harcourt Publishing Company

Tarea de rendimiento de la Unidad 3 Nombre ______ Fecha ______

Haz un plan de lectura

Matthew tiene 63 páginas para leer entre 2 y 5 días. Quiere leer el mismo número de páginas cada día y el mayor número de páginas en el menor número de días posible.

1. ¿Cuál es el mejor número de días para el plan de lectura de Matthew?

2. ¿Cómo lo decidiste?

Sophia tiene 131 páginas para leer entre 2 y 5 días.

3. ¿Sería posible que lea el mismo número de páginas cada día? Explica.

4. Sophia decide leer el mismo número de páginas en tantos días como sea posible. ¿Cuál plan de lectura podría seguir Sophia? Muestra tu trabajo para justificar tu respuesta.

© Houghton Mifflin Harcourt Publishing Company

Nombre ______________________ Fecha ______________

5 Supón que Sophia lee 23 páginas el primer día y piensa leer las páginas restantes entre 3 y 5 días. Quiere leer el mismo número de páginas cada uno de estos días y el mayor número de páginas en el menor número de días posibles. ¿Cuál es la mejor elección de número de días para el plan de lectura de Sophia? Explica cómo lo decidiste.

6 Explica cómo escribir tu propio problema de división sin ningún cociente ni residuo dado. Da un ejemplo que incluya la relación entre la multiplicación y la división en tu explicación.

© Houghton Mifflin Harcourt Publishing Company

Dear Family:

In Unit 4 of *Math Expressions,* your child will apply the skills he or she has learned about operations with whole numbers while solving real world problems involving addition, subtraction, multiplication, and division.

Your child will simplify and evaluate expressions. Parentheses will be introduced to show which operation should be done first. The symbols "=" and "≠" will be used to show whether numbers and expressions are equal.

Other topics of study in this unit include situation and solution equations for addition and subtraction, as well as multiplication and division. Your child will use situation equations to represent real world problems and solution equations to solve the problems. This method of representing a problem is particularly helpful when the problems contain greater numbers and students cannot solve mentally.

Your child will also solve multiplication and addition comparison problems and compare these types of problems identifying what is the same or different.

Addition Comparison	**Multiplication Comparison**
Angela is 14 years old. She is 4 years older than Damarcus. How old is Damarcus?	Shawn colored 5 pages in a coloring book. Anja colored 4 times as many pages as Shawn colored. How many pages did Anja color?

Students learn that in the addition problem they are adding 4, while in the multiplication problem, they are multiplying by 4.

Your child will apply this knowledge to solve word problems using all four operations and involving one or more steps.

Finally, your child will find factor pairs for whole numbers and generate and analyze numerical and geometric patterns.

If you have any questions or comments, please contact me.

Sincerely,
Your child's teacher

© Houghton Mifflin Harcourt Publishing Company

Estimada familia:

En la Unidad 4 de *Math Expressions*, su hijo aplicará las destrezas relacionadas con operaciones de números enteros que ha adquirido, resolviendo problemas cotidianos que involucran suma, resta, multiplicación y división.

Su hijo simplificará y evaluará expresiones. Se introducirán los paréntesis como una forma de mostrar cuál operación deberá completarse primero. Los signos "=" y "≠" se usarán para mostrar si los números o las expresiones son iguales o no.

Otros temas de estudio en esta unidad incluyen ecuaciones de situación y de solución para la suma y resta, así como para la multiplicación y división. Su hijo usará ecuaciones de situación para representar problemas de la vida cotidiana y ecuaciones de solución para resolver esos problemas. Este método para representar problemas es particularmente útil cuando los problemas involucran números grandes y los estudiantes no pueden resolverlos mentalmente.

Su hijo también resolverá problemas de comparación de multiplicación y suma, y comparará este tipo de problemas para identificar las semejanzas y diferencias.

Comparación de suma	Comparación de multiplicación
Ángela tiene 14 años. Ella es 4 años mayor que Damarcus. ¿Cuántos años tiene Damarcus?	Shawn coloreó 5 páginas de un libro. Ana coloreó 4 veces ese número de páginas. ¿Cuántas páginas coloreó Ana?

Los estudiantes aprenderán que en el problema de suma están sumando 4, mientras que en el problema de multiplicación, están multiplicando por 4.

Su hijo aplicará estos conocimientos para resolver problemas de uno o más pasos usando las cuatro operaciones.

Finalmente, su hijo hallará pares de factores para números enteros y generará y analizará patrones numéricos y geométricos.

Si tiene alguna pregunta por favor comuníquese conmigo.

Atentamente,
El maestro de su niño

© Houghton Mifflin Harcourt Publishing Company

comparar	**ecuación**
número compuesto	**evaluar una expresión**
diferencia	**expresión**

© Houghton Mifflin Harcourt Publishing Company

Enunciado que indica que dos expresiones son iguales. Tiene un signo de igualdad.

Ejemplos:

$32 + 35 = 67$

$67 = 32 + 34 + 1$

$(7 \times 8) + 1 = 57$

Describir cantidades entre sí como mayor que, menor que o igual a.

Sustituir una letra (o símbolo) por un valor y luego simplificar la expresión.

Número mayor que 1 que tiene más de un par de factores. Ejemplos de números compuestos son 10 y 18. Los pares de factores de 10 son 1 y 10, 2 y 5. Los pares de factores de 18 son 1 y 18, 2 y 9, 3 y 6.

Número, variable o combinación de números y variables con una o más operaciones.

Ejemplos:

4

$6x$

$6x - 5$

$7 + 4$

Resultado de una resta.

Ejemplo:

$54 - 37 = 17 \longleftarrow$ diferencia

© Houghton Mifflin Harcourt Publishing Company

par de factores	**patrón**
función	**pictografía**
múltiplo	**número primo**

© Houghton Mifflin Harcourt Publishing Company

Sucesión que se puede describir por una regla.

Un par de factores de un número es un par de números enteros cuyo producto es dicho número.

Ejemplo:

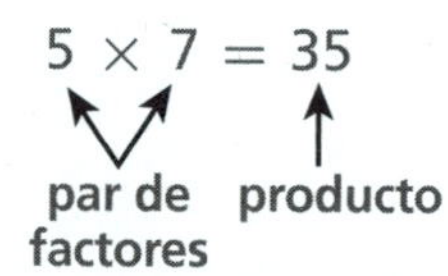

Gráfica que usa figuras o símbolos para representar datos.

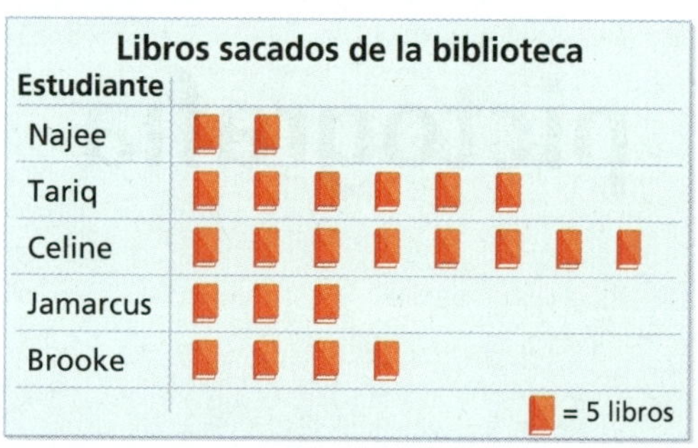

Relación matemática entre dos conjuntos de números. Cada número en uno de los conjuntos está emparejado exactamente con un número en el otro conjunto. Una función se puede representar en una tabla.

Ejemplo:

La regla para esta función es Sumar 2.

Entrada	1	4	5	8	12
Salida	3	6	7	10	14

Número mayor que 1 que tiene a 1 y a sí mismo como el único par de factores. Ejemplos de números primos son 2, 7 y 13. El único par de factores de 7 es 1 y 7.

Producto de un número dado y cualquier otro número entero.

Ejemplos:

$4 \times 1 = 4$, entonces 4 es un múltiplo de 4.

$4 \times 2 = 8$, entonces 8 es un múltiplo de 4.

© Houghton Mifflin Harcourt Publishing Company

simplificar una expresión

suma

término

© Houghton Mifflin Harcourt Publishing Company

Combinar términos semejantes y realizar operaciones hasta haber combinado todos los términos posibles.

Respuesta cuando se suman dos o más sumandos.

Ejemplo:

$$53 + 26 = 79$$

sumando sumando suma

Número, variable, producto o cociente en una expresión o ecuación. Cada término está separado por un signo de operación (+, −).

Ejemplo:

$3n + 5$ tiene dos términos, $3n$ y 5.

© Houghton Mifflin Harcourt Publishing Company

Nombre ______________________________

Propiedades y notación algebraica

VOCABULARIO
expresión
ecuación
simplificar una expresión
término

Una **expresión** es uno o más números, variables o números y variables con una o más operaciones. Ejemplos: 4 $6x$ $6x - 5$ $7 + 4$	Una **ecuación** es un enunciado donde dos expresiones son iguales. La ecuación tiene un signo de la igualdad. Ejemplos: $40 + 25 = 65$ $(16 \div 4) - 3 = 1$

Simplificamos una expresión o ecuación al realizar operaciones que combinen **términos** semejantes.

Usa la propiedad de identidad para simplificar cada expresión.

1. $n + 5n$ ______
2. $17t + t$ ______
3. $x + 245x$ ______
4. $9e - e$ ______
5. $8c + c + c$ ______
6. $(5z - z) - z$ ______

Resuelve.

7. $30 \div (35 \div 7) =$ ______
8. $(72 \div 9) \div 4 =$ ______
9. $80 \div (32 \div 8) =$ ______
10. $13 - (9 - 1) =$ ______
11. $(600 - 400) - 10 =$ ______
12. $100 - (26 - 6) =$ ______

Usa propiedades para calcular el valor de $\square$ o de *a*.

13. $49 + 17 = \square + 49$

    $\square =$ ______

14. $(a \cdot 2) \cdot 3 = 4 \cdot (2 \cdot 3)$

    $a =$ ______

15. $\square \cdot 6 = 6 \cdot 8$

    $\square =$ ______

16. $6 \cdot (40 + a) = (6 \cdot 40) + (6 \cdot 5)$

    $a =$ ______

17. $(\square \cdot 5) + (\square \cdot 9) = 7 \cdot (5 + 9)$

    $\square =$ ______

18. $29 + 8 = \square + 29$ ⟶ ¿Será $\square = 4 + 2$ o $4 \cdot 2$? ______
19. $a \cdot 14 = 14 \cdot 15$ ⟶ ¿Será $a = 5 \cdot 3$ o $5 + 3$? ______
20. $60 + 10 = \square + 60$ ⟶ ¿Será $\square = 2 + 5$ o $2 \cdot 5$? ______

© Houghton Mifflin Harcourt Publishing Company

Paréntesis en ecuaciones

VOCABULARIO
evaluar una expresión

Resuelve.

21. $9 \cdot n = 144$

    $n =$ ______

22. $s + 170 = 200$

    $s =$ ______

23. $105 \div h = 7$

    $h =$ ______

24. $9 \cdot (6 + 2) = ■ \cdot 8$

    $■ =$ ______

25. $■ \cdot 6 = 96$

    $■ =$ ______

26. $(15 \div 3) \cdot (4 + 1) = v$

    $v =$ ______

27. $(12 - 5) - (12 \div 6) =$ ______

28. $(23 + 4) \div (8 - 5) =$ ______

29. $(24 \div 3) \cdot (12 - 7) =$ ______

30. $(22 + 8) \div (17 - 11) =$ ______

Sustituir un valor

Para **evaluar una expresión** o ecuación, reemplaza un valor por una letra (o símbolo) y luego simplifica la expresión realizando las operaciones.

Evalúa cada expresión.

31. $a = 4$

    $19 - (a + 6)$

    ______

32. $a = 10$

    $(80 \div a) - 5$

    ______

33. $b = 3$

    $(8 \div 4) \cdot (7 - b)$

    ______

34. $b = 7$

    $21 \div (b - 4)$

    ______

35. $b = 11$

    $(b + 9) \div (7 - 2)$

    ______

36. $c = 8$

    $(20 - 10) + (7 + c)$

    ______

37. $x = 9$

    $16 \cdot (13 - x)$

    ______

38. $d = 3$

    $(24 \div 3) \cdot (d + 7)$

    ______

39. $d = 0$

    $(63 \div 7) \cdot d$

    ______

Comprobar la comprensión

Explica los pasos que usaste para evaluar el Ejercicio 32.

© Houghton Mifflin Harcourt Publishing Company

Nombre ______________________________

VOCABULARIO
suma
diferencia

Comentar los signos de = y ≠

Una ecuación está formada por dos cantidades iguales o expresiones. El signo de la igualdad (=) se usa para mostrar que los dos lados de una ecuación son iguales.

$5 = 3 + 2$ $3 + 2 = 5$ $5 = 5$ $3 + 2 = 2 + 3$ $7 - 2 = 1 + 1 + 3$

El signo "no es igual a" (≠) muestra que dos cantidades no son iguales.

$4 \neq 3 + 2$ $5 \neq 3 - 1$ $5 \neq 4$ $3 - 2 \neq 1 + 3$ $3 + 2 \neq 1 + 1 + 2$

Una ecuación puede tener uno o más números o letras en cada lado del signo de la igualdad. La **suma** o **diferencia** puede escribirse en cualquier lado del signo de la igualdad.

1. Usa el signo de = para escribir cuatro ecuaciones. Varía cuántos números tienes en cada lado de las ecuaciones.

   ______________________ ______________________

   ______________________ ______________________

2. Usa el signo ≠ para escribir cuatro ecuaciones de enunciados "no es igual a". Varía cuántos números tienes en cada lado de los enunciados.

   ______________________ ______________________

   ______________________ ______________________

Escribe = o ≠ para hacer cada enunciado verdadero.

3. 5 + 2 + 6 ____ 6 + 7
4. 80 ____ 60 − 20
5. 70 ____ 40 + 30
6. 18 − 4 + 11 ____ 3
7. 50 ____ 55 − (10 + 5)
8. 21 + 6 ____ 31 − 4

© Houghton Mifflin Harcourt Publishing Company

Comentar operaciones inversas

Cuando sumas, juntas dos grupos. Cuando restas, calculas un sumando desconocido o quitas un grupo de otro. La suma y la resta son operaciones inversas. Se anulan entre sí.

Los sumandos son números que se agregan para hacer una suma. Puedes calcular dos sumandos para una suma al separar el número.

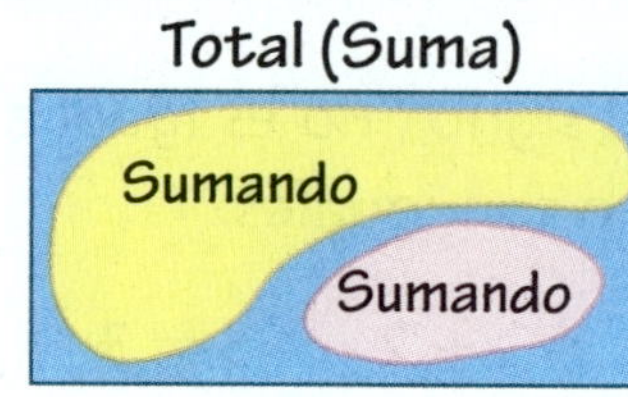

Un dibujo de separación puede ayudarte a calcular las ocho sumas relacionadas y ecuaciones de resta para dos sumandos.

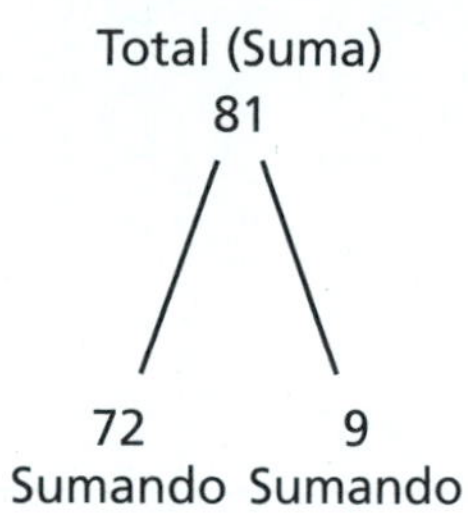

$81 = 72 + 9$ $\quad$ $72 + 9 = 81$

$81 = 9 + 72$ $\quad$ $9 + 72 = 81$

$72 = 81 - 9$ $\quad$ $81 - 9 = 72$

$9 = 81 - 72$ $\quad$ $81 - 72 = 9$

9 ¿Qué ecuaciones muestran la propiedad conmutativa?

____

____

10 ¿Cuál es el total en cada ecuación? ¿En dónde está el total en una ecuación de resta?

____

Resuelve cada ecuación.

11 $50 = 30 + p$

$p =$ ______

12 $q + 20 = 60$

$q =$ ______

13 $90 - v = 50$

$v =$ ______

14 Escribe las ocho sumas relacionadas y ecuaciones de resta para el dibujo de separar el número.

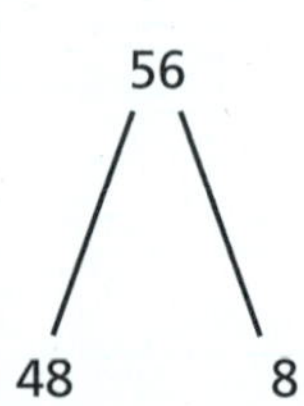

____________________ ____________________

____________________ ____________________

____________________ ____________________

____________________ ____________________

© Houghton Mifflin Harcourt Publishing Company

Nombre ____________________

Escribir ecuaciones para resolver problemas

Una ecuación de situación muestra la estructura de la información en un problema. La ecuación de solución muestra la operación que puede usarse para resolver un problema.

Escribe una ecuación para resolver el problema. Dibuja un modelo si lo necesitas.

Muestra tu trabajo.

15. En una colección de 2,152 monedas, 628 son monedas de 1¢. ¿Cuántas monedas no son monedas de 1¢?

____

____

16. Susanna tomó $3,050 de su cuenta bancaria. Ahora le quedan $11,605. ¿Cuánto dinero había en la cuenta de Susana al principio?

____

____

17. En el mes de mayo, Movieland alquiló 563 películas de acción y 452 de comedia. ¿Cuántas películas de acción y comedia alquiló Movieland en total?

____

____

Practicar la resolución de problemas

Escribe una ecuación para resolver el problema. Dibuja un modelo si lo necesitas.

18. Los trabajadores de una fábrica hacen 3,250 globos rosados en la mañana. Al final del día, había 5,975 globos rosados. ¿Cuántos de estos globos hicieron los trabajadores por la tarde?

____

____

© Houghton Mifflin Harcourt Publishing Company

Practicar la resolución de problemas (continuación)

Muestra tu trabajo.

19 Terrence planifica un viaje de 760 millas. Viaja 323 millas los primeros dos días. ¿Cuántas millas le quedan por viajar?

____

20 Había algunas personas en el estadio de fútbol el domingo pasado en la mañana y luego llegaron 5,427 personas más. Después había 79,852 personas en el estadio. ¿Cuántas personas llegaron temprano?

____

¿Cuál es el error?

Queridos estudiantes de matemática,

El problema a continuación fue parte de mi tarea.

La señora Nason tiene una colección de 1,845 estampillas. Compró más estampillas y ahora tiene 2, 270 estampillas. ¿Cuántas estampillas compró l a señora Nason?

Para resolver el problema, escribí esta ecuación: $s - 1{,}845 = 2{,}270$. Resolví la ecuación y escribí $s = 4{,}115$.

Mi profesora dice que mi respuesta no es correcta. ¿Puedes ayudarme a comprender cuál fue mi error y explicarme cómo calcular la respuesta correcta?

Tu amigo,
El Pingüino Confundido

21 Escríbele una respuesta al Pingüino Confundido.

____

____

____

Comprobar la comprensión

Explica la diferencia entre una ecuación de situación y una ecuación de solución. Usa el problema de deberes del Pingüino Confundido para dar ejemplos de cada tipo de ecuación.

© Houghton Mifflin Harcourt Publishing Company

Nombre ______________________________

VOCABULARIO
pareja de factores

Comentar operaciones inversas

La multiplicación y la división son operaciones inversas. Se anulan entre sí.

Una **pareja de factores** para un número es un par de números enteros cuyo producto es ese número. Por ejemplo, una pareja de factores para 15 es 3 y 5. Un modelo de rectángulo es un diagrama que muestra una pareja de factores y el producto.

	9
7	63

1. ¿Qué números en el modelo de rectángulo anterior son factores? ¿En dónde se encuentran los factores?

____

2. ¿Qué número es el producto? ¿En dónde se encuentra el producto?

____

Un modelo de rectángulo puede ayudarte a calcular las ocho ecuaciones de multiplicación y división para dos factores. Puedes escribir estas ecuaciones para el modelo de rectángulo anterior.

$63 = 7 \times 9$	$7 \times 9 = 63$
$63 = 9 \times 7$	$9 \times 7 = 63$
$7 = 63 \div 9$	$63 \div 9 = 7$
$9 = 63 \div 7$	$63 \div 7 = 9$

3. Escribe las ocho ecuaciones de multiplicación y división relacionadas para el modelo de rectángulo a continuación.

	12
8	96

______________ ______________
______________ ______________
______________ ______________
______________ ______________

© Houghton Mifflin Harcourt Publishing Company

Escribir ecuaciones para resolver problemas

Lee el problema. Completa los pasos para resolverlo.

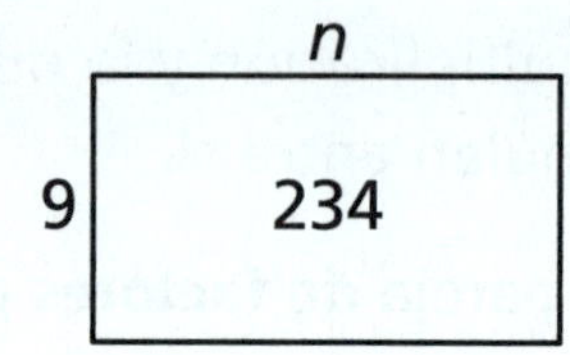

4. Brenda plantó 234 árboles en su granja. En esta hay 9 filas de árboles. ¿Cuántos árboles hay en cada fila?

   a. Escribe el número de árboles en la granja. __________

   b. Escribe el número de filas de árboles. __________

   c. El número de árboles en cada fila es desconocido. Usa la letra *n* para representar el número de árboles en cada fila. Escribe una ecuación de situación para resolver el problema. __________

   d. Escribe una ecuación de solución. __________

   e. Resuelve tu ecuación. __________

Escribe una ecuación para resolver el problema. Dibuja un modelo si lo necesitas.

Muestra tu trabajo.

5. Evan comienza un programa de ciclismo. Montará 315 millas cada mes por los próximos 6 meses. ¿Cuántas millas en total tiene pensado montar en bicicleta?

   ____

6. Suki tiene 152 adhesivos para colocar en un álbum. ¿Cuántas páginas llenará Suki con adhesivos si pone 8 en cada página?

   ____

7. Alex diseñó un patrón de pared con 27 filas y 28 cuadrados. ¿Cuántos cuadrados hay en el patrón?

   ____

Comprobar la comprensión

En el Problema 6, si Suki tuviera 248 adhesivos ¿cuántas páginas se habrían podido llenar? __________

© Houghton Mifflin Harcourt Publishing Company

Prueba rápida 1 de la Unidad 4

Nombre ______________________ **Fecha** ____________

Resolver usando ▢ o *n*.

1. $84 \div n = 6$

   $n =$ ________

2. $(14 + 7) \cdot 8 = ▢ \cdot 8$

   $▢ =$ ________

Escribe una ecuación para mostrar el problema. Luego, resuelve. *Muestra tu trabajo.*

3. Miguel condujo 197 millas el lunes. El martes, condujo un poco más. En total, fueron 542 millas. ¿Cuántas millas condujo Miguel el martes?

   ____

   ____

4. Un teatro tiene una capacidad para 748 asientos. Si se llena el teatro en 3 espectáculos, ¿cuántas entradas se vendieron?

   ____

   ____

5. Britney ahorra $996 para pagar el campamento de verano. Quiere ahorrar la misma cantidad de dinero cada mes por 6 meses. ¿Cuánto dinero necesita ahorrar Britney cada mes?

   ____

   ____

   ____

© Houghton Mifflin Harcourt Publishing Company

Comprobar el conocimiento 11

Nombre ______________________ Fecha ______________

Camino al conocimiento

Sumar o restar.

1. $\begin{array}{r} 242 \\ +\ 316 \\ \hline \end{array}$

2. $\begin{array}{r} 681 \\ -\ 375 \\ \hline \end{array}$

3. $\begin{array}{r} 2,945 \\ +\ 713 \\ \hline \end{array}$

4. $\begin{array}{r} 5,839 \\ -\ 3,427 \\ \hline \end{array}$

5. $\begin{array}{r} 17,649 \\ +\ 2,431 \\ \hline \end{array}$

6. $\begin{array}{r} 48,600 \\ -\ 29,728 \\ \hline \end{array}$

7. $\begin{array}{r} 6,739 \\ +\ 3,847 \\ \hline \end{array}$

8. $\begin{array}{r} 5,069 \\ -\ 4,853 \\ \hline \end{array}$

9. $\begin{array}{r} 371 \\ +\ 542 \\ \hline \end{array}$

10. $\begin{array}{r} 574 \\ -\ 350 \\ \hline \end{array}$

11. $\begin{array}{r} 26,366 \\ -\ 7,382 \\ \hline \end{array}$

12. $\begin{array}{r} 34,278 \\ +\ 57,341 \\ \hline \end{array}$

13. $\begin{array}{r} 693,317 \\ -\ 47,592 \\ \hline \end{array}$

14. $\begin{array}{r} 242,730 \\ +\ 79,527 \\ \hline \end{array}$

15. $\begin{array}{r} 809,411 \\ -\ 472,389 \\ \hline \end{array}$

© Houghton Mifflin Harcourt Publishing Company

Nombre ________________________________

VOCABULARIO
comparar

Comentar problemas de comparación

Para la preparación de una reunión familiar, Sara y Ryan hicieron una sopa. Sara hizo 2 cuartos y Ryan 6 cuartos.

Puedes **comparar** cantidades, usando la multiplicación y la división.

La r representará el número de cuartos hechos por Ryan.
La s representará el número de cuartos hechos por Sara.

Ryan hizo 3 veces más cuartos que Sara.

$r = 3 \cdot s$, $r = 3s$ o $s = r \div 3$

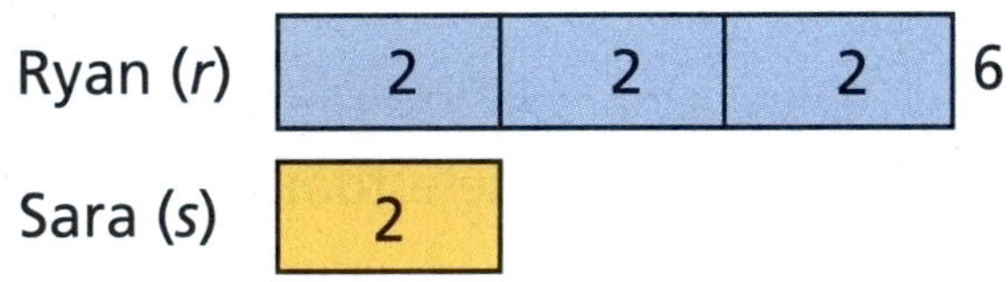

Resuelve.

Natasha hizo 12 cuartos de sopa y Manuel 3 cuartos.

1. Dibuja barras de comparación para mostrar la cantidad de sopa que hizo cada persona.

2. ____________ hizo 4 veces tantos cuartos como ____________.

3. Escribe una ecuación de multiplicación que compare las cantidades.

   ____

4. Escribe una ecuación de división que compare las cantidades.

   ____

5. La multiplicación es juntar grupos iguales. ¿Cómo puede usarse esta idea para explicar por qué una situación de comparación de *más veces que* es una multiplicación?

   ____

   ____

© Houghton Mifflin Harcourt Publishing Company

Compartir soluciones

Escribe una ecuación para resolver cada problema.
Dibuja un modelo si lo necesitas.

Muestra tu trabajo.

6. Hay 24 estudiantes en el club de ciencia. Hay 2 veces más estudiantes en el club de drama. ¿Cuántos estudiantes hay en el club de drama?

   a. Dibuja barras de comparación para comparar los números de estudiantes en cada club.

   b. Escribe una ecuación para resolver el problema.

   ____

7. Hay 180 monedas de 1¢ en la colección de monedas de Miguel, lo que es 5 veces más que el número de monedas de 25¢ en su colección. ¿Cuántas monedas de 25¢ tiene Miguel?

   ____

8. Fred tiene 72 tarjetas de fútbol y Scott tiene 6. ¿Cuántas veces más es el número de tarjetas que tiene Fred en comparación con Scott?

   ____

9. Audrey tiene 1,263 centímetros de tela, lo que es 3 veces más tela de lo que necesita para hacer cortinas. ¿Cuántos centímetros de tela necesita Audrey para hacer las cortinas?

   ____

Comprobar la comprensión

Dibuja barras de comparación para representar el Problema 8 y la solución.

© Houghton Mifflin Harcourt Publishing Company

Nombre ____

Comentar situaciones de comparación

En la Lección 4-4, aprendiste sobre las situaciones de comparación de multiplicación y división. Puedes también comparar usando la suma y la resta, e incluso calcular *cuánto más* o *cuánto menos* es una cantidad en relación con otra.

La cantidad, ya sea más o menos, se llama diferencia. En algunos problemas, no se da la diferencia, sino que debes calcularla. En otros problemas, no se da la cantidad menor o mayor.

Mai tiene 9 manzanas y 12 ciruelas.

- ¿Cuántas ciruelas más que manzanas tiene Mai?
- ¿Cuántas manzanas menos que ciruelas tiene Mai?

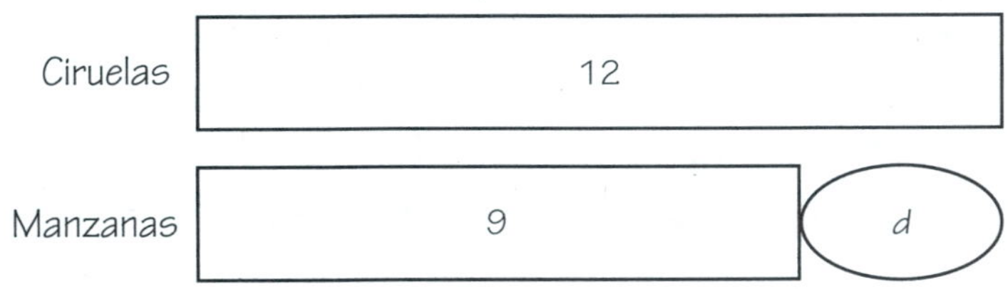

Las barras de comparación nos pueden ayudar a mostrar de qué cantidad hay más. Mostramos la diferencia en un óvalo.

Dibuja barras de comparación para cada problema. Escribe y resuelve una ecuación. Comenta qué otras ecuaciones podrías usar.

1 En un vivero hay 70 rosales y 50 arbustos de té. ¿Cuántos arbustos de té menos que rosales hay?

____

____

2 Dan quiere sembrar 30 árboles y ya ha cavado 21 huecos. ¿Cuántos huecos más necesita cavar Dan?

____

____

© Houghton Mifflin Harcourt Publishing Company

Compartir soluciones

Dibuja barras de comparación para cada problema. Escribe y resuelve una ecuación.

Muestra tus modelos aquí.

3. Kyle y Maya juegan un videojuego. Kyle obtuvo 7,628 puntos y Maya obtuvo 2,085 menos puntos que Kyle. ¿Cuántos puntos obtuvo Maya?

4. Para recaudar fondos la feria escolar obtuvo $632 más por productos horneados que por juegos. La feria obtuvo $935 por juegos. ¿Cuánto dinero obtuvo la feria escolar por productos horneados?

5. Un estadio universitario de fútbol americano de Michigan sienta 109,901 personas, mientras que un estadio universitario de fútbol americano en Louisiana sienta 92,542 personas. ¿Cuántas personas menos se sientan en el estadio de Louisiana que en el estadio de Michigan?

6. El equipo de fútbol entrenó por 150 minutos la semana pasada. El equipo entrenó 30 minutos más de lo que jugó. ¿Por cuánto tiempo jugó el equipo?

© Houghton Mifflin Harcourt Publishing Company

Nombre ______________________________

Resolver problemas de comparación

Para cada problema, dibuja un modelo y escribe *suma* o *multiplicación* para identificar el tipo de comparación. Luego, escribe y resuelve una ecuación para resolver el problema.

Muestra tus modelos aquí.

7. Nick y Liz coleccionan canicas. Luz tiene 4 veces más canicas que Nick. Si Nick tiene 240 canicas, ¿cuántas canicas tiene Liz?

   Tipo de comparación: ______________________________

   Ecuación y respuesta: ______________________________

8. Samantha tiene 145 canciones menos en su dispositivo de música portátil que Luke. Si Samantha tiene 583 canciones, ¿cuántas canciones tiene Luke?

   Tipo de comparación: ______________________________

   Ecuación y respuesta: ______________________________

9. Una librería grande vendió 19,813 libros el sábado y 22,964 libros el domingo. ¿Cuántos libros menos vendió la librería el sábado en comparación con el domingo?

   Tipo de comparación: ______________________________

   Ecuación y respuesta: ______________________________

   ____

10. El fin de semana pasado, el señor Morgan montó 3 millas en su bicicleta. Este fin de semana, montó 21 millas. ¿Cuántas millas más montó el señor Morgan este fin de semana que el fin de semana pasado?

   Tipo de comparación: ______________________________

   Ecuación y respuesta: ______________________________

   ____

© Houghton Mifflin Harcourt Publishing Company

Practicar

Escribe y resuelve una ecuación para resolver cada problema. Dibuja barras de comparación cuando lo necesites. Muestra tu trabajo.

11 En el último día de clase, 100 estudiantes más usaron shorts que jeans. Si 130 estudiantes usaron *jeans*, ¿cuántos estudiantes usaron *shorts*?

____

12 Matthew completó un rompecabezas de 90 piezas. Wendy completó uno con 5 veces más piezas. ¿Cuántas piezas tiene el rompecabezas de Wendy?

____

13 Había 19,478 adultos en un juego de béisbol. Había 5,136 menos niños que adultos.¿Cuántos niños había en el juego de béisbol?

____

¿Cuál es el error?

Queridos estudiantes de matemática,

Me pidieron calcular el número de estampillas que tiene Amanda. Su amigo Jesse tiene 81 estampillas, lo que es 9 veces tantas estampillas como Amanda.

Escribí $81 \times 9 = s$. Entonces, $s = 729$. Mi profesora dice que mi respuesta no es correcta. ¿Pueden explicarme cuál fue mi error?

Tu amigo,
El Pingüino Confundido

14 Escribe una respuesta al Pingüino Confundido.

____

____

Comprobar la comprensión
Explica cómo los problemas de comparación de suma difieren de los problemas de comparación de multiplicación.

© Houghton Mifflin Harcourt Publishing Company

Nombre ______________________________

Vocabulario
pictografía

Usar una pictografía

Una **pictografía** es una gráfica que usa imágenes o símbolos para representar datos. Esta pictografía muestra cuántos libros de una biblioteca prestaron 5 estudiantes en un año.

Usa la pictografía para resolver.

1. Escribe una ecuación de suma y una ecuación de resta que compare el número de libros que prestó Tariq (*t*) y el número de libros que prestó Jamarcus (*j*).

   ____

2. Escribe una ecuación de multiplicación y una ecuación de división que compare el número de libros que prestó Najee (*n*) y el número de libros que prestó Celine (*c*).

   ____

3. ¿Celine prestó dos veces más libros que cuál estudiante?

   ____

4. ¿Cuál estudiante prestó 30 libros menos que Celine?

   ____

5. El número de libros que prestó Dawson no se muestra. Si Jamarcus prestó 10 libros más que Dawson, ¿cuántos libros prestó Dawson?

   ____

© Houghton Mifflin Harcourt Publishing Company • Image Credits: ©Connel_Design/iStock/Getty Images

Usar una gráfica de barras

A continuación, la gráfica de barras muestra el número de jonrones bateados por cinco miembros del equipo de béisbol.

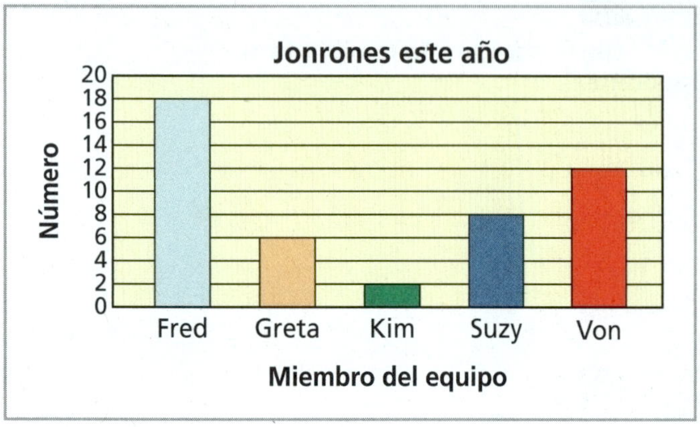

Usa la gráfica de barras para resolver.

6 Escribe una ecuación de suma y una ecuación de resta que compare el número de jonrones bateados por Suzy (*s*) y el número de jonrones bateados por Kim (*k*).

____

7 Escribe una ecuación de multiplicación y una ecuación de división que comparen el número de jonrones bateados por Greta (*g*) y el número de jonrones bateados por Fred (*f*).

____

8 ¿Cuántos jonrones más bateó Von que Greta? _______________

9 ¿Cuál jugador bateó 10 jonrones menos que Von? _______________

10 Este año, Fred bateó 2 veces tantos jonrones como el año pasado. ¿Cuántos jonrones bateó Fred el año pasado? _______________

Comprobar la comprensión

Usa la gráfica de barras para resolver. Este año, Kim bateó 8 jonrones menos que los que bateó el año pasado. ¿Cuántos jonrones bateó Kim el año pasado?

____

© Houghton Mifflin Harcourt Publishing Company • Image Credits: ©Christopher Futcher/E+/Getty Images

Prueba rápida 2 de la Unidad 4

Nombre ______________________ **Fecha** ______________________

Escribe una ecuación.

1 Nicole nada 6 veces más vueltas que Evan. ¿Cuál ecuación de multiplicación compara las vueltas que nadan Nicole y Evan?

____

Escribe una ecuación para mostrar el problema. Luego resuelve. *Muestra tu trabajo.*

2 Hay 34 sombreros en una tienda. Hay 2 veces más bufandas que sombreros en la tienda. ¿Cuántas bufandas hay en la tienda?

____

3 Liam tiene 51 adhesivos. Tiene 3 veces más adhesivos que Jade. ¿Cuántos adhesivos tiene Jade?

____

4 Hay 16,492 personas en una carrera de carros. Hay 3,271 personas menos en la carrera de este año que en la del año pasado. ¿Cuántas personas estuvieron en la carrera de carros el año pasado?

____

Usa la gráfica de barras. Escribe una ecuación para resolver el problema.

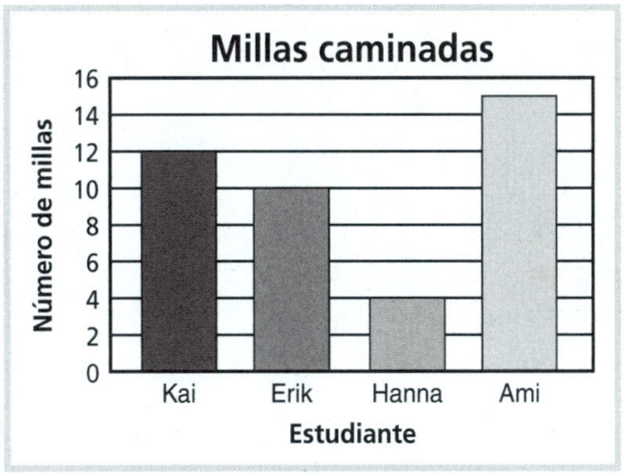

© Houghton Mifflin Harcourt Publishing Company

5 ¿Cuántas veces más millas caminó Kai que Hanna?

____

Comprobar el conocimiento 12

Nombre ____________________ Fecha ____________________

Camino al conocimiento

Suma o resta.

1. $\begin{array}{r} 214 \\ +\ 180 \\ \hline \end{array}$

2. $\begin{array}{r} 427 \\ -\ 345 \\ \hline \end{array}$

3. $\begin{array}{r} 4,592 \\ +\ 3,667 \\ \hline \end{array}$

4. $\begin{array}{r} 6,953 \\ -\ 3,812 \\ \hline \end{array}$

5. $\begin{array}{r} 8,931 \\ +\ 658 \\ \hline \end{array}$

6. $\begin{array}{r} 50,730 \\ -\ 42,694 \\ \hline \end{array}$

7. $\begin{array}{r} 83,314 \\ +\ 20,894 \\ \hline \end{array}$

8. $\begin{array}{r} 9,063 \\ -\ 1,842 \\ \hline \end{array}$

9. $\begin{array}{r} 397 \\ +\ 411 \\ \hline \end{array}$

10. $\begin{array}{r} 694 \\ -\ 642 \\ \hline \end{array}$

11. $\begin{array}{r} 76,836 \\ -\ 8,565 \\ \hline \end{array}$

12. $\begin{array}{r} 367,530 \\ +\ 246,597 \\ \hline \end{array}$

13. $\begin{array}{r} 477,713 \\ -\ 80,722 \\ \hline \end{array}$

14. $\begin{array}{r} 21,419 \\ +\ 8,639 \\ \hline \end{array}$

15. $\begin{array}{r} 804,672 \\ -\ 522,891 \\ \hline \end{array}$

© Houghton Mifflin Harcourt Publishing Company

Nombre ______________________________

Comentar los pasos del problema

Algunas veces necesitarás trabajar a través de más de un paso para resolver un problema. Los pasos se pueden mostrar en una o más ecuaciones.

Resuelve.

1. En la escuela elemental Parkes, hay 6 clases de cuarto grado con 17 estudiantes en cada clase. El viernes, 23 estudiantes de cuarto grado trajeron almuerzo de sus casas y el resto de los estudiantes compró almuerzo en la cafetería. ¿Cuántos estudiantes de cuarto grado compraron almuerzo en la cafetería el viernes?

____

2. Resuelve el problema otra vez terminando los métodos de Tommy y Lucy. Luego comenta en qué se parecen los dos métodos y en qué se diferencian.

Método de Tommy	Método de Lucy
Escribe una ecuación para cada paso. Calcula el número total de estudiantes que están en cuarto grado. $6 \times 17 = \_\_\_\_$ Resta el número de estudiantes que trajeron almuerzo de sus casas. $102 - 23 = \_\_\_\_$	**Escribe una ecuación para todo el problema.** Sea n = el número de estudiantes que compraron almuerzo. Estudiantes en cada clase de cuarto grado. → (primer espacio) Estudiantes que trajeron almuerzo de sus casas. → (segundo espacio) $6 \times \_\_\_\_ - \_\_\_\_ = n$ $\_\_\_\_ = n$

3. Usa una ecuación para resolver. Comenta los pasos que usaste.

Susan compra 16 paquetes de perros calientes para una barbacoa. Cada paquete contiene 12 perros calientes. Los panes para los perros calientes se venden en paquetes de 8. ¿Cuántos paquetes de panes para perros calientes necesita comprar Susan para tener un pan por cada perro caliente?

____

© Houghton Mifflin Harcourt Publishing Company

Compartir soluciones.

Usa una ecuación para resolver.

Muestra tu trabajo.

4. La entrada para un parque temático cuesta $32 para cada adulto. Un grupo de 5 adultos y un niño pagan $182 para entrar al parque temático. ¿Cuánto cuesta el boleto para un niño en el parque temático?

____

5. Kenny colecciona CD y DVD. Tiene un total de 208 CD. También tiene 8 gavetas con 24 DVD en cada estante. ¿Cuántos CD más que DVD tiene Kenny?

____

6. Carla siembra 14 plantas de tomate. Su libro de jardinería indica que en cada planta crecen 12 tomates. Piensa dividir los tomates igualmente entre sus 7 amigos y ella. ¿Cuántos tomates se llevaría cada persona?

____

7. Alex y su familia se van de viaje. En el primer día, manejaron 228 millas. En el segundo día, manejaron 279 millas. Su destino está a 1,043 millas. ¿Cuántas millas le faltan por manejar para llegar a su destino?

____

8. Una biblioteca pública tiene más de 50,000 libros. Hay 249 libros de ciencia y 321 libros de tecnología. Mary ordena los libros de ciencia y tecnología en estantes con 6 libros en cada uno. ¿Cuántos estantes llenará Mary con libros de ciencia y tecnología?

____

Comprobar la comprensión

Explica qué son los problemas de dos pasos y cómo resolverlos.

© Houghton Mifflin Harcourt Publishing Company

Nombre ______________________________

Comentar los pasos

1 El señor Stills hace bolsas de artículos escolares para los 9 estudiantes en su clase. Tiene 108 lápices y 72 borradores. Coloca el mismo número de lápices y el mismo número de borradores en cada bolsa. ¿Cuántos lápices más que borradores hay en cada bolsa de artículos escolares?

Resuelve el problema terminando los métodos de Nicole y David. Comenta en qué se parecen y en qué se diferencian los métodos.

Método de Nicole

Escribe una ecuación para cada paso.

Divide para calcular el número de lápices que el señor Stills coloca en cada bolsa de artículos escolares. $108 \div 9 = $ ______

Divide para calcular el número de borradores que el señor Stills coloca en cada bolsa de artículos escolares. $72 \div 9 = $ ______

Resta el número de borradores del número de lápices en cada bolsa.

$12 - 8 = $ ______

Hay ______ lápices más que borradores en cada bolsa de artículos escolares.

Método de David

Escribe una ecuación para el todo el problema.

Sea p = cuántos lápices más que borradores hay en cada bolsa de artículos escolares.

El número de lápices en cada bolsa de artículos escolares. | El número de borradores en cada bolsa de artículos escolares.

______ $\div 9 -$ ______ $\div 9 = p$

$12 - 8 = p$

______ $= p$

Hay ______ lápices más que borradores en cada bolsa de artículos escolares

© Houghton Mifflin Harcourt Publishing Company

Comentar los pasos (continuación)

2 John vende bolsas de palomitas de maíz para recaudar fondos para la escuela. Hasta ahora, John ha vendido 45 bolsas de palomitas de maíz por \$5 cada una. Su meta es recaudar \$300 para la escuela. ¿Cuántas bolsas más de palomitas de maíz debe vender John para alcanzar su meta?

Resuelve el problema escribiendo una ecuación para cada paso. Luego resuelve el problema escribiendo una ecuación para todo el problema.

Escribe una ecuación para cada paso.

Multiplica para calcular cuánto dinero ha recaudado John hasta ahora vendiendo palomitas de maíz.

_____ × \$5 = \$_____

Resta para calcular cuánto dinero le falta a John por recaudar para alcanzar su meta.

\$300 − \$_____ = \$_____

Divide para calcular el número de bolsas de palomitas de maíz que John debe vender para alcanzar su meta.

\$75 ÷ \$5 = _____

John debe vender _____ bolsas más de palomitas de maíz para alcanzar su meta.

Escribe una ecuación para todo el problema.

Sea b = el número de bolsas de palomitas de maíz que John debe vender para alcanzar su meta.

La meta de recaudación de fondos de John — La cantidad de dinero que John ha recaudado hasta ahora

(_____ − _____ × \$5) ÷ \$5 = b

(\$300 − \$_____) ÷ \$5 = b

\$_____ ÷ \$5 = b

_____ = b

John debe vender _____ bolsas de palomitas más para alcanzar su meta.

© Houghton Mifflin Harcourt Publishing Company

 Nombre ______

Problemas de varios pasos

Usa una ecuación para resolver. *Muestra tu trabajo.*

3. Sara compró algunas bolsas de cuentas. Cada bolsa tenía 9 cuentas y le costó $2. Sara usó las cuentas para hacer 18 collares, cada uno con 25 cuentas. ¿Cuánto dinero pagó Sara por las cuentas de todos los collares que hizo?

______

4. Hay 5 clases de cuarto grado yendo a un viaje de campo. Dos de las clases tienen 16 estudiantes cada una y 3 de las clases tienen 17 estudiantes cada una. Están viajando en furgonetas que tienen capacidad para 9 estudiantes. ¿Cuántas furgonetas deben transportar a todos los estudiantes?

______

5. Un teatro de cine tiene 13 pantallas. En los fines de semana, cada pantalla muestra una película 7 veces en un día. En los días de semana, cada pantalla muestra una película 5 veces en un día. ¿Cuántas funciones más hay los sábados que los martes?

______

6. Justin va a la tienda y compra 3 camisetas por $14 cada una. También compra 2 pares de jeans por $23 cada uno. Le da al cajero $100. ¿Cuánto cambio recibe Justin?

______

7. Terrence tiene 24 carros de miniatura ordenados en filas iguales de 6 carros de miniatura. Natalie tiene 18 carros de miniatura ordenados en filas iguales de 3 carros de miniatura. ¿Cuántas filas de carros de miniatura tienen en total?

______

© Houghton Mifflin Harcourt Publishing Company

¿Cuál es el error?

Queridos estudiantes de matemáticas,

Mi amigo y yo estamos planificando una caminata. Escalaremos del punto A al Punto B, cuya distancia es de 28 millas. Luego escalaremos del Punto B al Punto C, cuya distancia es de 34 millas. Caminaremos 7 millas cada día por 8 días. Estamos tratando de resolver cuántas millas necesitamos caminar el noveno día para llegar al Punto C.

Escribí y resolví esta ecuación.

$28 + 34 - 7 \times 8 = t$

$62 - 7 \times 8 = t$

$55 \times 8 = t$

$440 = t$

Esta respuesta no tiene sentido. ¿Hice algo mal? ¿Qué piensas?

Tu amigo,
Pingüino Confundido

8 Escribe una respuesta al Pingüino Confundido.

Comprobar la comprensión
Describe cómo resolver un problema de varios pasos.

© Houghton Mifflin Harcourt Publishing Company

Nombre ______________________________

Comentar los problemas de varios pasos

Usa ecuaciones para resolver.

Muestra tu trabajo.

1. Eli lee 6 páginas de un libro cada noche. Shelby lee 8 páginas cada noche. ¿Cuántas páginas en total leerán Eli y Shelby en una semana?

   ____

2. Min Soo ordena 5 pizzas para una fiesta. Cada pizza será cortada en 8 porciones. Tres pizzas tendrán varios ingredientes, y las otras serán sólo de queso. ¿Cuántas porciones de pizzas de sólo queso está ordenando Min Soo para la fiesta?

   ____

3. Jasmine y Mori recibieron cada una el mismo número de bolsas de recuerdos de fiesta el mes pasado. Cada bolsa contenía 8 recuerdos. Si Jasmine y Mori recibieron un total de 48 recuerdos, ¿cuántas bolsas de recuerdos de fiesta recibió cada una?

   ____

4. En la clase de artes, Ernesto hizo algunos tazones de frutas para su madre y su hermano. Nueve manzanas pueden colocarse en cada tazón. El hermano de Ernesto colocó 18 manzanas en los tazones que le dieron y la madre de Ernesto colocó 36 manzanas en los tazones que le dieron. ¿Cuántos tazones de frutas hizo Ernesto?

   ____

5. El martes, un empleado de una tienda de bicicletas reemplazó todos los neumáticos de 6 bicicletas. El miércoles, se reemplazaron todos los neumáticos de 5 triciclos. ¿Cuál es el número total de neumáticos que se reemplazaron en esos días?

   ____

© Houghton Mifflin Harcourt Publishing Company

Resolver problemas de varios pasos

Usa ecuaciones para resolver.

Muestra tu trabajo.

6 La señora Luong compró 9 árboles por $40 cada uno. Pagó por la compra con cuatro billetes de $100. ¿Cuánto cambio recibió?

____

7 El contenido de la caja de Chan Hee pesa 37 libras. En la caja hay cinco recipientes de igual peso, y un libro que pesa 2 libras. ¿Cuál es el peso de cada recipiente?

____

8 Una tienda de mascotas es el hogar de 6 gatos, 10 pájaros, 3 perros y 18 peces tropicales. En total, ¿cuántas patas tienen esas mascotas?

____

9 Dan tiene 7 peces en su acuario. Marilyn tiene 4 veces más peces en su acuario. ¿Cuántos peces tienen Dan y Marilyn en total?

____

10 Escribe un problema que se resuelva usando más de un paso. Luego muestra cómo resolver el problema.

____

✓ Comprobar la comprensión

Para el Problema 7, supongamos que los contenidos de la caja de Chan Hee pesan 42 libras. Escribe y resuelve una nueva ecuación para calcular el peso de cada recipiente.

____

© Houghton Mifflin Harcourt Publishing Company

Nombre ______________________ Fecha ______________

Escribe una ecuación para mostrar el problema. Luego resuelve.

Muestra tu trabajo.

1. Anika gastó $128 en 3 suéteres y 1 falda. Los suéteres cuestan $38 cada uno. ¿Cuál es el costo de la falda?

____

____

2. Lili tiene 144 cuentas de cerámica y 108 cuentas de madera. Piensa guardar las cuentas igualmente en 6 cajas. ¿Cuántas cuentas habrán en cada caja?

____

____

Escribe una o más ecuaciones para mostrar el problema. Luego resuelve.

3. Emma tiene 14 rocas en su colección. Tyler tiene 6 veces más rocas que Emma. ¿Cuántas rocas tienen Emma y Tyler en total?

____

____

4. Joaquin está ahorrando $250 para comprar una tabla de surfear. Ahorró $8 cada semana por 12 semanas. Quiere comprar la tabla de surfear en 7 semanas más. ¿Cuánto necesita ahorrar Joaquín cada semana?

____

____

© Houghton Mifflin Harcourt Publishing Company

Comprobar el conocimiento 13

Nombre ______ Fecha ______

Camino al conocimiento

Suma o resta.

1. 60,047 − 35,689

2. 472 − 364

3. 5,682 + 2,497

4. 5,897 − 4,352

5. 89,431 − 8,650

6. 298 + 311

7. 67,538 + 22,685

8. 429 − 117

9. 409,274 − 38,528

10. 342 + 342

11. 5,630 − 3,428

12. 587,390 + 136,428

13. 984,208 − 796,159

14. 79,472 + 8,927

15. 3,219 + 628

© Houghton Mifflin Harcourt Publishing Company

Nombre ______________________________

Hallar pares de factores

Un par de factores de un número son dos números enteros cuyo producto es ese número. Por ejemplo, 2 y 5 es un par de factores de 10.

1. Dibuja matrices para mostrar todos los pares de factores de 12 en la cuadrícula a continuación. Se muestra la matriz de 1 y de 12.

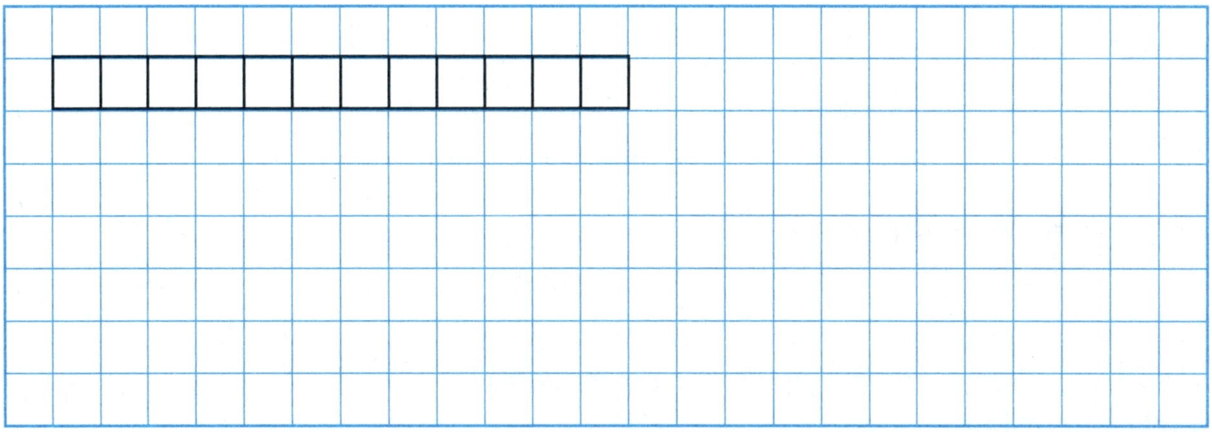

2. Enumera todos los pares de factores de 12. ______________________________

Usa la tabla para enumerar todos los pares de factores de cada número.

3. 32

1	32
2	

4. 44

1	44

5. 100

1	100

Enumera todos los pares de factores de cada número.

6. 29

____

7. 63

____

© Houghton Mifflin Harcourt Publishing Company

Identificar números primos y compuestos

VOCABULARIO
número primo
número compuesto

Un número mayor que 1, cuyos pares de factores son solo 1 y el mismo número, es un **número primo**. Algunos números primos son 2, 5, 11 y 23.

Un número mayor que 1, con más de un par de factores es un **número compuesto**. Algunos números compuestos son 4, 12, 25 y 100.

El número 1 no es ni primo ni compuesto.

8 Usa fichas para representar las matrices de todos los pares de factores de 24. La matriz de 2 y 12 se muestra a continuación.

9 ¿Es 24 un *número primo o un número compuesto*? Explica tu respuesta.

____

____

Escribe en cada caso si el número es *primo* o *compuesto*.

10 99 ____________

11 72 ____________

12 31 ____________

13 45 ____________

14 19 ____________

15 88 ____________

16 67 ____________

17 100 ____________

18 53 ____________

19 ¿Es 2 el único número par primo? Explica.

____

____

© Houghton Mifflin Harcourt Publishing Company

Nombre ______________________________

VOCABULARIO
múltiplo

Factores y múltiplos

Un **múltiplo** de un número es un producto de ese número y un número de conteo.

20. ¿Cuáles son los primeros cinco múltiplos de 4? Explica tu método.

____

____

21. Escribe los primeros diez múltiplos de 8.

____

22. ¿Es 54 un múltiplo de 6? Explica cómo lo sabes.

____

____

23. ¿Es 6 un factor de 40? Explica cómo lo sabes.

____

24. ¿Cuáles son los primeros cinco múltiplos de 9? Explica tu método.

____

____

25. ¿Cuáles son los factores de 63?

____

26. ¿Es 63 un múltiplo de cada factor que enumeraste en el Ejercicio 25? Explica cómo lo sabes.

____

____

____

© Houghton Mifflin Harcourt Publishing Company

Practicar con factores y múltiplos

Indica si 7 es un factor de cada número. Escribe *sí* o *no*.

27 7 ________ 28 84 ________ 29 93 ________ 30 49 ________

Indica si cada número es un múltiplo de 9 . Escribe *sí* o *no*.

31 27 ________ 32 30 ________ 33 81 ________ 34 99 ________

Usa un patrón para calcular los múltiplos desconocidos.

35 $3 \times 11 = 33$

$4 \times 11 = 44$

$5 \times 11 =$ ________

$6 \times 11 =$ ________

$7 \times 11 =$ ________

36 $5 \times 6 = 30$

$6 \times 6 =$ ________

$7 \times 6 =$ ________

$8 \times 6 =$ ________

$9 \times 6 =$ ________

Usa la regla para completar el patrón.

37 Regla: cuenta de 6 en 6.

6, ________, ________, 24, ________, 36, ________, 48, ________, 60

38 Regla: cuenta de 5 en 5.

5, 10, ________, 20, 25, ________, 35, 40, ________, ________, 55, ________

39 Regla: cuenta de 7 en 7.

7, 14, 21, ________, ________, ________, ________, ________, ________, ________

40 Regla: cuenta de 12 en 12.

12, 24, ________, ________, ________, ________, ________, ________, ________

Comprobar la comprensión

Dibuja matrices para los pares de factores de 18.
¿Es 18 un número primo o un número compuesto? ________

© Houghton Mifflin Harcourt Publishing Company

 Nombre ____________________

VOCABULARIO
patrón

Patrones numéricos

Un **patrón** es una secuencia que puede ser descrita por una regla.

Usa la regla para hallar los siguientes tres términos en el patrón.

1. 22, 24, 26, 28, 30, …
   Regla: suma 2
   ____

2. 5, 10, 20, 40, …
   Regla: multiplica por 2
   ____

3. 1, 3, 9, 27, …
   Regla: multiplica por 3
   ____

4. 2, 9, 16, 23, 30, …
   Regla: suma 7
   ____

Usa la regla para hallar los primeros diez términos en el patrón.

5. Primer término: 9 Regla: suma 5
   ____

6. Primer término: 10 Regla: suma 60
   ____

Aplicaciones en el mundo real

Resuelve.

7. Amy vive en la vigésima casa de la calle Elm. El número de la primera casa de la calle Elm es el 3. La segunda casa es el 6. La tercera casa es el 9. La cuarta casa es el 12. Si el patrón continúa, ¿cuál pareciera ser el número de la casa de Amy?

Casa	1ª	2ª	3ª	4ª	20ª
Número	3	6	9	12	

____

8. Theo corre 5 millas cada mañana. Reporta su progreso en una tabla de registro de millas recorridas en total. ¿Cuántas millas escribirá Theo en el día 100?

Día	1	2	3	4	5	100
Millas	5	10	15	20	25	

____

© Houghton Mifflin Harcourt Publishing Company

Patrones extendidos

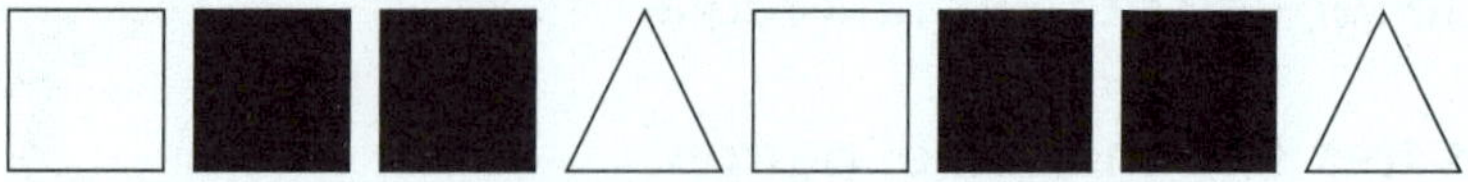

9 ¿Cuáles son los términos repetitivos del patrón?

____

10 ¿Cuál será el décimo término en el patrón? _______________

11 ¿Cuál será el décimo quinto término en el patrón? _______________

Patrones de aumento

12 ¿Cómo cambia cada figura en el patrón de la derecha de un término al siguiente?

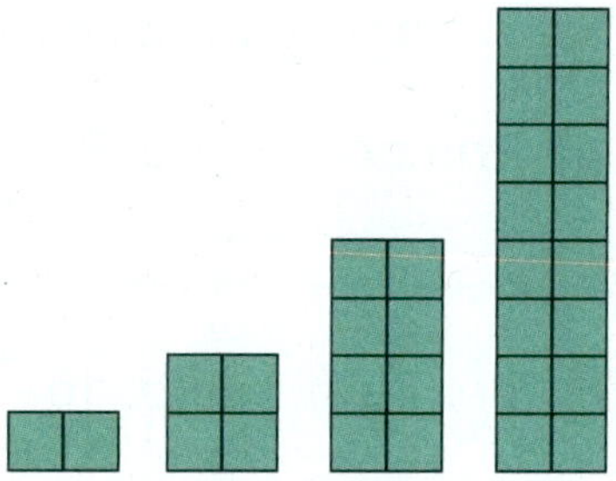

____

____

____

13 Describe el número de cuadrados en el siguiente término en el patrón de cuadrados.

____

Usa el patrón a continuación para responder las preguntas en los Ejercicios 14 y 15.

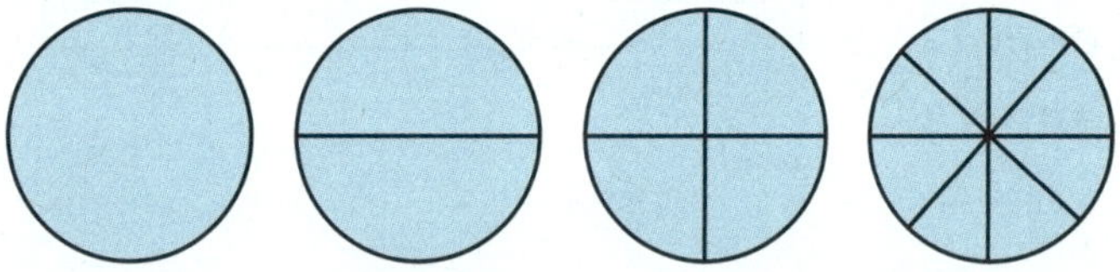

14 ¿Cómo cambia cada figura en el patrón anterior de un término al siguiente?

____

15 ¿Cuántas partes iguales tendrá el séptimo término?

____

© Houghton Mifflin Harcourt Publishing Company

Nombre ____________________

Máquinas de entrada/salida

Usa las máquinas de entrada/salida para completar las tablas.

16

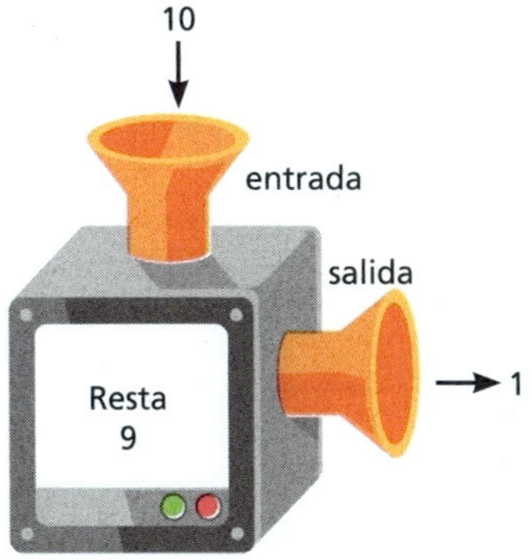

Entrada	Salida
10	1
13	
16	
22	
25	

17

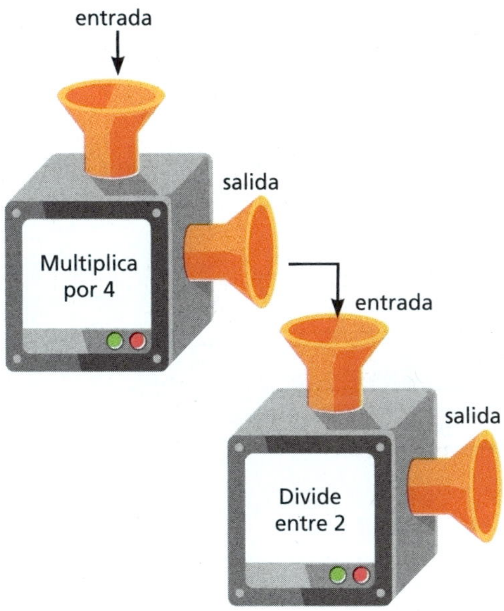

Entrada	Salida
1	
7	
20	
4	
11	

Usar operaciones inversas

Usa la operación dada, o su operación inversa, para calcular los valores faltantes en cada tabla.

18

Suma 3					
Entrada	1	4			9
Salida			8	15	

19

Divide entre 10					
Entrada	20		10	50	
Salida		6			10

© Houghton Mifflin Harcourt Publishing Company

Funciones de una operación

VOCABULARIO
función

Una **función** es una relación matemática que es compartida por dos conjuntos de números. Una regla describe la relación. Una tabla es una manera de mostrar una función.

Para cada función a continuación, se da una operación. Usa la operación, o la operación inversa, para completar la tabla.

20

Resta 1					
Entrada	4	2		5	
Salida			8		0

21

Suma 5					
Entrada	2		3		7
Salida		10		6	

22

Multiplica por 11					
Entrada		12		9	
Salida	77		110		121

Funciones de dos operaciones

Para cada función a continuación, se dan dos operaciones. Completa la tabla.

23

Multiplica por 3, luego resta 1					
Entrada	1	2	6	4	7
Salida					

24

Divide entre 2, luego suma 3					
Entrada	4	2	10	8	6
Salida					

© Houghton Mifflin Harcourt Publishing Company

Nombre ____________________

Escribir una regla

Esta tabla muestra que el número de patas es una función del número de perros. Usa la tabla para completar el Ejercicio 25.

Número de perros	1	2	3	4	5	6	7	8
Número de patas	4	8	12	16	20	24	28	32

25. Usa palabras, para escribir la regla de la función.

____

____

Hacer una tabla

26. Escribe una regla de funciones en palabras que incluya dos operaciones.

____

____

27. En la tabla a continuación, escribe la regla del Ejercicio 26. Luego escribe 5 entradas. Luego usa la regla y escribe las salidas faltantes.

Regla: ____________________					
Entrada					
Salida					

28. En una panadería, los panecillos de afrecho son horneados por docenas. En la tabla a continuación, escribe una regla para describir la relación. Luego completa la tabla para mostrar el número de panecillos horneados por cualquier número de docenas.

Regla: ____________________								
Número de docenas								
Número de panecillos								

© Houghton Mifflin Harcourt Publishing Company

Funciones y ecuaciones

La función a continuación describe el número de patas (*p*) para cualquier número de arañas (*a*).

Número de arañas (*a*)	1	2	3	4	5	6	7	8
Número de patas (*p*)	8	16	24	32	40	48	56	64

29 Usando las variables *a* y *p*, escribe una ecuación que muestre que el número de patas *(p)* es una función del número de arañas (*a*). ___________

30 Escribe una ecuación que use las variables *x* y *y*, y que muestre a *y* como una función de *x*.

x	0	1	2	3	4
y	1	2	3	4	5

____

Resuelve.

31 Cada boleto a un musical de la escuela cuesta $6. Escribe una ecuación que represente el costo en dólares *(d)* para cualquier número de boletos *(b)*. ___________

Jon gasta $30 en boletos. Explica cómo calcular el número de boletos que compró. Nombra el número de boletos.

____

32 La regla para la tabla es $y = 3x + 2$. Usa la regla para completar la tabla.

x	1	2	4	7	8
y					

© Houghton Mifflin Harcourt Publishing Company

Comprobar la comprensión

Usa la regla para escribir los primeros cinco términos en el patrón. Primer término: 8; Regla: multiplica por 4.

____

Nombre ____________________

La matemática y la alfarería

La alfarería son objetos formados primero con arcilla húmeda y luego endurecido por horneado. Cuatro pasos son necesarios para hacer un producto de alfarería: preparar la mezcla de arcilla, darle forma a la arcilla, decorar y esmaltar el producto y hornear el producto. La alfarería incluye productos como obras de arte, juegos de platos y cubiertos, jarrones y otros elementos domésticos. Algunos de los lugares donde puedes conseguir alfarería incluyen estudios de arte, exposiciones de artesanía, tiendas de cerámica y en muchas casas.

© Houghton Mifflin Harcourt Publishing Company • Image Credits: ©Image Source/Getty Images

Escribe una ecuación para resolver.

Muestra tu trabajo.

1. Una pequeña tienda de cerámica tiene 9 cajas del mismo tamaño llenas de elementos de alfarería. Las cajas pesan 765 libras en total. ¿Cuánto pesa cada caja?

   ____

2. Julio y Myra tenían un puesto de alfarería en la feria anual de artesanías. Vendieron algunos de sus cerámicas a un precio original de $13 cada una, por un total de $780. Al final del día, bajaron el precio de cada artículo a $4 y vendieron 20 artículos más. ¿Cuánto dinero hicieron en total ese día?

   ____

Escribe una ecuación para resolver.

Muestra tu trabajo.

3 El mes pasado, el señor Smith compró 65 latas pequeñas de pintura para su tienda de alfarería. Este mes compró 3 veces más latas pequeñas de pintura. ¿Cuántas latas pequeñas de pintura compró este mes?

4 Los empleados de un almacén de alfarería están empaquetando cajas de jarrones para repartirlos en un camión. Empaquetaron 824 jarrones pequeños en cajas que contienen 8 jarrones cada una. También empaquetaron 296 jarrones grandes en cajas que contienen 4 jarrones. ¿Cuántas cajas empaquetaron los obreros en total?

5 El año pasado, hubo 3,875 artículos de alfarería diferentes en venta en una gran exposición de artesanías. Este año, hubo 1,260 artículos de alfarería menos en venta en la exposición de artesanías. ¿Cuántos artículos de alfarería estuvieron en venta en la exposición de artesanías este año?

Resuelve.

6 Isabella vio un diseño de alfarería que le gustó en una tienda de artesanías. Quiere copiar el diseño y pintarlo en una maceta que está haciendo. Parte del diseño se muestra a continuación.

a. ¿Cuál es la próxima figura que debería pintar Isabella para continuar el patrón de diseño?

b. ¿Cuál será la décimo cuarta figura en el diseño de Isabella?

© Houghton Mifflin Harcourt Publishing Company • Image Credits: ©Jose Luis Pelaez Inc/Blend Images/Alamy Images

Prueba rápida 4 de la Unidad 4

Nombre ______________________ Fecha ____________

Escribe si el número es *primo* o *compuesto*.

1. 91

   ____

2. 41

   ____

3. Enumera todos los pares de factores del número.

   64

   ____

4. La regla para la tabla es $y = 2x + 1$. Usa la regla para completar la tabla.

x	0	1	2	3	4
y					

5. Describe el siguiente término en el patrón.

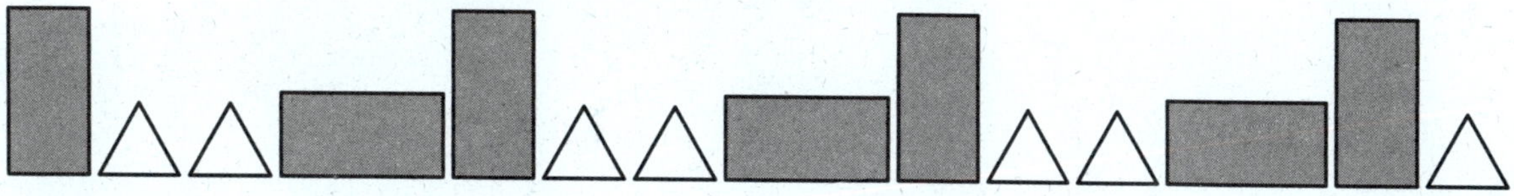

   ____

   ____

© Houghton Mifflin Harcourt Publishing Company

Comprobar el conocimiento 14

Nombre Fecha

Camino al conocimiento

Suma o resta.

1.
```
  24,389
+ 18,710
```

2.
```
  506
- 382
```

3.
```
  5,537
+ 4,548
```

4.
```
  637
+ 462
```

5.
```
  43,000
-  6,782
```

6.
```
  52,896
- 36,952
```

7.
```
  11,934
+  4,572
```

8.
```
  692,375
+ 227,964
```

9.
```
  353,785
- 177,841
```

10.
```
  409
+ 570
```

11.
```
  4,507
- 3,384
```

12.
```
  755
- 314
```

13.
```
  430,761
-  78,914
```

14.
```
  5,396
- 3,352
```

15.
```
  8,342
+   177
```

© Houghton Mifflin Harcourt Publishing Company

 Nombre ______ Fecha ______

1. El número de fresnos en una granja de árboles es 5 veces el número de pinos. Elige una expresión de cada columna para crear una ecuación que compare el número de fresnos *(f)* y el número de pinos *(p)*.

○ $f - 5$		○ p
○ $5f$	=	○ $5p$
○ f		○ $p + 5$
○ $f \div 5$		○ $p - 5$

2. Usa la regla para calcular el valor de *y*.

Regla: $y = 4x + 3$

valor de *x*: 2

valor de *y*: ______

3. Eliot envía 217 mensajes de texto cada semana. Escribe ecuaciones para calcular cuántos mensajes de texto envía en 4 semanas y en 7 semanas.

Ecuaciones: ______

______

Usa las ecuaciones para completar la tabla.

Semanas	Mensajes de texto totales
1	217
4	
7	

4. Despeja *n*.

$(16 + 12) \div (11 - 7) = n$ $n =$ ☐

© Houghton Mifflin Harcourt Publishing Company

Nombre ______________________ Fecha ____________

5 Hay 1,342 jugadores en la liga de béisbol. Eso es 2 veces el número de jugadores en la liga de fútbol. ¿Cuántos jugadores hay en la liga de fútbol? Escribe una ecuación. Luego resuelve.

6 Una escuela ordena 688 camisetas en 3 tallas: pequeñas, medianas y grandes. Hay 296 camisetas pequeñas y 268 medianas. ¿Cuántas camisetas grandes se ordenaron? Selecciona los números de la lista para completar la ecuación. Luego resuelve.

3	268	296	688

$l = \square - (\square + \square)$

$l =$ ______ camisetas grandes

7 Elige el par de factores de 45. Marca todos los que aplican.

(A) 4, 11
(B) 3, 15
(C) 6, 7
(D) 4, 12
(E) 1, 45
(F) 5, 9

8 ¿Es un múltiplo del número primo 3, también un número primo? Encierra en un círculo tu respuesta.

Sí No

Explica tu razonamiento.

© Houghton Mifflin Harcourt Publishing Company

Nombre ____________________ Fecha ____________________

9 Una docena de pastelero es un grupo o conjunto de 13. Selecciona la ecuación que muestra el número de galletas *(g)* en cualquier número de docenas de pastelero *(b)*. Selecciona todas las que aplican.

Ⓐ $g = 13b$

Ⓑ $g = 12b + 1$

Ⓒ $g = 13 + b$

Ⓓ $g = b(12 + 1)$

Completa la tabla para mostrar el número de galletas.

Docenas del pastelero	1	3	5	7	9
Galletas					

10 Clasifica cada número de la lista como múltiplos de 2, 3 o 5. Escribe cada número en el cuadro correcto. Un número se puede escribir en más de un cuadro.

18 30 20 24 55 39

Múltiplo de 2	Múltiplo de 3	Múltiplo de 5

11 Usa la regla para calcular los siguientes 3 términos en el patrón.

Regla: multiplica por 2

4, 8, 16, 32, ☐, ☐, ☐, ...

12 Dibuja el siguiente término en el patrón.

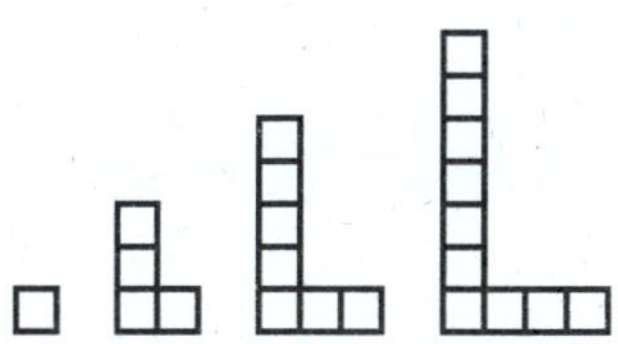

© Houghton Mifflin Harcourt Publishing Company

Nombre ____________ Fecha ____________

13 Un equipo de obreros está construyendo una vía de 942 pies. Piensan completar 6 pies por hora. ¿Cuántas horas tomará construir la vía?

Elige la ecuación que se puede usar para resolver este problema. Marca todas las que aplican.

Ⓐ $942 \times 6 = h$

Ⓑ $942 \div 6 = h$

Ⓒ $942 \div h = 6$

Ⓓ $6 \times h = 942$

Ⓔ $6 = 942 \times h$

Ⓕ $942 = 6 \div h$

14 Roger envía un número grande de paquetes el lunes. Luego envía 3,820 paquetes más el martes. Roger envía 22,540 paquetes en total. ¿Cuántos paquetes envió el lunes? Identifica el tipo de comparación como suma o multiplicación. Luego escribe y resuelve una ecuación para resolver el problema.

Tipo de comparación: ____________

Ecuación: ____________

Respuesta: ________ paquetes

15 Para los Ejercicios 15a al 15d, elige si el cálculo es Verdadero o Falso.

15a. $72 \div (6 + 2) = 9$ ○ Verdadero ○ Falso

15b. $(2 + 7) + (6 - 2) = 36$ ○ Verdadero ○ Falso

15c. $(12 + 8) \div 4 = 10 \div (5 - 3)$ ○ Verdadero ○ Falso

15d. $(35 - 8) \div (2 + 1) = 32$ ○ Verdadero ○ Falso

© Houghton Mifflin Harcourt Publishing Company

Nombre ____________________ Fecha ____________

16 Charlotte hizo esta pictografía para mostrar el número de perros que asistieron a una clase de entrenamiento canino esta semana.

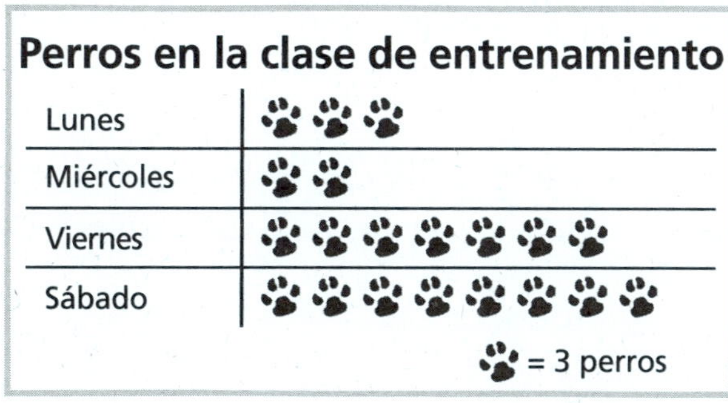

Parte A

¿Cuántos perros menos estuvieron en la clase de entrenamiento del lunes que la del viernes? Escribe y resuelve una ecuación.

Ecuación: ____________________

Respuesta: ____________ perros menos

Parte B

Elige el número que hace verdadero el enunciado.

Charlotte olvidó incluir el jueves en su gráfica. Hubo dos veces más perros en la clase del jueves que en la clase del lunes.

Hubo [2 / 6 / 15 / 18] perros en la clase de entrenamiento del jueves.

Parte C

Explica cómo determinaste el número de perros en la clase del jueves.

© Houghton Mifflin Harcourt Publishing Company

Nombre _______________________________________ Fecha ______________

17 La familia Ruiz compró 2 boletos de adultos y 4 boletos de niños para la feria. Los boletos de adultos cuestan $8 cada uno. Los boletos de niños cuestan $3 cada uno.

Parte A

Completa la ecuación que escribieron Zach y Alannah para calcular el costo total de los boletos que compró la familia Ruiz.

$(\square \times \square) + (4 \times \square) = c$

Parte B

La respuesta de Zach es $72 y la respuesta de Alannah es $28. ¿Quién tiene la respuesta equivocada? Explica cuál fue el error.

18 Una tienda tiene 4 contenedores de afiches de planetas con 23 pósteres en cada contenedor. Tiene 3 contenedores de calendarios de planetas con 26 calendarios en cada contenedor. Ayer, se vendieron 72 calendarios. ¿Cuántos afiches de planetas y calendarios quedaron en total? Explica cómo calculaste la respuesta y cómo sabes si la respuesta es razonable.

© Houghton Mifflin Harcourt Publishing Company

 Nombre ____________ Fecha ____________

Calcular sus edades

Tricia, Molly y Becky son primas. En una reunión familiar, su tía Sasha hace un juego a los demás familiares para que calculen la edad de cada prima. La tía Sasha le dice a los familiares que Becky es 2 años mayor que Molly. Dice que la edad de Tricia es 3 veces la edad de Molly en este momento.

1. Escribe una ecuación relacionando la edad de Becky y la edad de Molly.

____

2. Escribe una ecuación relacionando la edad de Tricia y la edad de Molly.

____

3. Si Molly tiene 3 años, ¿cuál es la edad de Becky? Muestra tu trabajo.

____

____

4. ¿Cuál es la edad de Tricia? Muestra tu trabajo.

____

____

5. Escribe una ecuación que relacione la edad de Tricia y la edad de Becky. Muestra que tu ecuación es verdadera.

____

____

____

____

____

© Houghton Mifflin Harcourt Publishing Company

 Nombre ____________ Fecha ____________

James, Ben y David son primos que también están en la reunión familiar. James tiene 12 años, Ben tiene 16 años y David tiene 18 años. Los primos deciden hacer un juego para que los otros familiares calculen la edad de sus tíos.

6. Los primos dicen que el tío Reggie es el doble de mayor que las edades de James y Ben juntas. Usa una o más ecuaciones para calcular cuál es la edad del tío Reggie. Muestra tu trabajo.

____

____

7. Luego los primos dicen que el tío Tony es 4 años menor que 3 veces la edad de David. Usa una o más ecuaciones para calcular la edad del tío Tony. Muestra tu trabajo.

____

____

8. Los primos también dicen que la edad del tío Ed es la mitad de la edad de todas sus edades combinadas. Usa una o más ecuaciones para calcular cuál es la edad del tío Ed. Muestra tu trabajo.

____

____

9. Escribe y resuelve una ecuación relacionando tu edad con la edad de alguien en tu familia. Usa por lo menos una variable. Explica cómo escribiste la ecuación.

____

____

____

© Houghton Mifflin Harcourt Publishing Company

Ejemplos de unidades métricas

Longitud

1 kilómetro (km)	1 hectómetro (hm)	1 decámetro (dam)	1 metro (m)
aproximadamente la distancia que podrías caminar en 12 minutos 1 km = 1,000 m 	aproximadamente la longitud de un campo de fútbol americano 1 hm = 100 m 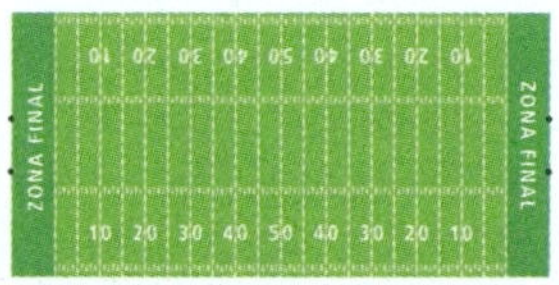	aproximadamente la longitud de un autobús escolar 1 dam = 10 m 	aproximadamente la distancia desde el piso hasta el pomo de la puerta 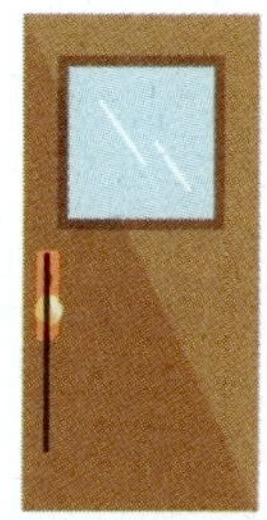

1 decímetro (dm)	1 centímetro (cm)	1 milímetro (mm)
aproximadamente la longitud de un crayón nuevo 10 dm = 1 m 	aproximadamente el ancho de tu dedo 100 cm = 1 m 	aproximadamente el grosor de una moneda de 10¢ 1,000 mm = 1 m 

© Houghton Mifflin Harcourt Publishing Company • Image Credits: ©jonathansloane/E+/Getty Images

Unidades métricas

Ejemplos de unidades métricas

Volumen líquido

1 kilolitro (kL)

Este cubo contiene un kilolitro de líquido.

1 kL = 1,000 L

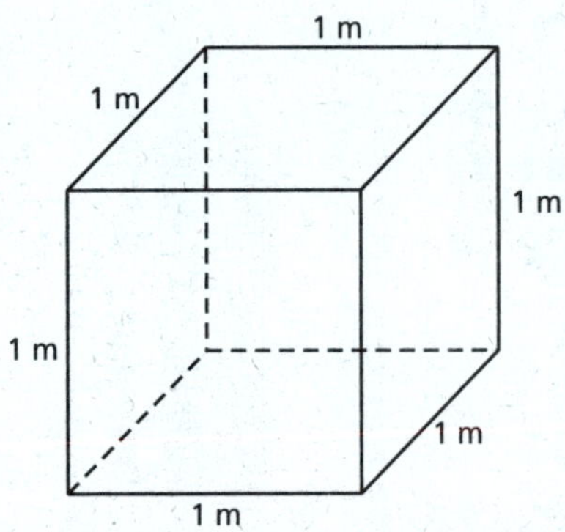

1 litro (L)

Este cubo contiene 1 litro de líquido.

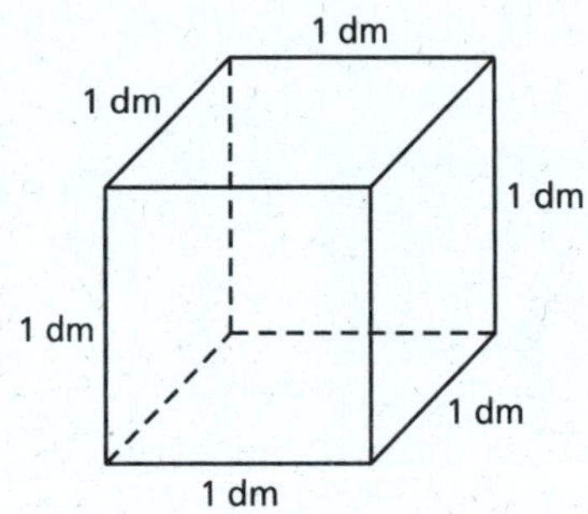

1 mililitro (mL)

Este cubo contiene 1 mililitro de líquido.

1,000 mL = 1 L

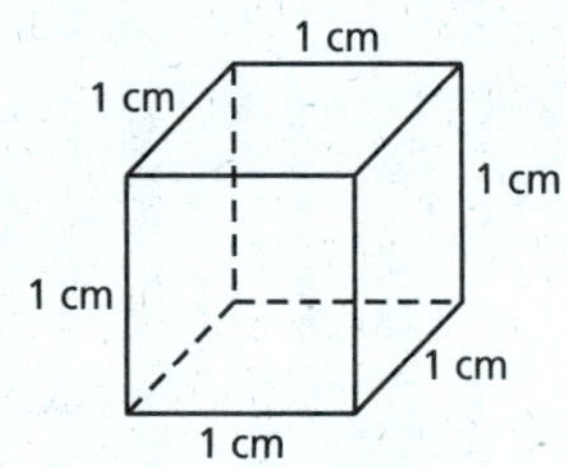

Masa

1 kilogramo (kg)

La masa de 5 plátanos es de aproximadamente 1 kilogramo.

1 kg = 1,000 g

1 gramo (g)

La masa de un clip es de aproximadamente 1 gramo.

1 miligramo (mg)

La masa de una pisca de sal es de aproximadamente 1 miligramo.

1,000 mg = 1 g

© Houghton Mifflin Harcourt Publishing Company

Ejemplo de unidades usuales

Longitud

1 pulgada (pulg)

El diámetro de una moneda de 25¢ es de aproximadamente 1 pulgada.

1 pie

La longitud de tu libro de matemáticas es de aproximadamente 1 pie.

1 pie = 12 pulg

1 yarda (yd)

La longitud de una guitarra es de aproximadamente 1 yarda.

1 yd = 3 pies

1 milla (mi)

Puedes caminar 1 milla en aproximadamente 20 minutos.

1 mi = 5,280 pies
= 1,760 yd

Volumen líquido

1 taza (tz)

1 tz = 8 onzas fluidas

1 pinta (pt)

1 pt = 2 tz

1 cuarto (ct)

1 ct = 2 pt
= 4 t

medio galón ($\frac{1}{2}$ gal)

$\frac{1}{2}$ gal = 2 ct

1 galón (gal)

1 gal = 4 ct

© Houghton Mifflin Harcourt Publishing Company

Unidades usuales

Ejemplos de unidades usuales		
Peso		
1 onza (oz)	**1 libra (lb)**	**1 ton (T)**
Una rebanada de pan pesa alrededor de 1 onza. 	Un paquete de mantequilla pesa 1 libra. 1 lb = 16 oz 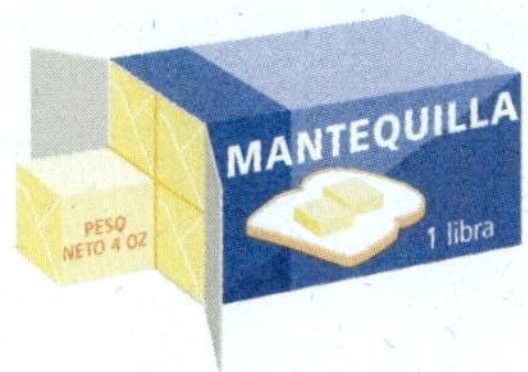	Un carro pequeño pesa aproximadamente 1 ton. 1 T = 2,000 lb 

© Houghton Mifflin Harcourt Publishing Company

Tabla de medidas

Métrica	Usuales
Longitud/Área	
1,000 milímetros (mm) = 1 metro (m) 100 centímetros (cm) = 1 metro 10 decímetros (dm) = 1 metro 1 decámetro (dam) = 10 metros 1 hectómetro (hm) = 100 metros 1 kilómetro (km) = 1,000 metros	1 pie = 12 pulgadas (pulg) 1 yarda (yd) = 36 pulgadas 1 yarda = 3 pies 1 milla (mi) = 5,280 pies 1 milla = 1,760 yardas
Volumen líquido	
1,000 mililitros (mL) = 1 litro (L) 100 centilitros (cL) = 1 litro 10 decilitros (dL) = 1 litro 1 decalitro (daL) = 10 litros 1 hectolitro (hL) = 100 litros 1 kilolitro (kL) = 1,000 litros	6 cucharaditas (cdt) = 1 onza fluida (oz fl) 2 cucharadas (cda) = 1 onza fluida (oz fl) 1 taza (tz) = 8 onzas fluidas 1 pinta (pt) = 2 tazas 1 cuarto (ct) = 2 pintas 1 galón (gal) = 4 cuartos
Masa	**Peso**
1,000 miligramos (mg) = 1 gramo (g) 100 centigramos (cg) = 1 gramo 10 decigramos (dg) = 1 gramo 1 decagramo (dag) = 10 gramos 1 hectogramo (hg) = 100 gramos 1 kilogramo (kg) = 1,000 gramos 1 tonelada métrica = 1,000 kilogramos	1 libra (lb) = 16 onzas 1 tonelada (T) = 2,000 libras

© Houghton Mifflin Harcourt Publishing Company

Tablas de referencia

Tabla de unidades de tiempo

Tiempo	
1 minuto (min) = 60 segundos (seg) 1 hora (hr) = 60 minutos 1 día = 24 horas 1 semana = 7 días 1 mes es aproximadamente 30 días 1 año = 12 meses o aproximadamente 52 semanas	1 año = 365 días 1 año bisiesto = 366 días 1 década = 10 años 1 siglo = 100 años 1 milenio = 1,000 años

Tabla de fórmulas

Perímetro

Polígono

P = suma de las longitudes de los lados

Rectángulo

$P = 2(l + a)$ o $P = 2l + 2a$

Cuadrado

$P = 4l$

Área

Rectángulo

$A = la$ o $A = bh$

Cuadrado

$A = l \cdot l$

© Houghton Mifflin Harcourt Publishing Company

Propiedades de las operaciones

Propiedad asociativa de la suma	
$(a + b) + c = a + (b + c)$	$(2 + 5) + 3 = 2 + (5 + 3)$
Propiedad conmutativa de la suma	
$a + b = b + a$	$4 + 6 = 6 + 4$
Propiedad de identidad de la suma del 0	
$a + 0 = 0 + a = a$	$3 + 0 = 0 + 3 = 3$
Propiedad asociativa de la multiplicación	
$(a \cdot b) \cdot c = a \cdot (b \cdot c)$	$(3 \cdot 5) \cdot 7 = 3 \cdot (5 \cdot 7)$
Propiedad conmutativa de la multiplicación	
$a \cdot b = b \cdot a$	$6 \cdot 3 = 3 \cdot 6$
Propiedad de identidad de la multiplicación del 1	
$a \cdot 1 = 1 \cdot a = a$	$8 \cdot 1 = 1 \cdot 8 = 8$
Propiedad distributiva de la multiplicación sobre la suma	
$a \cdot (b + c) = (a \cdot b) + (a \cdot c)$	$2 \cdot (4 + 3) = (2 \cdot 4) + (2 \cdot 3)$

© Houghton Mifflin Harcourt Publishing Company

Tipos de problemas de suma y resta

	Resultado desconocido	Cambio desconocido	Inicio desconocido
Sumar a	Un vaso contenía $\frac{3}{4}$ de taza de jugo de naranja. Luego se agregó $\frac{1}{4}$ de taza de jugo de piña. ¿Cuánto jugo hay en el vaso ahora? *Ecuación de la situación y la solución:* [1] $\frac{3}{4} + \frac{1}{4} = c$	Un vaso contenía $\frac{3}{4}$ de taza de jugo de naranja. Luego se agregó un poco de jugo de piña. Ahora el vaso contiene 1 taza de jugo. ¿Cuánto jugo de piña se agregó? *Ecuación de la situación:* $\frac{3}{4} + c = 1$ *Ecuación de la solución:* $c = 1 - \frac{3}{4}$	Un vaso contenía un poco de jugo de naranja. Luego se agregó $\frac{1}{4}$ de taza de jugo de piña. Ahora el vaso contiene 1 taza de jugo. ¿Cuánto jugo había en el vaso al comienzo? *Ecuación de la situación:* $c + \frac{1}{4} = 1$ *Ecuación de la solución:* $c = 1 - \frac{1}{4}$
Restar de	Micah tenía una cinta $\frac{5}{6}$ de yarda de longitud. Cortó un trozo de $\frac{1}{6}$ de yarda de longitud. ¿Cuál es la longitud de la cinta que queda? *Ecuación de la situación y la solución:* $\frac{5}{6} - \frac{1}{6} = r$	Micah tenía una cinta de $\frac{5}{6}$ de yarda de longitud. Cortó un trozo. Ahora la cinta mide $\frac{4}{6}$ de yarda. ¿Cuál es la longitud del trozo que cortó? *Ecuación de la situación:* $\frac{5}{6} - r = \frac{4}{6}$ *Ecuación de la solución:* $r = \frac{5}{6} - \frac{4}{6}$	Micah tenía una cinta. Cortó un trozo de $\frac{1}{6}$ de yarda de longitud. Ahora la cinta mide $\frac{4}{6}$ de yarda. ¿Cuál es la longitud de la cinta que tenía al principio? *Ecuación de la situación:* $r - \frac{1}{6} = \frac{4}{6}$ *Ecuación de la solución:* $r = \frac{4}{6} + \frac{1}{6}$

[1]Una ecuación de la situación representa la estructura (acción) de un problema. La ecuación de la solución muestra la operación que se usa para hallar la respuesta.

© Houghton Mifflin Harcourt Publishing Company

Tipos de problemas de suma y resta (continuación)

<table>
<tr><th></th><th>Total desconocido</th><th>Sumando desconocido</th><th>Otro sumando desconocido</th></tr>
<tr><td rowspan="2">Juntar/
Separar</td>
<td>Un panadero mezcla $1\frac{2}{3}$ tazas de harina blanca y $\frac{2}{3}$ de taza de harina de trigo. ¿Cuánta harina hay en total?
Dibujo matemático:[1]

Ecuación de la situación y la solución:
$1\frac{2}{3} + \frac{2}{3} = f$</td>
<td>De $2\frac{1}{3}$ tazas de harina que usa un panadero, $1\frac{2}{3}$ tazas es harina blanca. El resto es harina de trigo. ¿Cuánta harina de trigo usa el panadero?
Dibujo matemático:
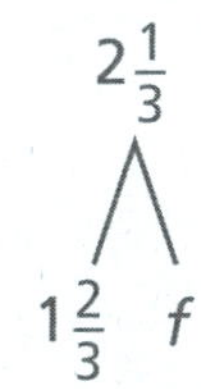
Ecuación de la situación:
$2\frac{1}{3} = 1\frac{2}{3} + f$
Ecuación de la solución:
$f = 2\frac{1}{3} - 1\frac{2}{3}$</td>
<td>Un panadero usa $2\frac{1}{3}$ tazas de harina. Un poco es harina blanca y $\frac{2}{3}$ de taza es harina de trigo. ¿Cuánta harina blanca usa el panadero?
Dibujo matemático:

Ecuación de la situación:
$2\frac{1}{3} = f + \frac{2}{3}$
Ecuación de la solución:
$f = 2\frac{1}{3} - \frac{2}{3}$</td></tr>
<tr><td colspan="2">Ambos sumandos desconocidos es una extensión productiva de esta situación básica, especialmente para calcular dos fracciones con una suma de 1. Estas situaciones de separación se pueden usar para mostrar todas las descomposiciones de un número dado. Las ecuaciones asociadas, que tienen el total a la izquierda del signo igual, ayudan a los estudiantes a entender que el signo = no siempre significa forma o resulta en, pero siempre significa que es el mismo número que.</td>
<td>Ambos sumandos desconocidos
Un panadero hace diferentes tipos de pan usando solo la medida de un $\frac{1}{4}$ de taza. ¿Qué diferentes mezclas se pueden hacer con harina blanca y harina de trigo para un total de 1 taza?
Dibujo matemático:
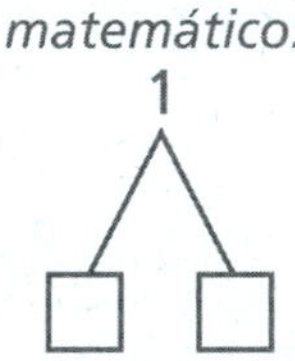
Ecuación de la situación:
$1 = \square + \square$</td></tr>
</table>

[1]Estos dibujos matemáticos se llaman Montañas matemáticas en los grados 1 a 3 y dibujos de separar el número en los grados 4 y 5.

© Houghton Mifflin Harcourt Publishing Company

Tipos de problemas de suma y resta (continuación)

	Diferencia desconocida	Valor mayor desconocido	Valor menor desconocido
Comparación Aditiva[1]	En un zoológico, un rinoceronte hembra pesa $1\frac{3}{5}$ toneladas. El rinoceronte macho pesa $2\frac{2}{5}$ toneladas. ¿Cuánto más pesa el rinoceronte macho que la hembra? En un zoológico, un rinoceronte hembra pesa $1\frac{3}{5}$ toneladas. El rinoceronte macho pesa $2\frac{2}{5}$ toneladas. ¿Cuánto menos pesa el rinoceronte hembra que el macho? *Dibujo matemático:* 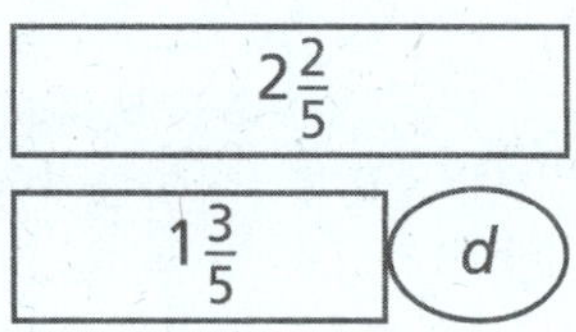 *Ecuación de la situación:* $1\frac{3}{5} + d = 2\frac{2}{5}$ o $d = 2\frac{2}{5} - 1\frac{3}{5}$ *Ecuación de la solución:* $d = 2\frac{2}{5} - 1\frac{3}{5}$	**Lenguaje guía** En un zoológico, un rinoceronte hembra pesa $1\frac{3}{5}$ toneladas. El rinoceronte macho pesa $\frac{4}{5}$ de tonelada más que la hembra. ¿Cuánto pesa el rinoceronte macho? **Lenguaje engañoso** En un zoológico, un rinoceronte hembra pesa $1\frac{3}{5}$ toneladas. El rinoceronte hembra pesa $\frac{4}{5}$ de tonelada menos que el macho. ¿Cuánto pesa el rinoceronte macho? *Dibujo matemático:* 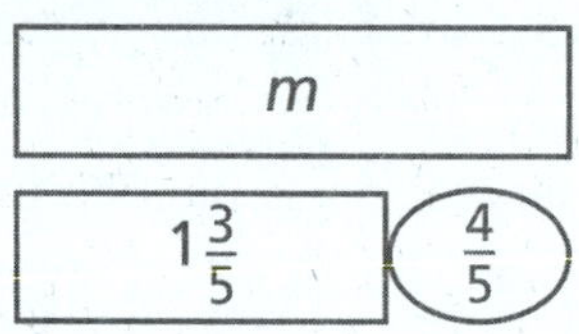 *Ecuación de la situación y la solución:* $1\frac{3}{5} + \frac{4}{5} = m$	**Lenguaje guía** En un zoológico, el rinoceronte macho pesa $2\frac{2}{5}$ toneladas. El rinoceronte hembra pesa $\frac{4}{5}$ de tonelada menos que el macho. ¿Cuánto pesa el rinoceronte hembra? **Lenguaje engañoso** En un zoológico, el rinoceronte macho pesa $2\frac{2}{5}$ toneladas. El rinoceronte macho pesa $\frac{4}{5}$ de tonelada más que la hembra. ¿Cuánto pesa el rinoceronte hembra? *Dibujo matemático:* 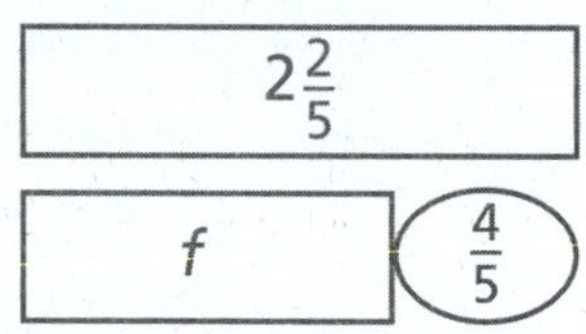 *Ecuación de la situación:* $f + \frac{4}{5} = 2\frac{2}{5}$ o $f = 2\frac{2}{5} - \frac{4}{5}$ *Ecuación de la solución:* $f = 2\frac{2}{5} - \frac{4}{5}$

[1]Un enunciado de comparación siempre se puede decir de dos maneras. Una manera usa *más* y la otra usa *menos*. El lenguaje engañoso sugiere la operación equivocada. Por ejemplo, dice que el *rinoceronte hembra pesa* $\frac{4}{5}$ de tonelada menos *que el macho*, pero tienes que sumar $\frac{4}{5}$ de tonelada al peso de la hembra para obtener el peso del macho.

© Houghton Mifflin Harcourt Publishing Company

Tipos de Problemas de multiplicación y división

	Producto desconocido	Tamaño del grupo desconocido	Número de grupos desconocidos
Grupos iguales	Una maestra compró 10 cajas de lápices. En cada caja hay 20 lápices. ¿Cuántos lápices compró la maestra? *Ecuación de la situación y la solución:* $l = 10 \cdot 20$	Una maestra compró 10 cajas de lápices. En total compró 200 lápices. ¿Cuántos lápices hay en cada caja? *Ecuación de la situación:* $10 \cdot n = 200$ *Ecuación de la solución:* $n = 200 \div 10$	Una maestra compró cajas de 20 lápices. En total compró 200 lápices. ¿Cuántas cajas de lápices compró? *Ecuación de la situación:* $c \cdot 20 = 200$ *Ecuación de la solución:* $c = 200 \div 20$

	Producto desconocido	Factor desconocido	Factor desconocido
Matrices[1]	Un teatro tiene 60 filas de 30 asientos cada una. ¿Cuántos asientos hay en el teatro? *Dibujo matemático:* 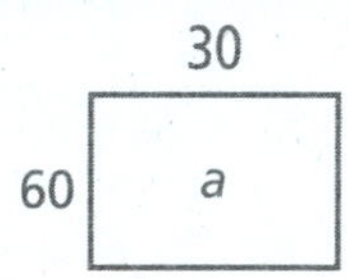 *Ecuación de la situación y la solución:* $a = 60 \cdot 30$	Un teatro tiene 60 filas de igual cantidad de asientos cada una. En total hay 1,800 asientos. ¿Cuántos asientos hay en cada fila? *Dibujo matemático:* 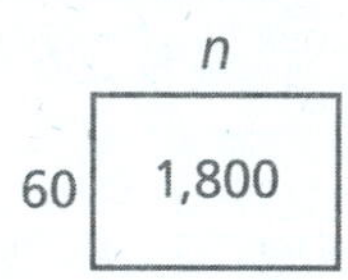 *Ecuación de la situación:* $60 \cdot n = 1{,}800$ *Ecuación de la solución:* $n = 1{,}800 \div 60$	En un teatro hay 1,800 asientos en filas de 30 asientos. ¿Cuántas filas hay? *Dibujo matemático:* 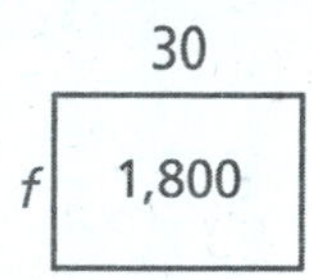 *Ecuación de la situación:* $f \cdot 30 = 1{,}800$ *Ecuación de la solución:* $f = 1{,}800 \div 30$

[1]En los Grados 4 y 5 usamos modelos rectangulares para problemas de matrices y de área porque los números de los problemas son demasiado grandes para representarlos con matrices.

© Houghton Mifflin Harcourt Publishing Company

Tipos de Problemas de multiplicación y división (continuación)

	Producto desconocido	Factor desconocido	Factor desconocido
Área	El patio de Sophie mide 80 pies de longitud y 40 pies de ancho. ¿Cuál es el área del patio de Sophie? *Dibujo matemático:* 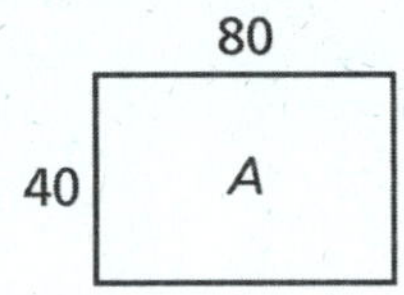 *Ecuación de la situación y la solución:* $A = 80 \cdot 40$	El patio de Sophie tiene un área de 3,200 pies cuadrados. La longitud del patio es de 80 pies. ¿Cuál es el ancho del patio de Sophie? *Dibujo matemático:* 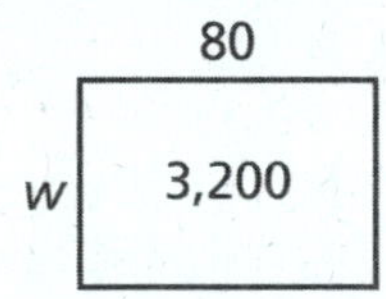 *Ecuación de la situación:* $80 \cdot a = 3{,}200$ *Ecuación de la solución:* $a = 3{,}200 \div 80$	El patio de Sophie tiene un área de 3,200 pies cuadrados. El ancho del patio es de 40 pies. ¿Cuál es la longitud del patio de Sophie? *Dibujo matemático:* 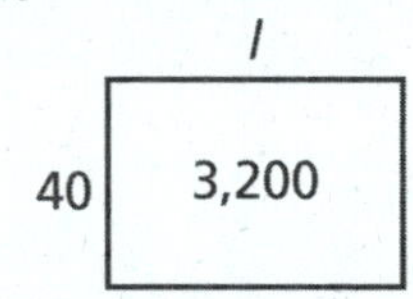 *Ecuación de la situación:* $l \cdot 40 = 3{,}200$ *Ecuación de la solución:* $l = 3{,}200 \div 40$
Comparación multiplicativa	**Multiplicador 1: Valor mayor desconocido** Sam tiene 4 veces más canicas que Brady. Brady tiene 70 canicas. ¿Cuántas canicas tiene Sam? *Dibujo matemático:* 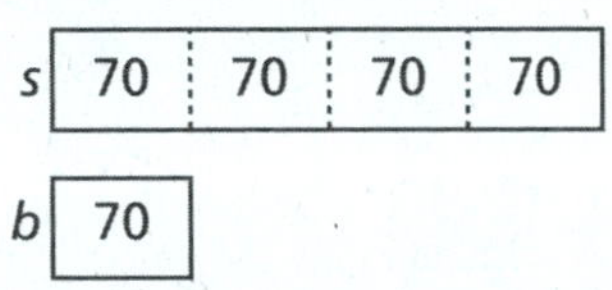 $b = s \div 4$ y $s = 4 \cdot b$ *Ecuación de la situación y la solución:* $s = 4 \cdot 70$	**Multiplicador 1: Valor menor desconocido** Sam tiene 4 veces más canicas que Brady. Sam tiene 280 canicas. ¿Cuántas canicas tiene Brady? *Dibujo matemático:* 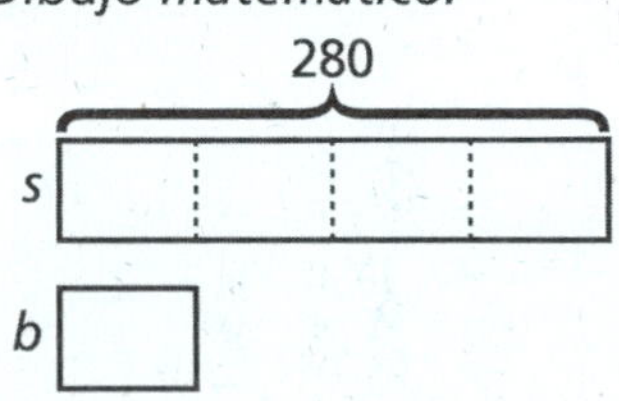 $b = s \div 4$ y $s = 4 \cdot b$ *Ecuación de la situación:* $4 \cdot b = 280$ *Ecuación de la situación y la solución:* $b = 280 \div 4$	**Multiplicador 1: Desconocido** Sam tiene 280 canicas. Brady tiene 70 canicas. ¿Cuántas veces más canicas que Brady tiene Sam? *Dibujo matemático:* 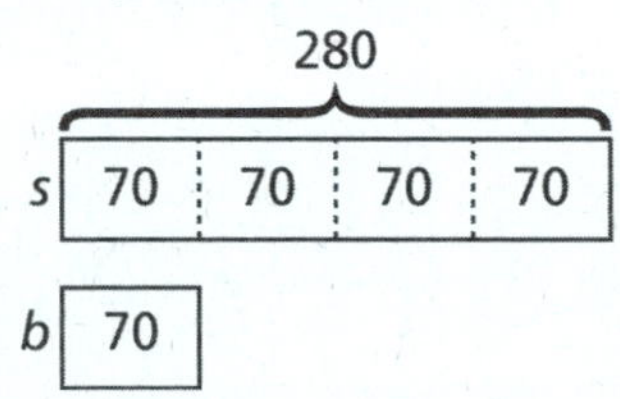 $m \cdot b = s$ *Ecuación de la situación:* $m \cdot 70 = 280$ *Ecuación de la solución:* $m = 280 \div 70$

© Houghton Mifflin Harcourt Publishing Company

El poder de las palabras matemáticas

Repaso de Palabras

Trabaja en parejas. Elige una palabra de una unidad actual o una palabra de repaso de una unidad anterior. Completa una de las actividades de la derecha con la palabra. Luego pregunta a tu compañero si quiere corregir algo en tu trabajo o tiene preguntas sobre lo que describiste. Repite la actividad con una palabra que elija tu compañero.

Actividades

- Explica el significado con palabras o gestos.
- Usa la palabra en una oración.
- Nombra otra palabra que se relacione de alguna forma con la palabra y explica la relación.

Crucigrama

Haz un crucigrama similar al ejemplo a continuación. Usa el vocabulario de la unidad. También puedes agregar otras palabras relacionadas. Desafía a tu compañero a resolverlo.

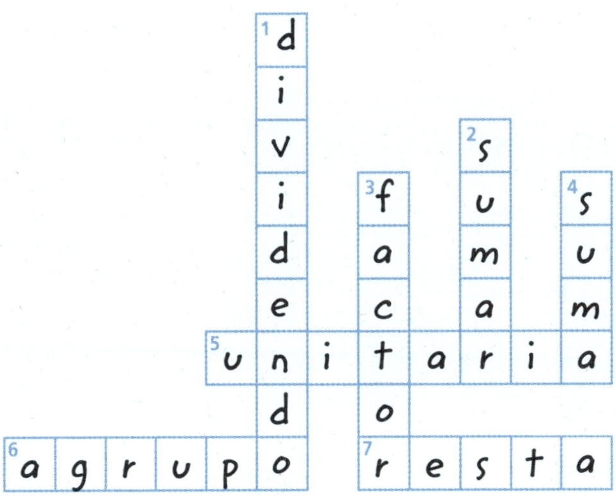

Horizontales

5. Una fracción con 1 como numerador es una fracción __________.
6. Cuando cambio 10 unidades por 1 decena, yo__________
7. Operación que usas para hallar cuánto mayor es un número que otro.

Verticales

1. El número que se divide en una división.
2. Juntar cantidades.
3. Número que se multiplica por otro en una multiplicación.
4. La __________ y la resta son operaciones opuestas.

© Houghton Mifflin Harcourt Publishing Company

Actividades de vocabulario

Mural de palabras

Pide permiso a tu maestro para comenzar un mural de palabras en tu salón de clases. A medida que aprendes cada lección, escribe las palabras del vocabulario de matemáticas en tarjetas y ponlas en el mural de palabras. Puedes trabajar con un compañero o en grupos pequeños para elegir una palabra y ofrecer la definición.

Red de palabras

Haz una red de palabras para una palabra o palabras que no entiendas en una unidad. Completa la red con palabras o frases relacionadas a la palabra de vocabulario.

Fracciones equivalentes

- multiplica o divide por el mismo número
- mismo valor
- se usan para comparar fracciones
- $\frac{2}{3} = \frac{6}{9}$

Desafío alfabético

Atrévete con este desafío alfabético. Elige 3 letras del abecedario. Piensa en tres palabras de vocabulario para cada letra. Luego escribe la definición o dibuja un ejemplo para cada palabra.

A	E	L
área	ecuación	litro
ángulo	estimar	línea
ancho	equilátero	libra

© Houghton Mifflin Harcourt Publishing Company

Concentration

Escribe en tarjetas las palabras de vocabulario y las palabras relacionadas de una unidad. Escribe las definiciones en otro conjunto de tarjetas. Elige entre 3 y 6 pares de palabras y definiciones. Mezcla los dos conjuntos de tarjetas. Luego, pon las tarjetas boca abajo en una mesa. Túrnate con tu compañero para dar vuelta a dos tarjetas. Si una tarjeta es una palabra y la otra es la definición que corresponde a esa palabra, te quedas con las dos tarjetas. Continúen hasta que todas las palabras quedan emparejadas con su definición.

Diario de matemáticas

A medida que aprendes nuevas palabras, escríbelas en tu Diario de matemáticas. Escribe la definición de la palabra e incluye un dibujo o un ejemplo. A medida que aprendes información nueva sobre la palabra, agrega notas a tu definición.

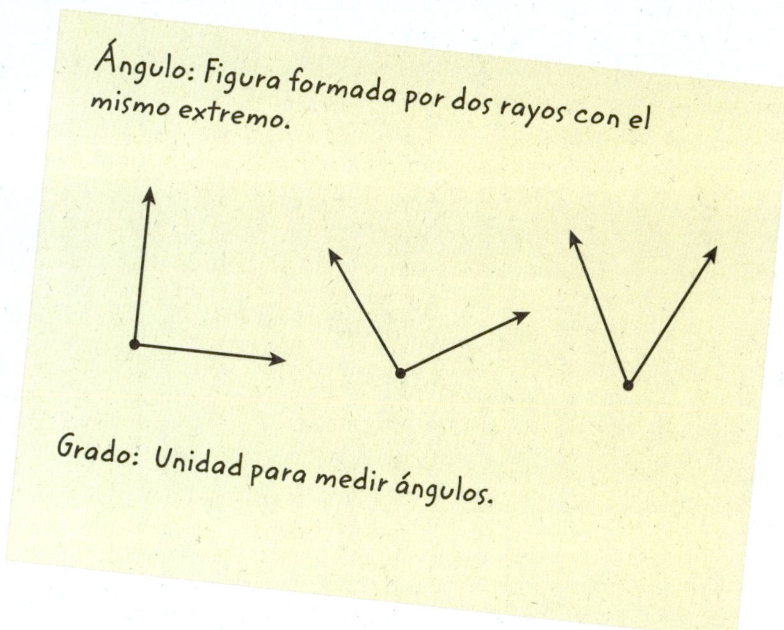

© Houghton Mifflin Harcourt Publishing Company

¿Cuál es la palabra?

Trabaja con tu compañero para hacer un cartel o un tablero de anuncios con las palabras de una unidad. Escribe las definiciones en un conjunto de tarjetas. Mezcla las tarjetas. Junto con tu compañero, elige la definición en una de las tarjetas. Tu compañero señala la palabra en el cartel y nombra la palabra de vocabulario matemático correspondiente. Intercambien roles y repitan la actividad.

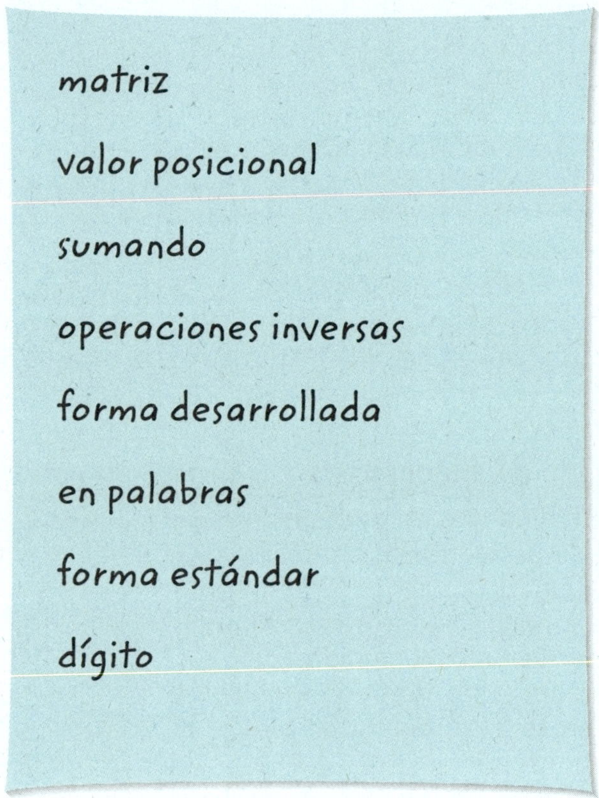

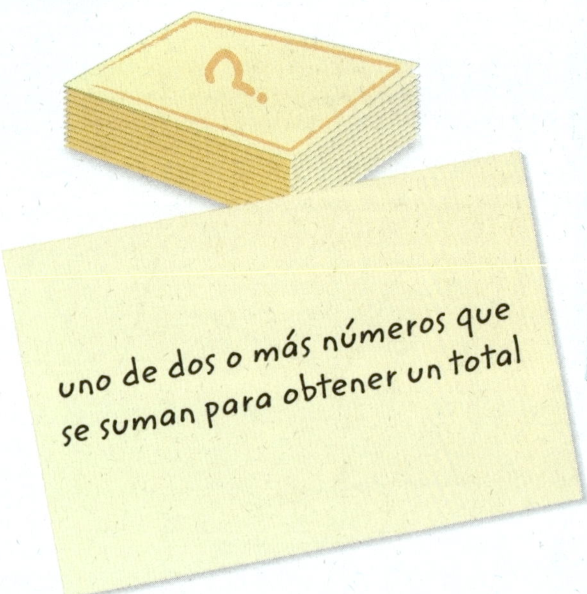

© Houghton Mifflin Harcourt Publishing Company

A

agrupar / grupo
Combinar números para formar nuevas decenas, centenas, millares y así sucesivamente.

ancho
Distancia entre los lados más cortos de un rectángulo.

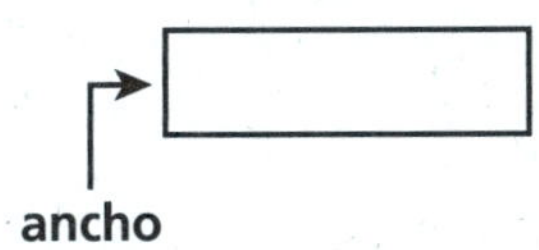

ángulo
Figura formada por dos rayos con el mismo extremo.

ángulo agudo
Ángulo menor que un ángulo recto.

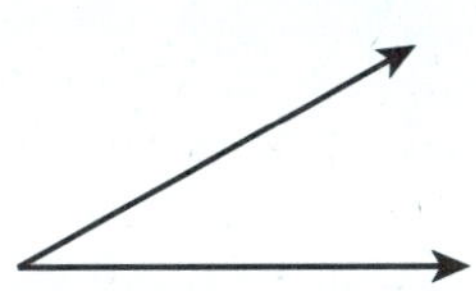

ángulo cóncavo
Ángulo que mide más de 180° y menos de 360°.

ángulo llano
Ángulo que mide 180°.

ángulo obtuso
Ángulo mayor que un ángulo recto y menor que un ángulo llano.

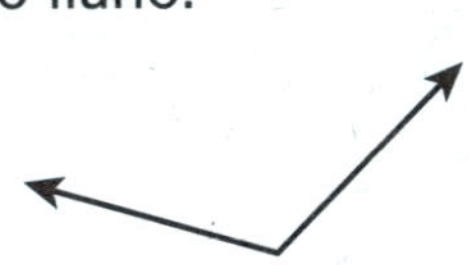

ángulo recto
Ángulo que mide 90°.

área
Número de unidades cuadradas que cubren una figura.

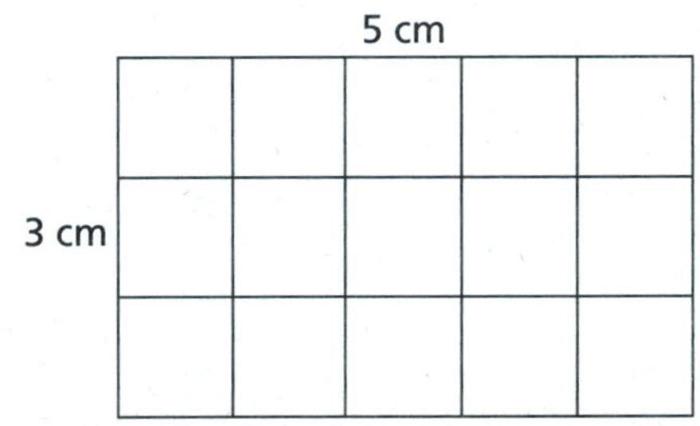

B

barras de comparación*
Barras que representan la cantidad mayor y la menor en una situación de comparación.

Para suma y resta:

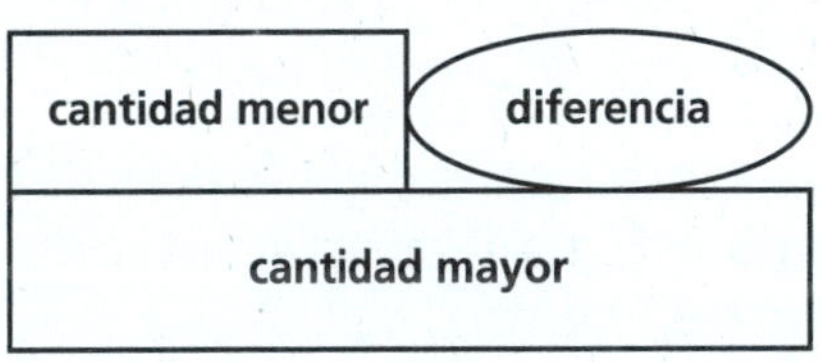

Para multiplicación y división:

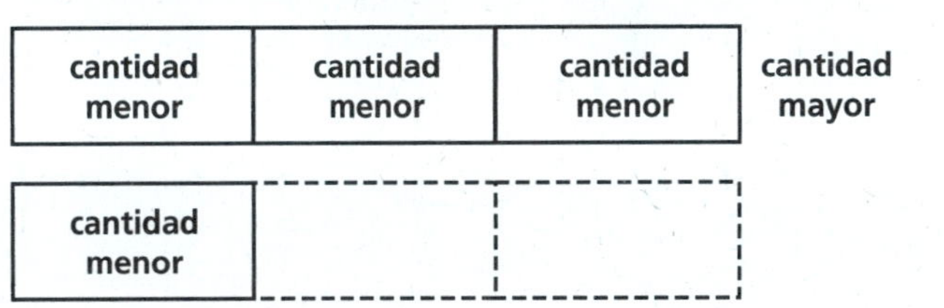

C

centésimo
Fracción unitaria que representa una de una centésima parte, escrito como 0.01 o $\frac{1}{100}$.

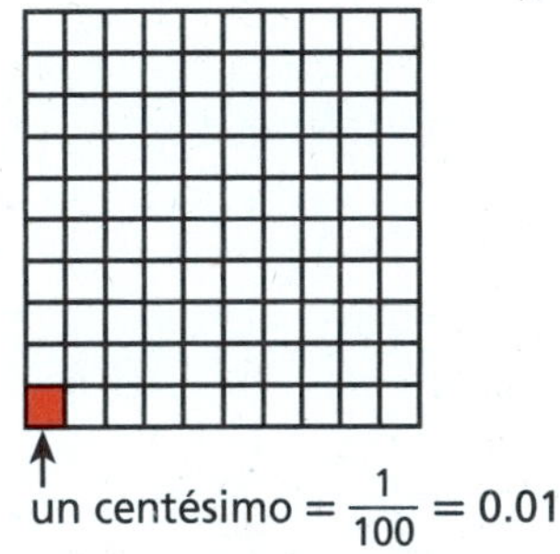

*Término basado en investigaciones escolares y desarrollado para *Expresiones en matemáticas.*

© Houghton Mifflin Harcourt Publishing Company

centímetro (cm)
Unidad de medida del sistema métrico equivalente a un centésimo de metro.
100 cm = 1 m

centímetro cuadrado (cm^2)
Unidad de área igual al área de un cuadrado con lados que miden un centímetro.

centro
Punto que está a la misma distancia de cada punto en el círculo.

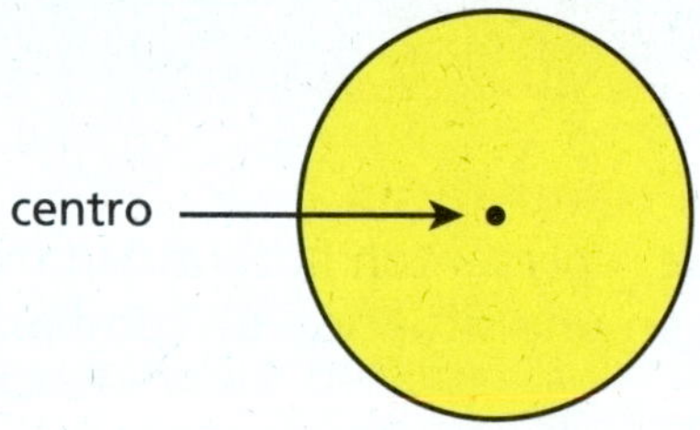

círculo
Figura plana que forma una trayectoria cerrada de manera que todos los puntos en esa trayectoria están a la misma distancia de un punto llamado centro.

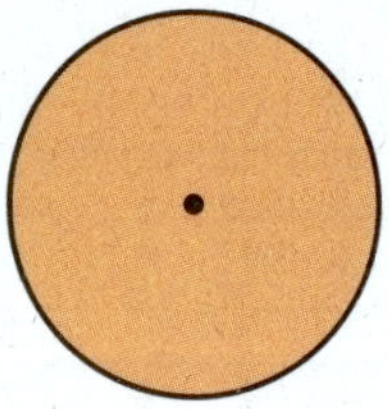

cociente
Respuesta a un problema de división.

Ejemplo:

$9\overline{)63}$ con 7 como resultado

7 es el cociente.

columna
Parte de una tabla o matriz que contiene elementos dispuestos verticalmente.

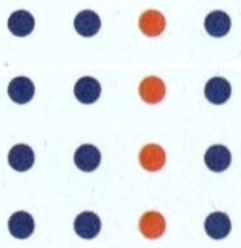

cometa
Cuadrilátero con dos pares de lados adyacentes iguales.

comparar
Describir cantidades entre sí como mayor que, menor que o igual a.

congruente
Figuras que tienen el mismo tamaño y la misma forma.

cuadrado
Rectángulo con 4 lados de igual longitud y 4 ángulos rectos. También es un rombo.

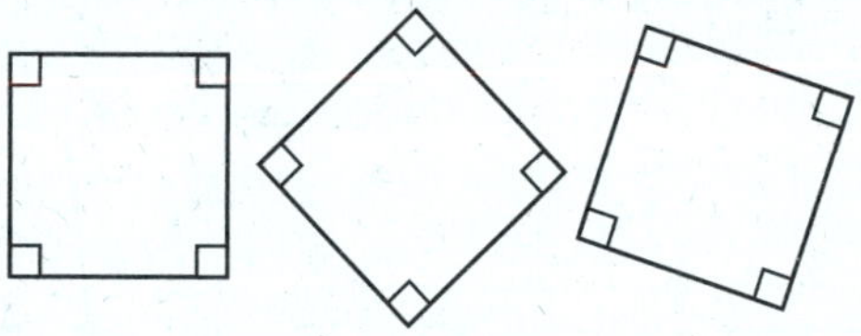

cuadrilátero
Polígono con cuatro lados.

cuarto (ct)
Unidad de volumen líquido del sistema usual de EE.UU. equivalente a 32 onzas fluidas o 4 tazas.

D

datos
Recopilación de información.

decímetro (dm)
Unidad de longitud del sistema métrico equivalente a un décimo de metro.
10 dm = 1 m

decímetro cuadrado (dm^2)
Unidad de área igual al área de un cuadrado con lados que miden un decímetro.

© Houghton Mifflin Harcourt Publishing Company

*Término basado en investigaciones escolares y desarrollado para *Expresiones en matemáticas.*

décimo
Fracción unitaria que representa una de diez partes iguales de un entero, escrita como 0.1 o $\frac{1}{10}$.

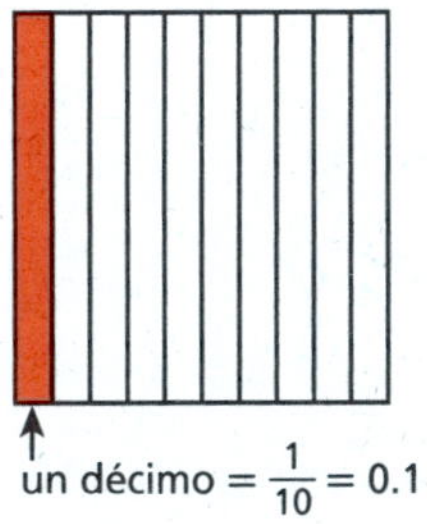

denominador
Número debajo de la barra en una fracción. Muestra el número total de partes iguales en el entero.

Ejemplo:

denominador común
Múltiplo común de dos o más denominadores.

Ejemplo:
Un denominador común de $\frac{1}{2}$ y $\frac{1}{3}$ es 6 porque 6 es un múltiplo de 2 y 3.

desigualdad
Enunciado que indica que dos expresiones no son iguales.

Ejemplos:
$2 < 5$
$4 + 5 > 12 - 8$

diagonal de un cuadrilátero
Segmento de recta que conecta dos esquinas opuestas (vértices).

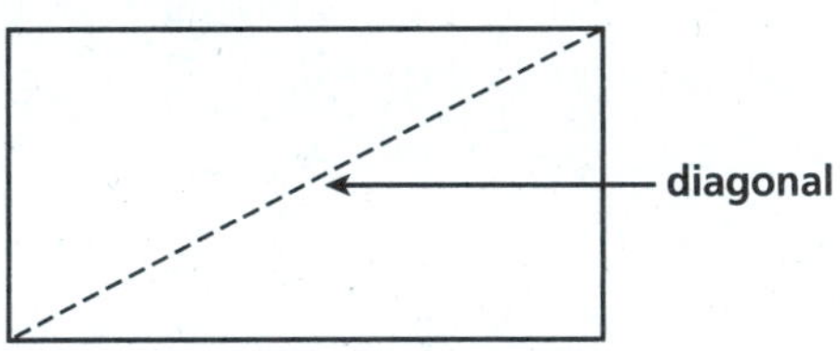

diagrama de puntos
Diagrama que muestra la frecuencia de los datos en una recta numérica.

diagrama de Venn
Diagrama que usa círculos u otras figuras para mostrar cómo se relacionan los conjuntos. Los elementos que pertenecen a más de un conjunto se muestran en la superposición.

Ejemplo:

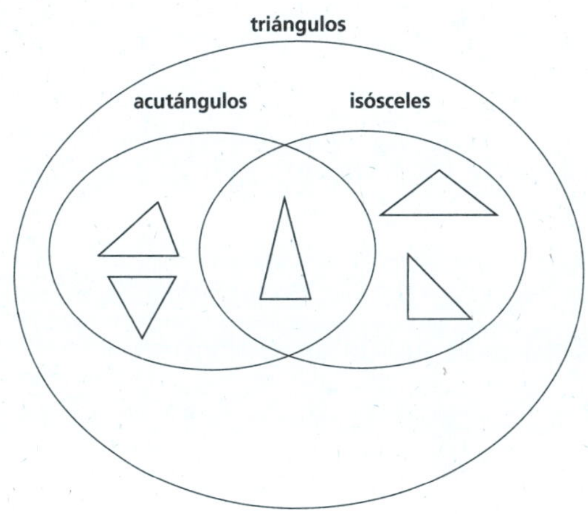

dibujo de separar el número*
Diagrama que muestra dos sumandos y la suma.

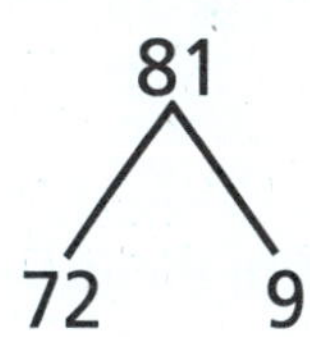

© Houghton Mifflin Harcourt Publishing Company

*Término basado en investigaciones escolares y desarrollado para *Expresiones en matemáticas.*

dibujo de valor posicional*
Dibujo que representa un número. Los millares se representan por rectángulos verticales, las centenas se representan por cuadrados, las decenas por rectas verticales y las unidades por círculos pequeños.

Ejemplo:

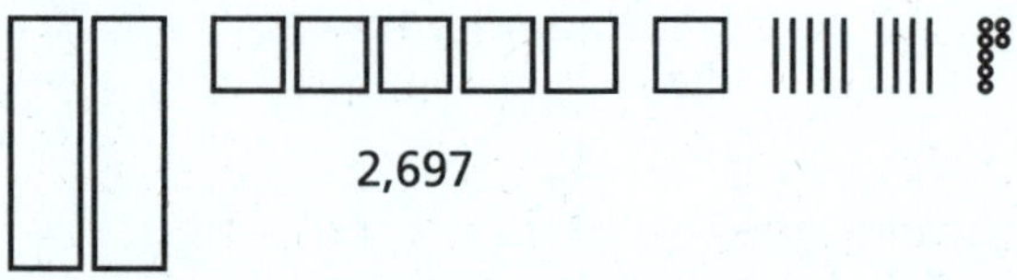

2,697

diferencia
Resultado de una resta.

Ejemplo:
$54 - 37 = 17$ ← diferencia

dígito
Cualquiera de los símbolos 0, 1, 2, 3, 4, 5, 6, 7, 8 o 9.

dividendo
Número que se divide en la división.

Ejemplo:

$\begin{array}{r} 7 \\ 9\overline{)63} \end{array}$

63 es el dividendo.

divisible
Un número es divisible entre otro número si el cociente es un número entero con un residuo de 0.

divisor
Número entre el cual se divide en la división.

Ejemplo:

$\begin{array}{r} 7 \\ 9\overline{)63} \end{array}$

9 es el divisor.

E

ecuación
Enunciado que indica que dos expresiones son iguales. Tiene un signo de igualdad.

Ejemplos:
$32 + 35 = 67$
$67 = 32 + 34 + 1$
$(7 \times 8) + 1 = 57$

ecuación de la situación*
Ecuación que muestra la estructura de la información en un problema.

Ejemplo:
$35 + n = 40$

ecuación de la solución*
Ecuación que muestra la operación que se puede usar para resolver el problema.

Ejemplo:
$n = 40 - 35$

eje de simetría
Recta sobre la cual se puede doblar una figura de manera que las dos mitades se correspondan exactamente.

estimación / estimar
Número cercano a una cantidad exacta. Calcular aproximadamente o cerca de cuánto.

evaluar una expresión
Sustituir una letra (o símbolo) por un valor y luego simplificar la expresión.

© Houghton Mifflin Harcourt Publishing Company

*Término basado en investigaciones escolares y desarrollado para *Expresiones en matemáticas.*

expresión
Número, variable o combinación de números y variables con una o más operaciones.

Ejemplos:

4

$6x$

$6x - 5$

$7 + 4$

extremo
Punto de inicio o final de un segmento de recta o punto inicial de un rayo.

F

factor
Uno de dos o más números que se multiplican para obtener un producto.

Ejemplo:

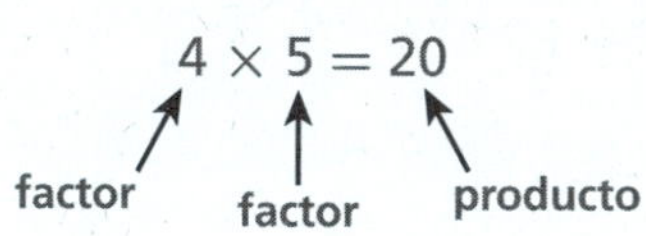

fila
Parte de una tabla o matriz que contiene elementos dispuestos horizontalmente.

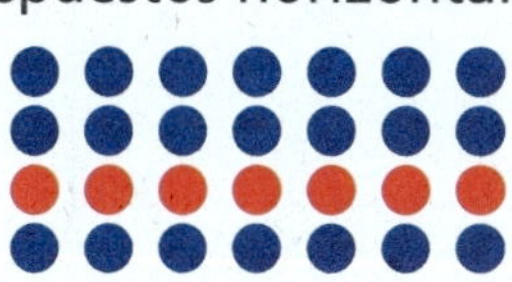

forma desarrollada
Forma de escribir un número que muestra el valor de cada uno de sus dígitos.

Ejemplo:

Forma desarrollada de 835:

$800 + 30 + 5$

8 centenas + 3 decenas + 5 unidades

forma estándar
Forma de un número escrita usando dígitos.

Ejemplo:

2,145

fórmula
Ecuación con letras o símbolos que describe una regla.

La fórmula del área del rectángulo es:

$A = l \times w$

donde A es el área, l es el largo y w es el ancho.

fracción
Número que es la suma de fracciones unitarias. Cada una es una parte igual de un conjunto o parte de un entero.

Ejemplos:

$\frac{3}{4} = \frac{1}{4} + \frac{1}{4} + \frac{1}{4}$

$\frac{5}{4} = \frac{1}{4} + \frac{1}{4} + \frac{1}{4} + \frac{1}{4} + \frac{1}{4}$

fracción unitaria
Fracción cuyo numerador es 1. Muestra una parte igual de un entero.

Ejemplo:

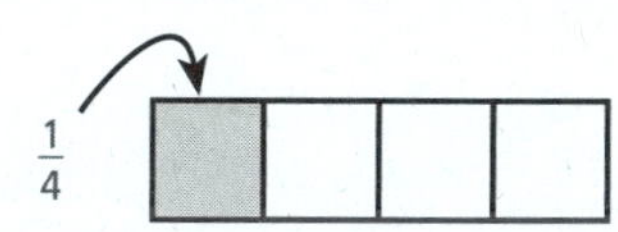

fracciones equivalentes
Dos o más fracciones que representan el mismo número.

Ejemplo:

$\frac{2}{4}$ y $\frac{4}{8}$ son equivalentes porque ambas representan un medio.

función
Relación matemática entre dos conjuntos de números. Cada número en uno de los conjuntos está emparejado exactamente con un número en el otro conjunto. Una función se puede representar en una tabla.

Ejemplo:

La regla para esta función es *Sumar 2.*

Entrada	1	4	5	8	12
Salida	3	6	7	10	14

© Houghton Mifflin Harcourt Publishing Company

G

galón (gal)
Unidad de volumen líquido del sistema usual de EE.UU. equivalente a 4 cuartos.

grado (°)
Unidad para medir ángulos.

gráfica circular
Gráfica que usa partes de un círculo para representar datos.

gráfica de barras
Gráfica que usa barras para representar datos. Las barras pueden ser verticales u horizontales.

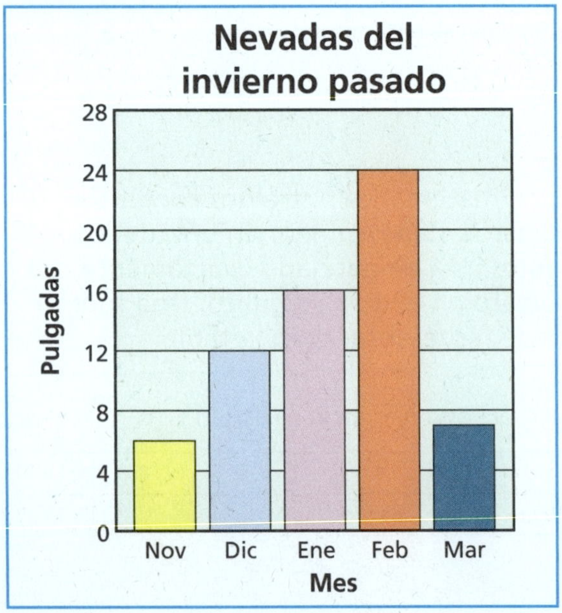

gramo (g)
Unidad básica de masa del sistema métrico.

K

kilogramo (kg)
Unidad de masa del sistema métrico equivalente a mil gramos.
1 kg = 1,000 g

kilolitro (kL)
Unidad de volumen líquido del sistema métrico equivalente a mil litros.
1 kL = 1,000 L

kilómetro (km)
Unidad de longitud del sistema métrico equivalente a 1,000 metros.
1 km = 1,000 m

kilómetro cuadrado (km^2)
Unidad de área igual al área de un cuadrado con lados que miden un kilómetro.

L

lados adyacentes
Dos lados que se unen en un punto.

Ejemplo:
Los lados *a* y *b* son adyacentes.

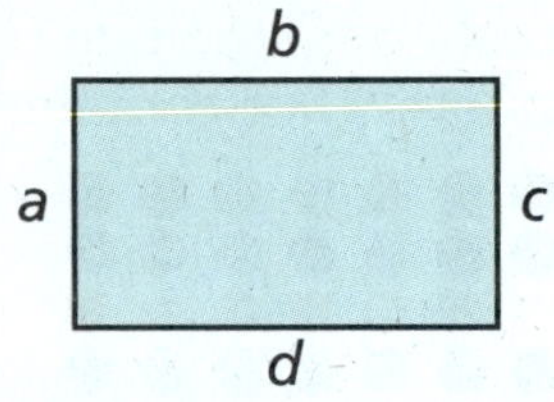

lados opuestos
Lados que están uno frente al otro y que no se unen en ningún punto.

Ejemplo:
Los lados *a* y *c* son opuestos.

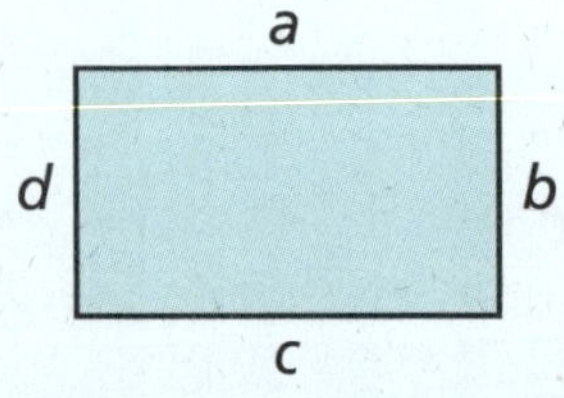

© Houghton Mifflin Harcourt Publishing Company

libra (lb)
Unidad de peso del sistema usual de EE.UU.

litro (L)
Unidad básica del volumen líquido del sistema métrico.

1 litro = 1,000 mililitros

longitud
Medida de un segmento de recta o la distancia del lado más largo de un rectángulo.

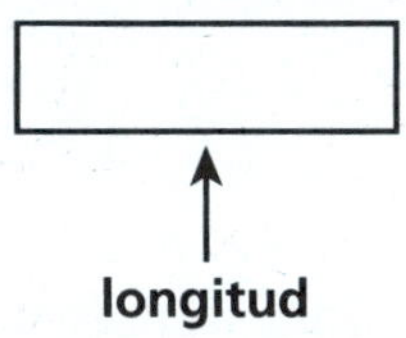

M

masa
Medida de la cantidad de materia en un objeto.

matriz
Arreglo de objetos, símbolos o números en filas y columnas.

matriz cuadrada
Matriz en la cual el número de filas es igual al número de columnas.

matriz de puntos
Disposición de puntos en filas y columnas.

mayor que (>)
Signo que se usa para comparar dos números. El número mayor se escribe primero.

Ejemplo:

33 > 17

33 es mayor que 17.

menor que (<)
Signo que se usa para comparar dos números. El número menor se escribe primero.

Ejemplo:

54 < 78

54 es menor que 78.

método de dígito por dígito*
Método para resolver un problema de división.

Ejemplo:

Coloca solo un dígito a la vez.

```
     5           54           546
7)3,822      7)3,822      7)3,822
 - 3 5        - 3 5        - 3 5
    32           32           32
               - 28         - 28
                 42           42
                            - 42
```

método de notación algebraica*
Estrategia basada en la propiedad distributiva en la cual un factor se descompone para crear expresiones algebraicas más simples y se aplica la propiedad distributiva.

Ejemplo:

$$\begin{aligned} 9 \cdot 28 &= 9 \cdot (20 + 8) \\ &= (9 \cdot 20) + (9 \cdot 8) \\ &= 180 + 72 \\ &= 252 \end{aligned}$$

© Houghton Mifflin Harcourt Publishing Company

método de notación desarrollada*
Método empleado para resolver problemas de multiplicación y división.

Ejemplos:

43 × 67

$$\begin{array}{r} 67 = 60 + 7 \\ \times 43 = 40 + 3 \\ \hline 40 \times 60 = 2400 \\ 40 \times 7 = 280 \\ 3 \times 60 = 180 \\ 3 \times 7 = +21 \\ \hline 2{,}881 \end{array}$$

3,822 ÷ 7

$$\begin{array}{r} 6 \\ 40 \\ 500 \\ 7 \overline{)3{,}822} \\ -3\,500 \\ \hline 322 \\ -280 \\ \hline 42 \\ -42 \\ \hline 0 \end{array} \quad 546$$

método de valor posicional por secciones*
Método que usa dibujos de rectángulos para resolver problemas de multiplicación o división.

13 × 15

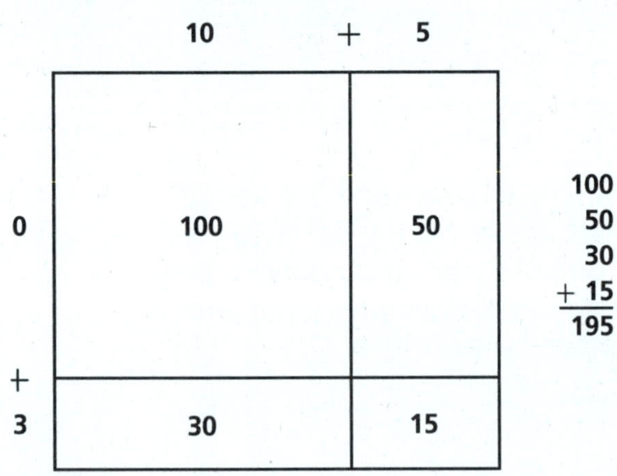

330 ÷ 5

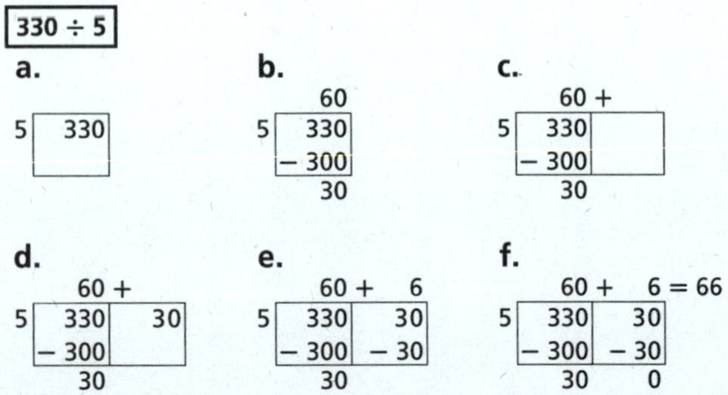

método del atajo*
Estrategia para multiplicar. Es el método más común en la actualidad en Estados Unidos.

Paso 1	Paso 2
$\begin{array}{r} {}^{7} \\ 28 \\ \times\ 9 \\ \hline 2 \end{array}$	$\begin{array}{r} {}^{7} \\ 28 \\ \times\ 9 \\ \hline 252 \end{array}$

metro (m)
Unidad básica de longitud del sistema métrico.

metro cuadrado (m^2)
Unidad de área igual al área de un cuadrado con lados que miden un metro.

milésimo
Fracción unitaria que representa una de mil partes iguales de un entero, escrita como 0.001 o $\frac{1}{1{,}000}$.

miligramo (mg)
Unidad de masa del sistema métrico.

1,000 mg = 1g

mililitro (mL)
Unidad de volumen líquido del sistema métrico.

1,000 mL = 1 L

milímetro (mm)
Unidad de longitud del sistema métrico.

1,000 mm = 1 m

milímetro cuadrado (mm^2)
Unidad de área igual al área de un cuadrado con lados que miden un milímetro.

milla (mi)
Unidad de longitud del sistema usual de EE.UU. equivalente a 5,280 pies.

milla cuadrada (mi^2)
Unidad de área igual al área de un cuadrado con lados que miden una milla.

© Houghton Mifflin Harcourt Publishing Company

mínima expresión
Una fracción está en su mínima expresión si no hay un número entero (diferente a 1) que divida exactamente el numerador y el denominador.

Ejemplo:

$\frac{3}{4}$ Esta fracción está en su mínima expresión porque no hay un número que divide exactamente a 3 y a 4.

mínimo común denominador
Mínimo común múltiplo de dos o más denominadores.

Ejemplo:

El mínimo común denominador de $\frac{1}{2}$ y $\frac{1}{3}$ es 6 porque 6 es el múltiplo menor de 2 y 3.

múltiplo
Producto de un número dado y cualquier otro número entero.

Ejemplo:

$4 \times 1 = 4$, entonces 4 es un múltiplo de 4.

$4 \times 2 = 8$, entonces 8 es un múltiplo de 4.

N

numerador
Número encima de la barra en una fracción. Muestra el número de partes iguales.

Ejemplo:

$\frac{3}{4}$ ← **numerador** $\frac{3}{4} = \frac{1}{4} + \frac{1}{4} + \frac{1}{4}$

numeral
Forma de un número escrito usando palabras en lugar de dígitos.

Ejemplo:

Seiscientos treinta y nueve

número al cuadrado
Producto de un número entero por sí mismo.

Ejemplo:

$3 \times 3 = 9$ ↑ número al cuadrado

número compuesto
Número mayor que 1 que tiene más de un par de factores. Ejemplos de números compuestos son 10 y 18. Los pares de factores de 10 son 1 y 10, 2 y 5. Los pares de factores de 18 son 1 y 18, 2 y 9, 3 y 6.

número decimal
Representación de un número usando los números del 0 al 9, en el cual cada dígito tiene un valor 10 veces mayor al dígito a su derecha. Un **punto decimal** separa la parte entera del número a la izquierda de la parte fraccionaria a la derecha.

Ejemplo:

1.23 y 0.3

número mixto
Número que se puede representar por un número entero y una fracción.

Ejemplo:

$4\frac{1}{2} = 4 + \frac{1}{2}$

número primo
Número mayor que 1 que tiene a 1 y a sí mismo como el único par de factores. Ejemplos de números primos son 2, 7 y 13. El único par de factores de 7 es 1 y 7.

números compatibles
Números fáciles de calcular mentalmente.

Ejemplo:

$9\overline{)5,841}$ Algunos números compatibles para el divisor y el dividendo son 9 y 5,400 y 9 y 6,300.

O

onza (oz)
Unidad de peso del sistema usual de EE.UU.

16 onzas = 1 libra

Unidad de volumen líquido del sistema usual de EE.UU. (también conocida como onza fluida).

8 onzas = 1 taza

© Houghton Mifflin Harcourt Publishing Company

onzas fluidas (oz fl)
Unidad de volumen líquido del sistema usual de EE.UU.

8 onzas fluidas = 1 taza

operaciones inversas
Operaciones opuestas que se anulan entre sí. La suma y la resta son operaciones inversas. La multiplicación y la división son operaciones inversas.

Ejemplos:

$4 + 6 = 10$ entonces, $10 - 6 = 4$ y $10 - 4 = 6$.

$3 \times 9 = 27$ entonces, $27 \div 9 = 3$ y $27 \div 3 = 9$.

orden de las operaciones
Conjunto de reglas que establecen el orden en el cual se deben realizar las operaciones.

PASO 1: Primero calcular dentro de los paréntesis.

PASO 2: Multiplicar y dividir de izquierda a derecha.

PASO 3: Sumar y restar de izquierda a derecha.

ordenar / orden
Arreglar números del número menor al mayor o del número mayor al menor.

Ejemplos:

Menor a mayor: 453, 526, 571, 802

Mayor a menor: 3,742; 3,608; 3,295

P

par de factores
Un par de factores de un número es un par de números enteros cuyo producto es dicho número.

Ejemplo:

$5 \times 7 = 35$

par de factores (5, 7) — producto (35)

paralelogramo
Cuadrilátero con ambos pares de lados opuestos paralelos.

patrón
Sucesión que se puede describir por una regla.

perímetro
Distancia alrededor de una figura.

pictografía
Gráfica que usa figuras o símbolos para representar datos.

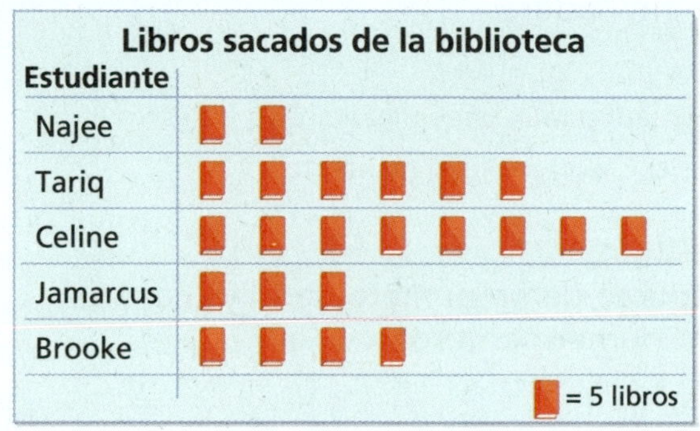

pie
Unidad de longitud del sistema usual de EE.UU. equivalente a 12 pulgadas.

pie cuadrado (pie^2)
Unidad de área igual al área de un cuadrado con lados que miden un pie.

pinta (pt)
Unidad de volumen líquido del sistema usual de EE.UU. equivalente a 16 onzas fluidas.

polígono
Figura plana cerrada con lados formados por segmentos de recta.

prefijo
Letra o grupo de letras colocados antes de una palabra para formar una palabra nueva.

producto
Respuesta a un problema de multiplicación.

Ejemplo:

$9 \times 7 = 63$

producto (63)

© Houghton Mifflin Harcourt Publishing Company

producto parcial
Producto de las unidades o decenas o centenas y así sucesivamente en la multiplicación de varios dígitos.

Ejemplo:

```
   24
×   9
   36   ← producto parcial (9 × 4)
  180   ← producto parcial (9 × 20)
  216
```

propiedad asociativa de la multiplicación
Agrupar los factores de diferentes maneras no altera el producto.

Ejemplo:
$3 \times (5 \times 7) = 105$

$(3 \times 5) \times 7 = 105$

propiedad asociativa de la suma
Agrupar los sumandos de diferentes maneras no altera la suma.

Ejemplo:
$3 + (5 + 7) = 15$

$(3 + 5) + 7 = 15$

propiedad conmutativa de la multiplicación
Cambiar el orden de los factores no altera el producto.

Ejemplo:
$3 \times 8 = 24$

$8 \times 3 = 24$

propiedad conmutativa de la suma
Cambiar el orden de los sumandos no altera la suma.

Ejemplo:
$3 + 8 = 11$

$8 + 3 = 11$

propiedad de identidad de la multiplicación
El producto de 1 y cualquier número es igual a ese número.

Ejemplo:
$10 \times 1 = 10$

propiedad distributiva
Multiplicar una suma por un número o multiplicar cada sumando por el número y sumar los productos da el mismo resultado.

Ejemplo:
$3 \times (2 + 4) = (3 \times 2) + (3 \times 4)$

$3 \times 6 = 6 + 12$

$18 = 18$

pulgada
Unidad de longitud del sistema usual de EE.UU.

1 pulgada

pulgada cuadrada (pulg^2)
Unidad de área igual al área de un cuadrado con lados que miden una pulgada.

punto
Ubicación en el plano. Generalmente representado por una marca puntual.

punto decimal
Símbolo que se usa para separar dólares y centavos en cantidades de dinero o para separar unidades y décimos en números decimales.

Ejemplos:

$8.59 1.2

↑ ↑

punto decimal

R

rayo
Parte de una recta que tiene un extremo y se extiende infinitamente en una dirección.

recta
Trayecto recto que se extiende indefinidamente en direcciones opuestas.

Ejemplo:

recta *AB*

*Término basado en investigaciones escolares y desarrollado para *Expresiones en matemáticas.*

© Houghton Mifflin Harcourt Publishing Company

recta numérica
Recta que se extiende infinitamente en cada dirección y muestra los números como series de puntos. La ubicación de cada número representa su distancia del 0.

rectángulo
Paralelogramo con cuatro ángulos rectos.

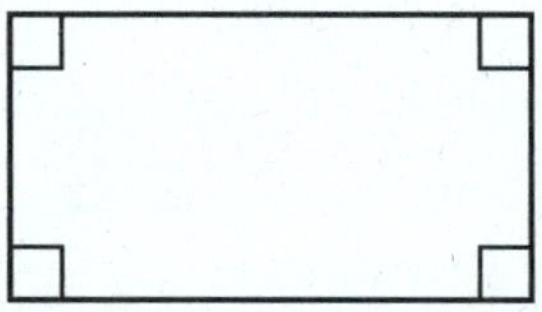

rectas paralelas
Las rectas en el mismo plano que nunca se intersecan son paralelas. Los segmentos y los rayos que forman parte de rectas paralelas, también son paralelos.

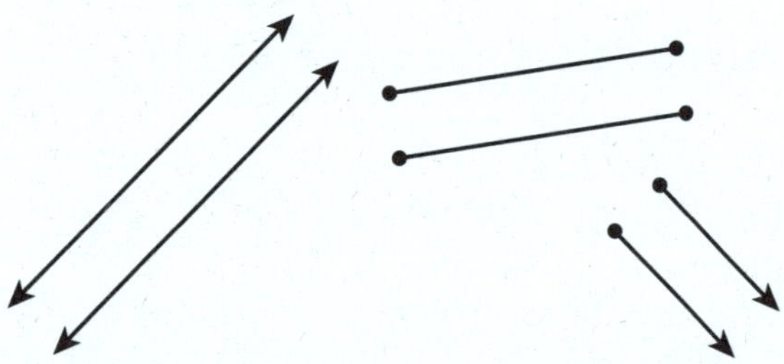

rectas perpendiculares
Las rectas, los segmentos de recta o los rayos son perpendiculares si forman ángulos rectos.

Ejemplo:

Estas dos rectas son perpendiculares.

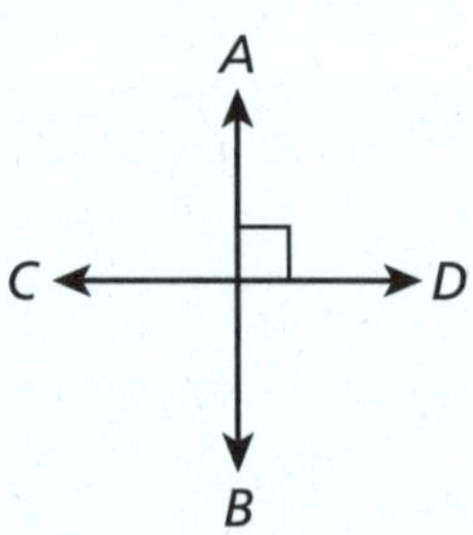

rectas secantes
Rectas que se unen en un punto.

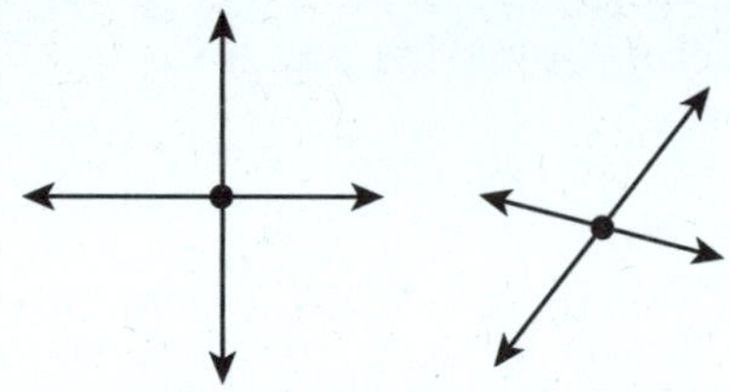

redondear / redondeo
Calcular la decena, centena, millar u otro valor posicional más cercano. La regla general de redondeo es redondear hacia arriba si el siguiente dígito a la derecha es 5 o más y redondear hacia abajo si el siguiente dígito a la derecha es menor que 5.

Ejemplos:

463 redondeado a la decena más cercana es 460.

463 redondeado a la centena más cercana es 500.

reflexión
Inversión de una figura sobre una recta llamada eje de reflexión.

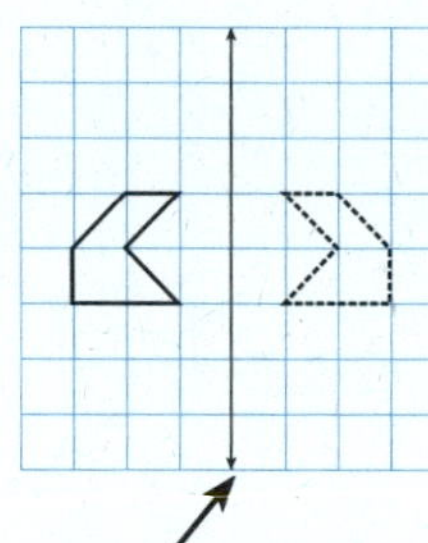

eje de reflexión

reloj analógico
Reloj con una esfera y manecillas.

© Houghton Mifflin Harcourt Publishing Company

reloj digital
Reloj que muestra las horas y los minutos con números.

residuo
Número que sobra después de dividir dos números que no se dividen exactamente.

Ejemplo:

$5\overline{)43}$ El residuo es 3.

rombo
Paralelogramo con lados de igual longitud.

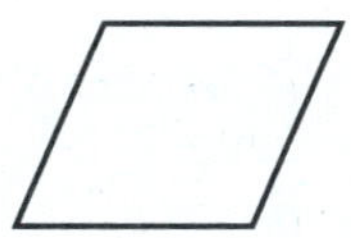

rotación
Giro de una figura en grados (°), tanto en el sentido de las manecillas del reloj o en sentido contrario a las manecillas del reloj.

Ejemplo:

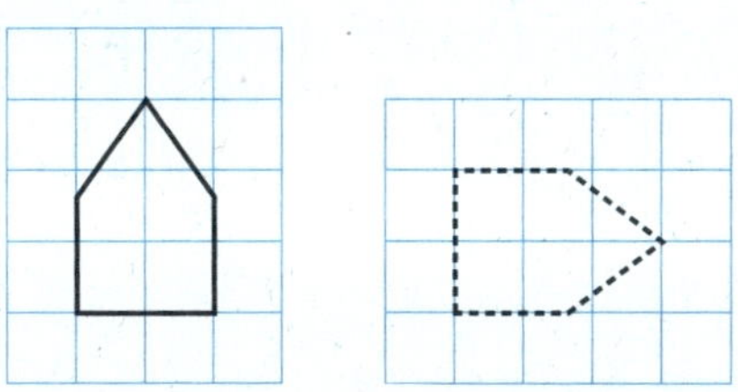

S

segmento
Parte de una recta que tiene dos extremos.

simetría lineal
Una figura tiene simetría lineal si se puede doblar a lo largo de una recta para crear dos mitades que se corresponden exactamente.

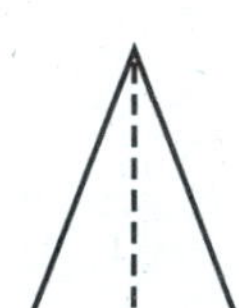

simplificar una expresión
Combinar términos semejantes y realizar operaciones hasta haber combinado todos los términos posibles.

simplificar una fracción
Dividir el numerador y el denominador de una fracción entre el mismo número para crear una fracción equivalente formada por menos, pero mayores fracciones unitarias.

Ejemplo:

$\frac{5}{10} = \frac{5 \div 5}{10 \div 5} = \frac{1}{2}$

sistema métrico
Sistema de medidas en base diez.

situación de comparación*
Situación en la cual dos cantidades se comparan por suma o por multiplicación. Una *situación de comparación de suma* compara preguntando o indicando cuánto más (o cuánto menos) es una cantidad respecto a otra. Una *situación de comparación de multiplicación* compara preguntando o indicando cuántas veces más es una cantidad respecto a otra. La comparación de multiplicación también se puede usar con lenguaje fraccionario. Por ejemplo, se puede decir, "Sally tiene un cuarto de lo que tiene Tom", en lugar de decir "Tom tiene 4 veces tanto como tiene Sally".

sobrestimar
Hacer una estimación que es demasiado grande.

subestimar
Hacer una estimación que es muy pequeña.

suma
Respuesta cuando se suman dos o más sumandos.

Ejemplo:

$53 + 26 = 79$

sumando (53) sumando (26) suma (79)

*Término basado en investigaciones escolares y desarrollado para *Expresiones en matemáticas.*

© Houghton Mifflin Harcourt Publishing Company

sumando
Uno de dos o más números que se suman para obtener una suma.

Ejemplo:

7 + 8 = 15

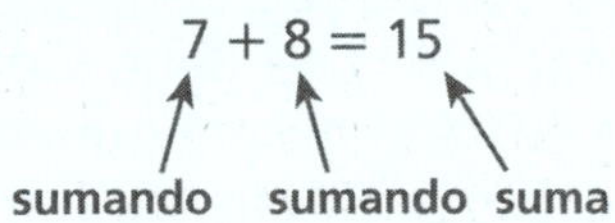

T

tabla
Datos ordenados en filas y columnas.

taza (tz)
Unidad de volumen líquido del sistema usual de EE.UU. equivalente a 8 onzas fluidas.

término
Número, variable, producto o cociente en una expresión o ecuación. Cada término está separado por un signo de operación (+, −).

Ejemplo:

$3n + 5$ tiene dos términos, $3n$ y 5.

tiempo transcurrido
Tiempo que pasa entre el inicio y el final de una actividad.

tonelada
Unidad de peso del sistema usual de EE.UU. equivalente a 2,000 libras.

tonelada
Unidad métrica de masa equivalente a 1,000 kilogramos.

total
Suma; resultado de la suma.

Ejemplo:

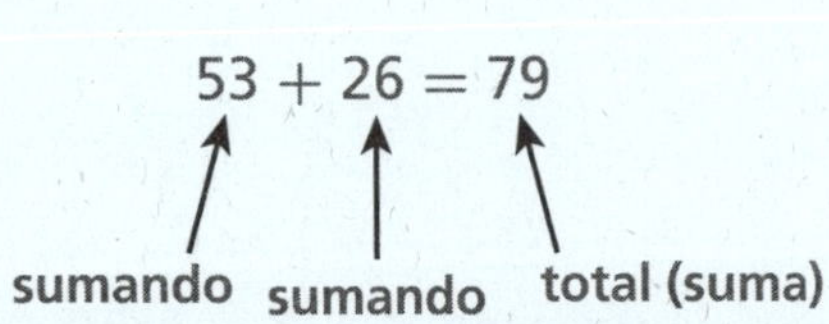

transformación
Cambio en la posición de una figura. Rotaciones, reflexiones y traslaciones son tipos de transformaciones.

transportador
Instrumento semicircular para medir y construir ángulos.

trapecio
Cuadrilátero con exactamente un par de lados paralelos.

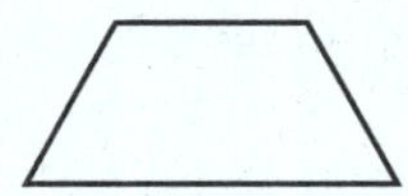

traslación
Desplazamiento de una figura. Cada punto de la figura se mueve la misma distancia en la misma dirección.

Ejemplo:

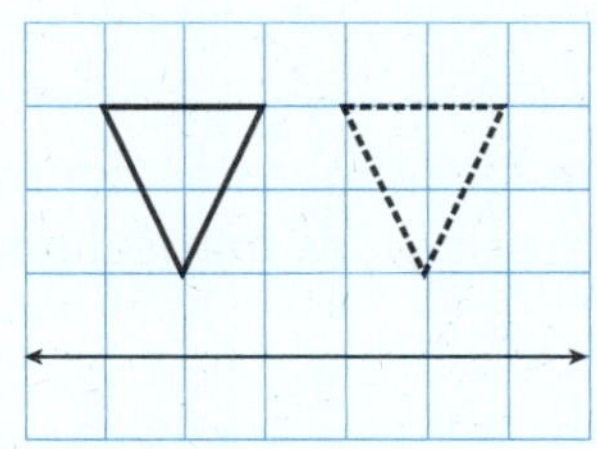

triángulo
Polígono con tres lados.

triángulo acutángulo
Triángulo con tres ángulos agudos.

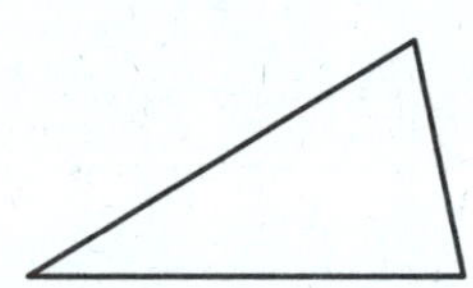

triángulo equilátero
Triángulo con tres lados de igual longitud.

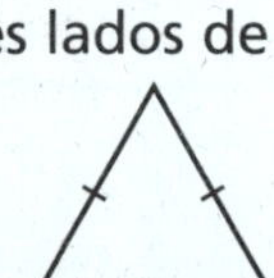

triángulo escaleno
Triángulo sin lados iguales.

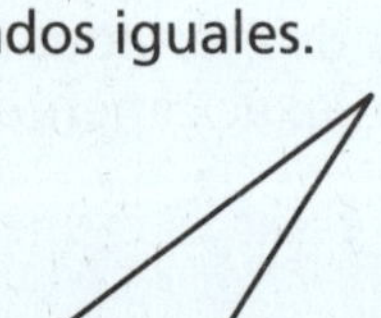

© Houghton Mifflin Harcourt Publishing Company

triángulo isósceles
Triángulo con por lo menos dos lados de igual longitud.

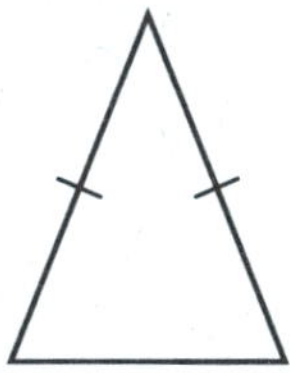

triángulo obtusángulo
Triángulo con un ángulo obtuso.

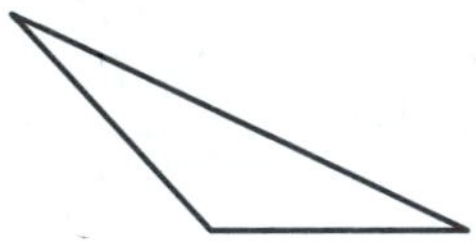

triángulo rectángulo
Triángulo con un ángulo recto.

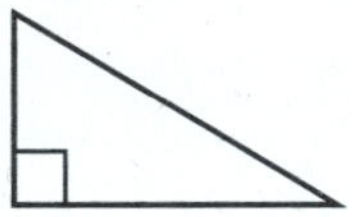

U

unidad
Estándar de medida.

Ejemplos:

Centímetros, libras, pulgadas y así sucesivamente.

unidad cuadrada (unid²)
Unidad de área igual al área de un cuadrado con lados que miden una unidad.

V

valor posicional
Valor asignado al lugar que ocupa un dígito en un número.

Ejemplo:

235

↑

El 2 está en el lugar de las centenas, por lo tanto, su valor es 200.

variable
Letra o símbolo que representa un número en una expresión algebraica.

vértice de un ángulo
Punto compartido por dos lados de un ángulo.

vértice de un polígono
Punto compartido por dos lados de un polígono.

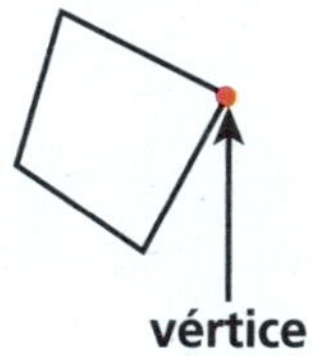

volumen líquido
Medida del espacio que ocupa un líquido.

Y

yarda (yd)
Unidad de longitud del sistema usual de EE.UU. equivalente a 3 pies.

yarda cuadrada (yd²)
Unidad de área igual al área de un cuadrado con lados que miden una yarda.

© Houghton Mifflin Harcourt Publishing Company

4.ARO Operaciones y razonamiento algebraico

4.ARO.1	Dada una ecuación de multiplicación, como $27 = 3 \times 9$, comprenden cómo expresarla en términos de una situación de comparación (ejemplo: 27 es *3 veces tanto como 9, y 9 veces tanto como 3).* Escriben una ecuación de un enunciado de comparación multiplicativa expresado en palabras.	Unidad 4 Lecciones 4, 5, 6, 12
4.ARO.2	Multiplican o dividen para resolver problemas de multiplicación comparativa; representan el problema mediante un dibujo (o diagrama) y escriben una ecuación con un símbolo para la cantidad desconocida. Comprenden la diferencia entre la comparación multiplicativa y la aditiva.	Unidad 4 Lecciones 4, 5, 6, 12
4.ARO.3	Usan las cuatros operaciones para resolver problemas de varios pasos con números enteros y respuestas de números enteros. Interpretan el residuo de la división. Escriben una ecuación con una letra para la cantidad desconocida, para representar un problema. Usan cálculo mental, números compatibles y estiman para saber si una respuesta es razonable.	Unidad 1 Lecciones 8, 11, 12 Unidad 2 Lecciones 11, 15, 17, 18, 19 Unidad 3 Lecciones 8, 9, 10, 11, 14 Unidad 4 Lecciones 7, 8, 9, 12
4.ARO.4	Dado un número entero entre 1 y 100, hallan todos los pares de *factores* de ese número; entienden que un número entero es un *múltiplo* de sus factores. Dado un número entero entre 1 y 100, saben si en un múltiplo de otro número de un dígito. Saben si un número entre 1 y 100 es *primo* o *compuesto*.	Unidad 4 Lecciones 10, 12
4.ARO.5	Usan números o figuras geométricas para crear un patrón que siga una regla (incluyendo reglas que usen variables, como $y = 3x + 5$). Describen otros elementos del patrón que no sean parte de la regla.	Unidad 1 Lección 17 Unidad 4 Lecciones 10, 11, 12 Unidad 8 Lección 12
4.ARO.6	Crean y usan reglas de entrada y salida donde la suma, resta, multiplicación y división se usan para resolver problemas en diferentes contextos. Anotan las entradas y salidas en un cuadro o tabla.	Unidad 1 Lección 17 Unidad 4 Lección 11
4.ARO.7	Demuestran conocimiento de operaciones de multiplicación y división.	Unidad 1 Lecciones 15, 16, 17, 18

© Houghton Mifflin Harcourt Publishing Company

4.PVO Valor posicional y operaciones		
4.PVO.1	Comprenden que el valor de un dígito en un número entero de varios dígitos depende de su posición en el número; saben que cada posición es 10 veces el valor de la posición a su derecha.	Unidad 1 Lecciones 1, 2, 4 Unidad 2 Lecciones 2, 3
4.PVO.2	Usan numerales de base diez, nombres de los números y forma desarrollada para leer y escribir números de varios dígitos. Comparan y ordenan números de varios dígitos mediante el uso de la recta numérica y demuestran comprensión del valor de los dígitos en cada posición; anotan el resultado mediante el uso de los símbolos >, < o =.	Unidad 1 Lecciones 1, 2, 3, 4, 5 Unidad 2 Lecciones 4, 10, 12, 16, 19
4.PVO.3	Redondean números enteros de varios dígitos a cualquier posición mediante el uso del valor posicional.	Unidad 1 Lecciones 3, 5, 8, 11, 14 Unidad 2 Lecciones 5, 17 Unidad 3 Lección 8
4.PVO.4	Demuestran su conocimiento al usar los algoritmos estándares para sumar y restar números enteros de varios dígitos.	Unidad 1 Lecciones 6, 7, 8, 9, 10, 11, 12, 13, 14 Unidad 4 Lecciones 1, 2, 12
4.PVO.5	Usan estrategias del valor posicional y las propiedades de las operaciones para multiplicar número enteros de 1 a 4 dígitos por un número de un dígito; multiplican dos números de dos dígitos. Usan ecuaciones, matrices y/o modelos de área para representar y explicar el cálculo.	Unidad 2 Lecciones 1, 2, 3, 4, 5, 6, 7, 8, 9, 10, 11, 12, 13, 14, 15, 16, 17, 18, 19 Unidad 3 Lección 14 Unidad 4 Lecciones 1, 3, 12
4.PVO.6	Usan estrategias del valor posicional, propiedades de las operaciones, y/o relaciones entre la multiplicación y la división, para dividir dividendos enteros de hasta cuatro dígitos entre divisores de un dígito, o dividendos de hasta tres dígitos entre divisores de dos dígitos, y expresan los cocientes y residuos como números enteros. Usan ecuaciones, matrices y/o modelos de área para representar y explicar el cálculo.	Unidad 3 Lecciones 1, 2, 3, 4, 5, 6, 7, 8, 9, 10, 11, 12, 13, 14 Unidad 4 Lecciones 1, 3, 12

© Houghton Mifflin Harcourt Publishing Company

4.FO Fracciones y operaciones		
4.FO.1	Usan modelos de fracciones para explicar por qué la fracción $\frac{a}{b}$ es equivalente a la fracción $n \times \frac{a}{n} \times b$; reconocen que aunque las dos fracciones son del mismo tamaño, el número y el tamaño de sus partes son diferentes. Aplican los conceptos para reconocer y crear fracciones equivalentes.	Unidad 7 Lecciones 4, 5, 6, 13
4.FO.2	Comparan y ordenan fracciones (incluyendo números mixtos y fracciones mayores que 1) que tienen diferentes denominadores o numeradores; usan métodos para comparar los denominadores o numeradores comunes que han hallado, o para comparar a una fracción de referencia, como $\frac{1}{4}$. Entienden que para comparar fracciones, el tamaño de los enteros debe ser el mismo. Usan los símbolos >, < o = para escribir los resultados y justifican el resultado con un modelo.	Unidad 6 Lecciones 2, 4, 5, 10 Unidad 7 Lecciones 1, 2, 3, 6, 13
4.FO.3	Reconocen que un fracción $\frac{a}{b}$ con un numerador mayor que 1 es la suma de fracciones unitarias.	Unidad 6 Lecciones 1, 2, 4, 6
4.FO.3.a	Reconocen que cuando suman o restan fracciones, las partes del mismo entero pueden ser compartidas o separadas.	Unidad 6 Lecciones 2, 3, 4, 5, 6, 10
4.FO.3.b	Muestran diferentes formas de descomponer una fracción en la suma de fracciones con el mismo denominador; escriben cada resultado con una ecuación. Usan un modelo para justificar la descomposición.	Unidad 6 Lecciones 2, 4, 6, 9
4.FO.3.c	Saben cómo sumar y restar números mixtos con denominadores semejantes. Usan métodos como escribir cada número mixto en forma de fracción equivalente usando las propiedades de las operaciones y la relación entre la suma y la resta.	Unidad 6 Lecciones 5, 6, 9, 10
4.FO.3.d	Suman y restan fracciones con denominadores semejantes para resolver problemas; entienden que los denominadores semejantes hacen referencia al mismo entero. Representan el problema usando modelos de fracciones y ecuaciones.	Unidad 6 Lecciones 3, 4, 6, 10
4.FO.4	Multiplican una fracción por un número entero usando y expandiendo su conocimiento previo de la multiplicación.	Unidad 6 Lecciones 7, 8
4.FO.4.a	Reconocen que la fracción $\frac{a}{b}$ es un múltiplo de una fracción unitaria, $\frac{1}{b}$.	Unidad 6 Lecciones 1, 7, 8
4.FO.4.b	Reconocen que un múltiplo de la fracción $\frac{a}{b}$, también es un múltiplo de $\frac{1}{b}$, usan este conocimiento para multiplicar una fracción por un número entero.	Unidad 6 Lecciones 7, 8, 9
4.FO.4.c	Multiplican una fracción y un número entero para resolver problemas; representan los problemas usando modelos y ecuaciones.	Unidad 6 Lecciones 7, 8, 10

© Houghton Mifflin Harcourt Publishing Company

4.FO.5	Hallan una fracción equivalente con un denominador de 100 a una fracción dada con un denominador de 10; usan este método para sumar una fracción con un denominador de 10 y una fracción con un denominador de 100.	Unidad 7 Lección 6
4.FO.6	Escriben una fracción con un denominador de 10, 100 o 1000 en forma decimal.	Unidad 7 Lecciones 8, 9, 10, 11, 13, 14
4.FO.7	Comparan y ordenan decimales mediante la comprensión de su tamaño y el uso del valor posicional. Comprenden que para comparar decimales los números deben hacer referencia al mismo entero. Usan los símbolos $>$, $<$ o $=$ para escribir los resultados y justifican la comparación con un modelo.	Unidad 7 Lecciones 10, 12, 13, 15
4.FO.8	Redondean decimales al décimo más cercano.	Unidad 7 Lección 16

4.MDA Medidas y análisis de datos

4.MDA.1	Comprenden el tamaño relativo de las unidades de medida dentro de un sistema incluyendo el métrico (cm, m, km; g, kg; mL, L), el usual (oz, lb) y el tiempo (s, min, h). Escriben una medida dada en unidades más grandes o más pequeñas dentro del mismo sistema. Usan cuadros de dos columnas para escribir mediciones equivalentes.	Unidad 5 Lecciones 1, 2, 3, 4, 5, 7, 8
4.MDA.2	Resuelven problemas de dinero, tiempo, distancia, volumen líquido y masa mediante el uso de las cuatro operaciones. Resuelven problemas que tienen fracciones simples o decimales, y que requieren volver a escribir una medida expresada en una unidad más grande, en una unidad más pequeña. Hacen un diagrama como una recta numérica para representar mediciones; rotulan la escala de la recta numérica en las unidades dadas.	Unidad 1 Lecciones 6, 13, 14 Unidad 2 Lecciones 4, 6, 10, 11, 18, 19 Unidad 3 Lecciones 8, 14 Unidad 4 Lecciones 7, 8, 12 Unidad 5 Lecciones 1, 2, 3, 4, 5, 7, 8 Unidad 6 Lecciones 3, 6, 7, 8, 9, 10 Unidad 7 Lecciones 10, 11
4.MDA.3	Usan fórmulas del perímetro y el área de rectángulos para resolver problemas de la vida real y otros problemas matemáticos. Calculan las áreas de objetos de la vida real que pueden ser divididos en figuras rectangulares.	Unidad 5 Lecciones 6, 7, 8
4.MDA.4	Representan datos de mediciones dadas en fracciones de una unidad (ejemplo: $\frac{1}{8}, \frac{1}{4}, \frac{1}{2}$) en un diagrama de puntos. Usan los datos del diagrama de puntos para resolver problemas de suma y resta de fracciones.	Unidad 5 Lección 3 Unidad 6 Lección 6 Unidad 7 Lecciones 7, 13
4.MDA.4.a	Usan tablas, gráficas de barras, líneas cronológicas y diagramas de Venn para representar conjuntos de datos.	Unidad 1 Lecciones 3, 14 Unidad 4 Lección 11 Unidad 5 Lecciones 2, 3, 4 ,5 Unidad 8 Lecciones 4, 8
4.MDA.5	Reconocen que los ángulos son figuras geométricas formadas por dos rayos con el mismo extremo. Comprenden los conceptos de las mediciones de los ángulos.	Unidad 8 Lecciones 1, 2, 3

© Houghton Mifflin Harcourt Publishing Company

4.MDA.5.a	Comprenden que la medición de los ángulos está basada en la rotación de los rayos con el mismo extremo en el centro de un círculo y la fracción del arco formado por los dos rayos que interceptan el círculo. Reconocen que un ángulo de un grado (una rotación del ángulo de $\frac{1}{360}$ de un círculo) puede ser utilizado para medir ángulos.	Unidad 8 Lecciones 2, 3
4.MDA.5.b	Reconocen que un ángulo que rota a través de *n ángulos de un grado* mide *n grados*.	Unidad 8 Lecciones 2, 3
4.MDA.6	Usan un transportador para medir ángulos en grados de números enteros. Dibujan ángulos de ciertas medidas.	Unidad 8 Lecciones 2, 3, 5
4.MDA.7	Comprenden que un ángulo puede ser separado en partes que no se sobreponen y que la *suma de las medidas de las partes* de un ángulo es la medida de todo el ángulo. Reconocen que las medidas de los ángulos se pueden sumar. Resuelven problemas de suma y resta para calcular la medida de un ángulo desconocido presentado en un diagrama de la vida real y otros contextos matemáticos; usan una ecuación con un símbolo para el ángulo desconocido para representar el problema.	Unidad 8 Lecciones 3, 5, 6

4.GSR Geometría y razonamiento espacial

4.GSR.1	Identifican y trazan puntos, rectas, segmentos, rayos, ángulos (rectos, agudos, obtusos), rectas paralelas, perpendiculares y secantes, y los reconocen en figuras bidimensionales.	Unidad 8 Lecciones 1, 2, 3, 4, 5, 7, 8, 9, 10, 12
4.GSR.2	Clasifican figuras bidimensionales dependiendo si tienen rectas paralelas o perpendiculares, o si tienen ángulos de cierto tamaño. Describen, clasifican y dibujan cuadriláteros, incluyendo cuadrados, rectángulos, trapecios, rombos, paralelogramos y cometas. Identifican triángulos rectángulos y comprenden que forman parte de una categoría específica de triángulos.	Unidad 8 Lecciones 4, 8, 9, 10, 12
4.GSR.3	Reconocen que cuando una figura bidimensional se puede doblar por una línea para formar dos partes idénticas, la línea por donde se dobla se llama *eje de simetría*. Identifican figuras con eje de simetría.	Unidad 8 Lecciones 11, 12
4.GSR.4	Usan la traslación para deslizar figuras.	Unidad 8 Lecciones 13, 14
4.GSR.5	Usan la reflexión para reflejar figuras sobre el eje vertical u horizontal y relacionan las reflexiones a los ejes de simetría.	Unidad 8 Lecciones 13, 14
4.GSR.6	Usan las rotaciones de 90° en sentido de las manecillas del reloj o en sentido contrario.	Unidad 8 Lecciones 13, 14
4.GSR.7	Reconocen que las traslaciones, reflexiones y rotaciones mantienen la congruencia, y las usan para mostrar que dos figuras son congruentes.	Unidad 8 Lecciones 13, 14

© Houghton Mifflin Harcourt Publishing Company

MPP1	
Resolución de problemas	Unidad 1 Lecciones 2, 3, 5, 6, 7, 8, 12, 13, 14, 17, 18 Unidad 2 Lecciones 2, 3, 4, 5, 6, 7, 10, 11, 13, 14, 15, 16, 17, 18, 19 Unidad 3 Lecciones 2, 5, 6, 7, 8, 9, 10, 11, 12, 14 Unidad 4 Lecciones 2, 3, 4, 5, 6, 7, 8, 9, 11, 12 Unidad 5 Lecciones 1, 2, 3, 5, 6, 7, 8 Unidad 6 Lecciones 5, 6, 7, 10 Unidad 7 Lecciones 1, 2, 3, 4, 6, 7, 8, 9, 10, 11, 13, 15 Unidad 8 Lecciones 5, 6, 7, 8, 12, 13, 14
MPP2	
Razonamiento abstracto y cuantitativo	Unidad 1 Lecciones 1, 3, 4, 5, 6, 8, 9, 14, 15, 16, 17, 18 Unidad 2 Lecciones 2, 4, 5, 6, 7, 8, 9, 10, 11, 13, 15, 16, 17, 19 Unidad 3 Lecciones 1, 3, 5, 7, 8, 11, 13 Unidad 4 Lecciones 1, 2, 3, 4, 5, 6, 11, 12 Unidad 5 Lecciones 2, 6, 7, 8 Unidad 6 Lecciones 1, 2, 3, 4, 7, 10 Unidad 7 Lecciones 1, 2, 9, 10, 13 Unidad 8 Lecciones 3, 5, 6, 12, 13, 14
MPP3	
Aplicación y evaluación del razonamiento lógico	Unidad 1 Lecciones 1, 2, 3, 4, 5, 6, 7, 8, 9, 10, 11, 12, 13, 14, 15, 16, 18 Unidad 2 Lecciones 1, 2, 3, 4, 5, 6, 7, 8, 9, 10, 11, 12, 13, 14, 15, 16, 17, 18, 19 Unidad 3 Lecciones 1, 2, 3, 4, 5, 6, 7, 8, 9, 10, 11, 12, 13, 14 Unidad 4 Lecciones 1, 2, 3, 4, 5, 6, 7, 8, 9, 10, 11, 12 Unidad 5 Lecciones 1, 2, 3, 4, 5, 6, 7, 8 Unidad 6 Lecciones 1, 2, 3, 4, 5, 6, 7, 8, 9, 10 Unidad 7 Lecciones 1, 2, 3, 4, 5, 6, 7, 8, 9, 10, 11, 12, 13, 14, 15 Unidad 8 Lecciones 1, 2, 3, 4, 5, 6, 7, 8, 9, 10, 11, 12, 13, 14
MPP4	
Modelos matemáticos	Unidad 1 Lecciones 1, 2, 3, 4, 6, 9, 10, 12, 13, 14 Unidad 2 Lecciones 1, 2, 4, 5, 6, 7, 8, 10, 12, 16, 19 Unidad 3 Lecciones 1, 2, 3, 4, 10, 11 Unidad 4 Lecciones 2, 3, 4, 5, 8, 9, 10, 11, 12 Unidad 5 Lecciones 4, 6, 7, 8 Unidad 6 Lecciones 1, 3, 4, 5, 6, 7, 8, 10 Unidad 7 Lecciones 2, 3, 5, 7, 8, 9, 10, 11, 12, 13, 14, 15, 16 Unidad 8 Lecciones 2, 5, 6, 12, 13, 14

© Houghton Mifflin Harcourt Publishing Company

MPP5	
Utilización de recursos matemáticos	Unidad 1 Lecciones 1, 2, 3, 4, 6, 9, 14, 15, 16, 17, 18 Unidad 2 Lecciones 1, 4, 5, 6, 8, 10, 11, 12, 16, 19 Unidad 3 Lecciones 3, 4, 10, 11 Unidad 4 Lecciones 2, 10, 11, 12 Unidad 5 Lecciones 1, 4, 5, 6, 7, 8 Unidad 6 Lecciones 1, 2, 3, 4, 8, 9, 10 Unidad 7 Lecciones 1, 2, 4, 5, 9, 10, 11, 12, 13, 14, 15 Unidad 8 Lecciones 1, 2, 4, 5, 7, 8, 9, 10, 11, 12, 13
MPP6	
Utilización de lenguaje matemático exacto	Unidad 1 Lecciones 1, 2, 3, 4, 5, 6, 7, 8, 9, 10, 11, 12, 13, 14, 15, 16, 18 Unidad 2 Lecciones 1, 2, 3, 4, 5, 6, 7, 8, 9, 10, 11, 12, 13, 14, 15, 16, 17, 18, 19 Unidad 3 Lecciones 1, 2, 3, 4, 5, 6, 7, 8, 9, 10, 11, 12, 13, 14 Unidad 4 Lecciones 1, 2, 3, 4, 5, 6, 7, 8, 9, 10, 11, 12, 13, 14 Unidad 5 Lecciones 1, 2, 3, 4, 5, 6, 7, 8 Unidad 6 Lecciones 1, 2, 3, 4, 5, 6, 7, 8, 9, 10 Unidad 7 Lecciones 1, 2, 3, 4, 5, 6, 7, 8, 9, 10, 11, 12, 13, 14, 15, 16 Unidad 8 Lecciones 1, 2, 3, 4, 5, 6, 7, 8, 9, 10, 11, 12, 13, 14
MPP7	
Ver la estructura	Unidad 1 Lecciones 1, 2, 4, 9, 13, 14, 16, 17 Unidad 2 Lecciones 2, 3, 6, 8, 9, 10, 13, 16, 17, 19 Unidad 3 Lecciones 1, 3, 10, 11 Unidad 4 Lecciones 1, 2, 3, 5, 10, 11, 12 Unidad 5 Lecciones 1, 2, 4, 8 Unidad 6 Lecciones 1, 4, 5, 10 Unidad 7 Lecciones 2, 6, 9, 10, 11, 12, 13 Unidad 8 Lecciones 1, 2, 4, 7, 8, 9, 10, 14
MPP8	
Generalización	Unidad 1 Lecciones 3, 4, 5, 6, 7, 10, 11, 14, 16 Unidad 2 Lecciones 1, 2, 3, 5, 7, 8, 15, 17, 19 Unidad 3 Lecciones 1, 3, 5, 6, 11, 13 Unidad 4 Lecciones 1, 2, 10, 11, 12 Unidad 5 Lecciones 1, 4, 6, 8 Unidad 6 Lecciones 2, 7, 9, 10 Unidad 7 Lecciones 1, 3, 6, 8, 10, 11, 13, 14 Unidad 8 Lecciones 1, 3, 4, 9, 10, 11, 12

© Houghton Mifflin Harcourt Publishing Company

Índice

A

B

C

© Houghton Mifflin Harcourt Publishing Company

D

© Houghton Mifflin Harcourt Publishing Company

© Houghton Mifflin Harcourt Publishing Company

G

H

© Houghton Mifflin Harcourt Publishing Company

© Houghton Mifflin Harcourt Publishing Company

N

© Houghton Mifflin Harcourt Publishing Company

O

P

© Houghton Mifflin Harcourt Publishing Company

Q

R

© Houghton Mifflin Harcourt Publishing Company

© Houghton Mifflin Harcourt Publishing Company

U

V

Y

© Houghton Mifflin Harcourt Publishing Company

Sé un ilustrador

Ilustrador: Josh Brill

¿Alguna vez has intentado usar figuras para dibujar animales como el lémur en la portada?

En los últimos 10 años, Josh ha usado figuras geométricas para diseñar sus animales. Su objetivo es hacer diseños que sean sencillos y usar color para que sean atractivos.

Añade color a este lémur dibujado por Josh. Luego intenta dibujar un gato o un perro o algún otro animal con las figuras que ves abajo.

Caja de figuras

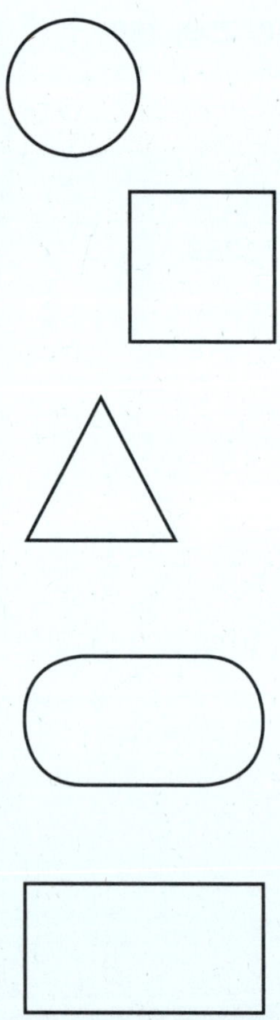

© Houghton Mifflin Harcourt Publishing Company